# 세종은
# 과연
# 성군인가,
## 우문에 대한
## 현답

권오향·김기섭·김슬옹·임종화

# 세종은 과연 성군인가, 우문에 대한 현답

보고사
BOGOSA

# 세종과 세종 시대에 대한
# 올바른 인식과 평가를 위하여

경제사학자인 이영훈 전 서울대학교 교수[낙성대경제연구소 이사장, 이승만학당 교장, 이하에서 '이영훈'이라 한다.]는 2018년 3월 『세종은 과연 성군인가』란 책[이하에서 '이영훈(2018)'이라 한다.]을 발간해 화제를 뿌렸다. 이영훈(2018)의 결론은 21세기 현대 한국에서 세종은 성군이 아니라는 것이며 설령 성군이라 해도 조선시대 양반들의 성군이지 만백성 특히 피지배층의 성군은 아니었다는 것이다. 이 책의 주장과 근거도 충격적이지만 더욱 놀라운 것은 사람들이 적지 않은 관심을 보였다는 사실이다.

흠이 없는 사람은 없을 것이다. 위인으로 칭송받는 세종일지라도 당연히 비판받을 점이 있을 것이며 비판의 성역 대상이 아님도 분명하다. 이 책의 공저자들은 세종정신을 본받고자 하는 사람들이지만 그렇다고 막무가내로 세종을 떠받드는 것을 원치 않는다. 이영훈(2018)은 그런 면에서 세종에 대해 다시 생각하고 따져볼 좋은 기회를 제공해 주었다.

이영훈은, 이영훈(2018)의 머리말에서 대한민국을 '환상의 나라'라고 규정했다. 그는, '모두가 믿어 의심치 않는데, 따져보니 근거가 없다. 사실이 아니다. 심지어 거짓말로 판명된다. 그런 것이 내가 말하는 환상이다.'라고 하였다. 이러한 환상을 방치한다면 이 나라는 다시 망할 것이라고 준엄한 경고까지 하고 있다. 그는 대한민국을 구하기 위해 극복해야 할 첫 번째 환상을, '세종을 성군으로 받드는 현상'으로 꼽고, 책을 저술한 것으로 보인다.

우리는 저명한 학자인 이영훈의, '세종에 의해 조선의 노비제를 확립했고, 기생제를 창출했고, 사대주의 국가체제가 정비되었다.'는 주장에 놀랐다. 더욱 놀라움을 금할 수 없었던 것은, 그가 주장의 근거로 제시한 자료들이 매우 불완전해 보일 뿐만 아니라, 『세종실록』의 여러 기사를 의도적으로 왜곡하여 인용하였거나, 심지어 명백하게 잘못 인용한 부분이 적지 않다고 보았기 때문이다.

우리 원정재(元正齋) 사람들은 이영훈의 주장과 그런 주장들의 근거가 된 자료들의 정확성과 신뢰성을 검증할 필요를 느꼈다. 그런 주장과 근거들이 믿을 만한 역사기록과 명백히 다르거나 보통 사람의 건전한 상식과 이해를 벗어난 것으로 검증되면 그 전부를 한 권의 책으로 엮어 널리 알릴 필요가 있다고 판단했다. 이 책은 그 결과물이다.

이 책을 기획한 원정재는 세종과 그 시대를 알기 위한 공부 모임의 이름이다. 그 공부는 매주 1회씩 모여 『세종실록』 연대기 부분을 강독하는 것을 중심으로 진행하는데, 세종 재위 32년 동안의 역사인 『세종실록』을 모두 강독하려면 약 1년 정도가 소요된다. 때로는 『태조실록』부터 『세조실록』까지 강독하여, 세종시대의 전후 사정을 알기 위한 공부도 곁들이면서, 지금까지 약 8년 동안 모임을 이어 왔다.

구성원 각자가 본업에 종사하면서 『세종실록』 공부를 이어온 까닭은 이제까지 우리 역사를 통틀어 세종시대에 나라가 가장 잘 다스려

졌고, 현재에도 빛나는 많은 창제가 이루어졌다고 판단했기 때문이다. 세종은 어떻게 나라를 이끌어 왔는지, 또 어떻게 고난과 역경을 이겨내고 극복했는지를 알아서 우리 주변에 알리고, 우리 시대에도 그러한 성취와 번영이 이뤄지기를 바라는 마음에서 모든 구성원이 항시 즐거운 마음으로 공부에 동참해 왔다.

그런데 이영훈(2018)으로 인해 평소 함께 공부한 『세종실록』의 기사들이 잘못 해석되고, 그런 오류를 독자들이 자칫 사실로 믿게 될 수 있다는 위기감에서 이 책을 기획하였다. 각 주제별 집필자는 다르지만 함께 고민하고 토론한 결과임을 밝혀 둔다.

책 속에는, 세종과 세종시대에 대한 관심을 높이는 작은 계기가 되기를 바라는 원정재 사람들의 소박한 소망이 함께 담겨 있다. 부족한 부분에 대한 가르침을 두 손 모아 기다린다. 이 책이 세종과 세종의 업적을 다시 생각하고 함께 나누는 계기가 되길 바란다. 인문학이 홀대 받는 시대에 인문학의 텃밭이 되는 책을 펴내 온 보고사 김흥국 대표님과 편집진들께 감사드린다.

2019. 12.

권오향, 김기섭, 김슬옹, 임종화 씀.

---

* 〈원정(元正)〉은 1418년 6월 3일(음력) 충녕대군(忠寧大君) 도(裪)가 세자로 책봉된 직후 아버지 태종이 지어 준 자(字)이다.

# 차례

# 세종의 사대(事大)는 위민보국 전략이다

## 1. 머리말

이영훈(2018)은 머리말에서, '조선의 양반들은 세종을 「해동의 요순(堯舜)」이라고 찬양하였다. 세종을 성군으로 받드는 현상은 21세기 오늘날에도 여전하다. 나는 세종이 노비제를 확립했고, 기생제를 창출했고, 사대주의 국가체제를 정비했음을 들어 그에 대한 의문을 표한다.'고 하였다. 그는 '의문을 표한다.'고 했지만, 이미 '21세기에 세종을 성군으로 받드는 현상'을 환상이라 규정했고, 그 환상을 방치하면 '이 나라는 다시 망할 것'이라 하였다. 필자는 굳이 세종을 성군이라고 말하지는 않는다. 또 세종이 명나라에 사대했음을 부정하지도 않는다. 사대는 외교 분야에 사용되는 용어로, 상대 단어는 자주라 할 것이다. 세종은 문화, 과학, 예술 분야 등에서는 철저히 자주를 실천했고, 그 결과 현대에서도 많은 국민들이 세종을 존경하는 데 영향을 미치고 있으며, 앞으로도 계속 그러한 영향을 미칠 것으로 믿는다. 사대는 어떤 맥락에서 했느냐가 중요한데 이영훈은 마치 마녀 사냥하듯, '세종이 21세기에는 성군이 아님'을 입증하기 위해 세종의 사대를 침소봉대하고 있다. 김슬옹(2019)의 『세종학과 융합 인문학』에서 지적했듯이, 세종의 사대는 당대의 국제 정세에 지혜롭게 대응하고 자주 과학과 문화를 가꾸고 지키기 위한 '전략적 사대'였다.1) 그럼에도 이영훈이 '21세기에도 세종이 성군인가.'라는 의문을 제기하는 핵심 근거 중 하나로 '사대주의 체제 정비'를 내세우는 것은 세종과 그 시대를 부정하기 위한 하나의 방편인 것으로 여겨진다. 그의 사대 논리대로라면 세종 시대의 훈민정음 창제를 비롯한 수많은 자주적 업적을 외면한 이유는 무엇인가.

이영훈(2018)은 '4. 세종과 사대주의'의 '지성사대(至誠事大)'라는 소제목에서 다음과 같이 사대의 속성에 대해 밝히고 있다.

> 만국공법2) 이전의 전근대 세계에서 작고 약한 나라가 크고 강한 나라에 굴종하는 것은 종묘와 사직을 보전하고 백성을 평안케 하는 고육지책이다. 사대는 하는 자나 받는 자나 모두에게 정략적인 관계이다. [이영훈(2018), 156쪽]

또 이영훈(2018)은 '도덕국가로의 순화'라는 소제목의 마지막에서 다음과 같이 말하고 있다.

---

1) 김슬옹(2019)은 세종의 사대주의를 전략적 사대주의로 보고 다음과 같이 기술하고 있다. (세종은) 공존적 자주를 추구하였다. 이는 정치에서의 전략적 사대주의를 가리킨다. 그 당시 국제 정치 질서인 명나라에 대한 사대는 철저히 지켜 국제 조화를 이루면서 우리 식 음악과 과학 정책 등을 성공리에 이끌어 내는 주체적인 정치를 시행했다. 김슬옹(2019), 『세종학과 융합인문학』, 보고사, 40쪽.

2) 만국공법(萬國公法)은 미국의 법학자 헨리 휘튼(Henry Wheaton. 1785~1848)의 국제법 저서인 『국제법 원리, 국제법학사 개요 첨부』[Elements of international law with a Sketch of the History of the Science]를 중국에서 활동하던 미국인 선교사 윌리엄 마틴(William A. P. Martin. 1827~1916)이 1864년에 한문으로 번역하여 청나라 동문관(同文館)에서 출판한 책이다. 그러므로 만국공법 이전은 19세기 이전을 가리킨다.

나는 이 같은 조선 왕조의 국가체제가 당대의 세계관, 정치철학, 국제환경과의 관련해서 구현하는 합리성을 높이 평가한다. 세종은 그러한 국가체제를 구축함에 큰 공적을 남겼다. 앞서 강조한 대로 세종은 역사가 그에게 요구하는 책무를 훌륭하게 감당하였다. 그 이유로 그는 치세 당대에 이미 성군으로 칭송을 받았다. 나는 그 점을 어느 역사가보다 전체적으로 이해하고 평가하고 있다. 그 점에서 독자 여러분의 오해가 없기를 바란다.[이영훈(2018), 170쪽]

이영훈은 전근대 세계에서의 사대를, '종묘와 사직을 보전하고 백성을 평안케 하는 고육지책'이라 하고, '세종은 역사가 그에게 요구하는 책무를 훌륭하게 감당하였다.'고 하면서, '세종이 사대주의 국가체제를 정비했음' 등을 들어 '세종이 21세기에도 성군인가.'에 대한 의문을 제기했다. 이영훈은 과연 무엇을 말하고자 하는 것인가. 15세기에 세종이 행한 사대는 훌륭했지만 21세기 오늘의 관점에서는 무기력했다는 것인가, 과도했다는 것인가.

이 장에서는 '독자 여러분의 오해가 없기를 바란다.'는 이영훈의 바람에도 불구하고, '생산적 토론은 감히 청할 수 없으나 간절히 바라는 바이다.'라는 그의 또 다른 바람에 호응해 이영훈(2018) '4. 세종의 사대'의 구석구석에 펼쳐진 그의 주장들이 과연 옳은지를 따져보고자 한다.

이영훈(2018)은 앞에서 밝힌 대로 '세종이 사대주의 국가체제를 정비했음을 들어 21세기에도 세종을 성군으로 받드는 현상에 대한 의문을 표한다.'고 하였다. 그가 그렇게 생각하는 이유는 사대를 자주 정신을 저버리고 강국에 의존해 나라를 유지하려는 부정적인 것으로 본 결과일 것이다. 그의 말대로 그렇게 할 수밖에 없는 상당한 이유가 있다 해도 자주 정신을 저버리고 강국에 의존해 생존을 도모하는 것은 마땅히 비판받아야 할 것이다.

먼저 사(事)가 무엇인가에 대해 살펴보자. 사(事)는 섬긴다는 뜻이다. 신하가 왕을 섬기는 것을 사군(事君)이라 했고, 자식이 어버이를 섬기는 것을 사친(事親)이라 했다. 또 큰 나라가 작은 나라를 섬기는 것을 사소(事小)라 했고, 작은 나라가 큰 나라를 섬기는 것을 사대(事大)라 하였다. 큰 나라[大], 작은 나라[小]의 뜻은 영토와 인구를 포함한 힘을 기준으로 구분되는 것이라 해석된다.

예로부터 이웃나라가 없는 나라는 없었고, 현재에도 그렇다. 이웃나라와 어떻게 선린관계를 맺어야 할 것인지에 대한 숙고는 이어져 왔고, 또 앞으로도 이어져 갈 것이다. 일반적으로 역사 속에서 이웃나라 덕에 번성한 나라보다는 이웃나라에 의해 멸망한 나라는 수없이 반복해 등장한다. 이는 한 나라의 흥망은 그 나라의 능력과 뜻만으로 이루어지는 것이 아니고, 이웃 나라의 영향력에 의해 결정되는 사례가 많다는 것을 역사가 말하는 것이다. 그러니 어느 지도자가 나라를 지키기 위한 노력을 잠시라도 게을리할 수 있겠는가.

역사적으로 강한 나라는 약한 나라에게 복종할 것을 요구한다. 복종을 증명하기 위한 방법으로 내조(來朝)할 것과 공물(貢物)을 바치게 한다. 이를 거부하면 복종을 거부하는 것으로 판단하여 이를 공격의 빌미로 삼는다.

『맹자(孟子)』〈양혜왕장구(梁惠王章句) 하(下)〉편에는 어떻게 해야 이웃나라와 잘 지낼 수 있는지에 대한 방법을 제시하고 있다.

제(齊)나라 선왕(宣王)이 묻기를, "이웃나라를 사귀는데 도(道)가 있습니까." 하니, 맹자가 대답하기를, "있습니다. 오직 인(仁)한 자라야 큰 나라로 작은 나라를 섬길 수 있습니다. 그러므로 탕(湯)이 갈(葛)을 섬기시고 문왕(文王)이 곤(昆)을 섬기셨습니다. 오직 지혜로운 자라야 작은 나라로 큰 나라를 섬길 수 있습니다. 그러므로 태왕(太王)이 훈육(獯鬻)을 섬기시고 구천(句踐)이 오(吳)나라를 섬겼습니다. 큰 나라로 작은 나라를 섬기는 자는 하늘을 즐거워하는 자이고, 작은 나라로 큰 나라를 섬기는 자는 하늘을 두려워하는 자입니다. 하늘을 즐거워하는 자는 천하를 보전하고 하늘을 두려워하는 자는 나라를 보전하는 것입니다. 『시경(詩經)』에 이르기를, 「하늘의 위엄을 두려워하여 이에 보전한다.」고 하였습니다.

제나라 선왕과 맹자의 대화에서 볼 수 있듯이 고대의 사대는 이웃 나라를 사귀는 도(道)의 하나였다. 비록 큰 나라는 작은 나라를, 작은 나라는 큰 나라를 섬겨야 천하와 나라를 각각 지킬 수 있다는 점에서 차이는 있지만 서로 섬겨야 한다는 점은 같다. 특히 '지혜로운 자라야 작은 나라로 큰 나라를 섬길 수 있다.'는 점은 당시 작은 나라 조선이 취할 수 있는 최선의 방책임을 알 수 있다.

## 2. 세종의 사대에 대해 이영훈이 제기한 여러 가지 문제

### 1) '세종이 사대주의 국가체제를 정비했다'는 주장에 대해

이영훈은, '세종이 사대주의(事大主義) 국가체제를 정비했다.'고 주장했다. 그 주장이 의미하는 것은 ①'세종 이전에는 사대주의 국가체제가 정비되지 않았었는데, 세종이 그 체제를 정비했다.'는 것으로, ②'국가를 사대주의 체제로 정비해서는 안 되는데 세종이 그렇게 했다.'는 것으로 해석된다. 필자가 그 주장의 의미를 어떻게 해석하든 이영훈은 '21세기에도 세종은 과연 성군인가.'라는 의문을 제기하는 하나의 근거로 세종이 '사대주의 국가체제를 정비했다.'라는 것을 꼽은 것이다.

이영훈이 그렇게 보는 이유는 '고려(高麗)라는 국호를 폐하고 기자조선(箕子朝鮮)을 잇는 국호를 자청한 것은 한국문명사에서 더없이 큰 단절을 의미하며, 천제(天祭)를 폐지하고, 지성으로 사대하며, 부월(斧鉞)을 없앴고, 역월제(易月制)를 폐지했다는 것'인데, 그 결과로 예의질서로 부지되는 도덕국가로 순화되어 갔다는 것이다. 이영훈은 고려시대의 사대에 대해 평하기를, '고려 왕조와 중국과의 사대관계는 어디까지나 정치외교적 수준에 머물렀다.'고 하고, '고려의 국왕은 중국황제에 신속하였지만, 다원적 구조의 천하관에 상응하는 우열의 관계를 넘지 않았다.'고 하였다.[이영훈(2018), 150쪽] 그의 이러한 평가는 조선 초기의 사대를 고려시대의 사대와 비교해 조선 초기의 사대를 폄하하기 위한 것으로 보인다. 고려시대의 사대는 과연 이영훈이 평가한 그대로였을까.

세종이 즉위한 때는 1418년 8월이다. 전 왕조인 고려가 무너지고 27년이 지난 때이고, 명나라가 세워진 지 약 50년이 지난 때이다. 명나라에서는 1398년부터 3년 동안 정난의 변[靖難之變]이 발생해 1401년 제2대 황제인 건문제(建文帝)가 삼촌인 연왕(燕王) 체(棣)에 의해 불에 타 죽고, 연왕이 즉위해 영락제(永樂帝)라 했다. 영락제는 1412년 수도를 남쪽의 남경(南京)에서 북쪽의 연경(燕京), 곧 원나라의 수도였던 곳인 지금의 북경(北京)으로 옮겼다. 명나라가 수도를 북경으로 옮겼다는 것은 조선의 수도 한성(漢城)과 가까운 거리로 왔다는 뜻이다. 이는 조선과 명나라와의 관계에 있어 결코 작은 변화가 아닐 것이다.

조선의 건국 때부터 이어져 온 세종시대의 사대를 바라보는 맥락이 중요하다. 고려시대와 조선 초기로 나눠 그 맥락을 살펴보자.

## (1) 고려시대의 사대

먼저 고려가 성립되고 유지되어 오는 기간 동안 고려는 대국(大國)에 사대했는가, 했다면 어떻게 했는가를 살펴보자. 먼저 고려의 사대관계에 대한 주요 연보를 보자.

**태조**(太祖)　16년(933), 연호(年號) 천수(天授)를 없애고 후당(後唐)의 연호를 행하기로 했다. 후당에서 사신을 보내 왕을 책봉(册封)했다.

**태조**(太祖)　25년(942), 고려는 요(遼)나라[거란족(契丹族)이 세운 국가]가 926년 발해(渤海)를 멸망시킨 것을 무도한 짓이라 하여 국교를 단절하고, 요나라에서 보낸 사신 30명을 섬으로 유배했다.

**혜종**(惠宗)　2년(945), 후진(後晉)에서 왕을 책봉했다.

**광종**(光宗)　2년(951), 처음으로 후주(後周)의 연호(年號)를 사용했다.

**광종**(光宗)　14년(963), 송(宋)나라의 연호를 사용했다.

**광종**(光宗)　23년(972), 송(宋)나라에 방물을 바치니 왕에게 제서(制書)를 내려 식읍(食邑)을 더하고 추성순화수절보의공신(推誠順化守節保義功臣)의 칭호를 내렸다.

**경종**(景宗)　원년(976), 송(宋)나라에서 왕을 책봉했다.

**성종**(成宗)　13년(994), 처음으로 요(遼)나라 연호를 사용했다.

**현종**(顯宗)　4년(1023), 요(遼)나라에서 태자 왕흠(王欽)을 고려국공(高麗國公)으로 책봉했다.

**예종**(睿宗)　3년(1108), 요(遼)나라에서 왕을 책봉했다.

**예종**(睿宗)　12년(1117), 금(金)나라[여진족(女眞族)이 세운 국가]에서 고려를 동생[제(弟)]의 나라로 칭하며 화친을 요청했다.

**인종**(仁宗)　4년(1126), 금(金)나라에 칭신(稱臣)하는 표문을 보냈다.

**인종**(仁宗)　4년(1126), 송(宋)나라에서 금나라를 협공(挾攻)할 것을 청했는데, 거절했다.

**공민왕**(恭愍王)　19년(1370), 명(明)나라에서 공민왕을 고려왕으로 책봉했다.

중원과 북방 사정이 변함에 따라 고려도 그 변화에 따르지 않을 수 없었는데, 고려가 사대하던 두 나라인 송나라와 금나라가 대치할 때와 같이 고려의 입장이 난처한 때도 있었다.

### ① 고려와 송(宋)나라

918년 고려가 개국한 후 약 70여 년 동안 중원(中原)에서는 5대10국 시대가 전개되었다. 이 시기는 여러 나라의 흥망성쇠가 매우 혼란하여 고려를 간섭하거나 침입할 세력이 없었다. 960년 후주(後周) 세종(世宗)의 금군(禁軍) 장관(長官)인 조광윤(趙匡胤)이 송나라를 세웠고, 979년에는 그를 이은 동생 조광의(趙光義)에 의해 중원이 통일되었다. 고려와 송나라의 사이에는 요(遼)나라 등 북방 세력이 있어 직접 국경을 접할 수 없었으나 바다를 통한 교류는 활발했다.

그 후 송나라는 예종(睿宗) 9년(1114)에 악기(樂器)를 보냈고, 11년에는 대성악(大晟樂)을 보냈다. 송나라는 1127년 금(金)나라에 의해 수도 개봉(開封)이 함락되어 남쪽으로 밀려났다. 이때 송나라 황제 흠종(欽宗)과 태상황(太上皇) 휘종(徽宗)은 금나라에 인질로 잡혀갔다. 1128년 (인종 6) 송나라는 고려에 두 황제를 송환하기 위한 사신들이 금나라로 가는 길을 빌려주기를 청했으나 고려는 이를 거절했다. 두 황제는 돌아가지 못하고 금나라 땅에서 죽었다. 고려와 남쪽으로 옮겨 간 송나라[남송(南宋)]는 그 뒤에도 활발히 교류했다. 남송은 1279년 원(元)나라에 흡수되었다.

### ② 고려와 요(遼)나라

907년 야율아보기(耶律阿保機)가 건국한 거란국(契丹國)은 926년 발해(渤海)를 멸망시켰고, 938년에는 국호를 요(遼)라 하였다. 요나라는

993년(성종 12)에 고려를 침입[1차]했는데 고려 국왕이 입조(入朝)할 것과 요나라 연호(年號)를 사용할 것을 조건으로 철수했다. 요나라는 고려가 약속을 지키지 않자 1010년 다시 침략[2차]해 수도인 개경을 함락하기에 이르렀고, 현종(顯宗)이 나주(羅州)로 몽진(蒙塵)하는 치욕을 겪었다. 사대를 거부한 결과 국왕이 국토의 남쪽 끝으로 몽진하기에 이르렀으니, 백성들의 희생과 고초는 이루 말할 수 없었을 것이다. 요나라는 1125년 여진(女眞)이 세운 금(金)나라에 의해 멸망했다.

### ③ 고려와 금(金)나라

금나라는 1115년 여진인(女眞人)들이 완안부(完顔部)[현재의 중국 흑룡강성 일대]에 세운 나라이다. 금나라는 1125년 요나라를 멸망시킨 후 고려에 사신을 보내 자신들을 형(兄)이라 하고 고려를 동생[제(第)]이라 하며, '형제의 관계를 맺어 대대로 무궁한 우호관계를 이루기 바란다.'고 하였다. 1126년[인종 4] 고려는 금나라에 사신을 보내 신(臣)이라 칭하고, '신(臣)은 척박하고 작은 나라에 미약한 몸과 변변치 못한 덕을 가졌지만, 비상한 공덕을 듣고 공경의 마음을 기울인 지 오래되었으며 비록 넉넉하지 못한 예물이지만 충성과 신의를 나타내려 합니다.'라고 하였다. 『신록기(神麓記)』의 기록에 의하면, '여진(女眞) 시조 해포(楷浦)는 신라(新羅)에서 나와 아촉호(阿觸胡)까지 도망쳤으나 돌아갈 곳이 없어, 마침내 완안(完顔)에 의탁하여 씨(氏)를 삼았다.' 하고, 『금사(金史)』〈세기(世紀)〉에는, '금(金)의 시조 이름은 함보(函普)인데, 처음 고려로부터 왔을 때 나이가 이미 60여 세였다.'고 했다.[3] 따라서 금나라가 개국 이래 고려를 침공하지 않은 것은 이러한 연고가 부분

---

3) 김한규(2004), 『요동사(遼東史)』, 문학과지성사, 459쪽 참조.

적으로나마 작용한 것이 아닌가 하는 짐작을 갖게 한다. 금나라는 1234년 원나라와 송나라에 의해 멸망했다.

### ④ 고려와 원(元)나라

원나라는 1231년(고종 18)부터 1258년(고종 45)까지 9차례에 걸쳐 고려를 침략했다. 고려는 강화도로 천도하고 끈질기게 항쟁했으나 결국 원나라의 부마국(駙馬國)이 되었다. 부마국이 되었다는 것은 사대를 지나 복속되었다는 뜻이다. 고려 제25대 충렬왕(忠烈王)[재위 : 1274~1308]부터 제31대 공민왕(恭愍王)[재위 : 1351~1374]까지 약 100여 년 동안 국왕은 수시로 원나라에 입조해야 했고, 세자는 원나라에서 성장해야 했으며, 원나라의 공주를 비(妃)로 맞이해야 했다. 이로 말미암아 고려 국정에 대한 원나라의 간섭은 더욱 심해졌고, 원나라의 공주들은 고려에 와서도 몽골식 생활을 하여 몽골의 습속(習俗)과 언어(言語)가 고려의 생활에까지 스며들게 했다.

고려는 개국 후 수많은 외침에 최선을 다해 대응했고, 상당한 성과를 거두었다. 그러나 새롭게 중원의 패자로 등장하고 서유럽까지 지배한 원(元)나라에 대항하는 데는 한계가 있었다. 원나라는 1368년 명나라에 의해 몽골지역으로 축출되었다.

약 30년에 걸쳐 9차례 침공한 원나라는 동(東)으로는 경주(慶州)에서 서(西)로는 나주(羅州)까지 전국을 초토화했다. 그 뒤 약 100여 년 동안 고려를 지배하며 고려의 군민(軍民)을 일본 정벌에 동원하는 등 이루 말할 수 없는 상처를 주었다. 이에 대해 이영훈은, '고려 왕조는 원의 부마국으로서 제국 내에서 비교적 높은 지위를 차지하였다. 고려를 둘러싼 국제 무역의 번성은 이전의 한국사가 알지 못한 수준이었다.'라고 적고 있다.[이영훈(2018) 141쪽] 원나라가 100여 년 동안 고려를 지배한 것은 고려에게 기회였을까. 다음은 고려가 원나라에 의해 본격적으로 지배당하기 시작한 충렬왕(忠烈王)4) 시기 『고려사』 기록의 일부이다. 이 기록을 보면 그 뒤의 상황이 어떻게 전개되었는지를 짐작할 수 있고, 이영훈의 주장이 과연 합당한지를 알 수 있다.

원(元)의 부달로화적(副達魯花赤)[부다루가치]가 개경에 들어오자, 국왕은 군복 차림으로 시신들을 거느리고 선의문(宣義門) 밖까지 나가 영접했고, 사판궁(沙坂宮)으로 가서 조서를 열어보았다. 다루가치가 공관으로 돌아가자 여러 관료들이 모두 가서 알현했는데 3품 이상은 계단 위에서 읍례(揖禮)를 행했고, 4품 이하는 계단 아래에서 배례(拜禮)하였다.[1275년(충렬왕 1)]

달로화적(達魯花赤)이 왕을 비난하면서 말하기를, '선지(宣旨)라 칭하고, 짐(朕)이라 칭하고, 사(赦)라 칭하니 어찌 이렇게 참람합니까.' 하였다. 왕이 첨의중찬(僉議中贊) 김방경(金方慶)과 좌승선(左承宣) 박항(朴恒)을 시켜 해명하기를, '감히 참람하려는 것이 아닙니다. 다만 조상 때부터 전해오는 옛 관례를 따랐을 뿐입니다. 감히 고치지 않겠습니까.' 하고, 이에 선지를 왕지(王旨)로, 짐을 고(孤)로, 사를 유(宥)로, 주(奏)를 정(呈)으로 고쳤다.[1276년(충렬왕 2)]

달로화적(達魯花赤)이 방(榜)을 붙여 우리나라 사람은 군사(軍士) 외에는 활·화살·무기 소지를 금했다.[1276년(충렬왕 2)]

달로화적(達魯花赤) 석말천구(石抹天衢)가 왕에게 말하기를, '왕께

---

4) 충렬왕(忠烈王) : 24대 원종(元宗)의 맏아들[長子]이다. 원종 원년(1260) 8월에 태자(太子)로 책봉되었고, 13년(1272)에 원나라에 갔다. 15년(1274)에 원나라 세조(世祖)의 딸 홀도로게리미실(忽都魯揭里迷失)[쿠투루칼리미시] 공주에게 장가들었다.

서는 어찌 현명한 선비를 멀리하고 무뢰배들을 가까이 하십니까.' 하
니, 왕은 아무 말이 없었다.[1277년(충렬왕 2)]

왕이 교지(教旨)를 내리기를, '양가(良家)의 처녀는 먼저 관청에 신
고한 뒤에 혼인하고, 위반하는 자는 처벌하라.' 하고, 허공(許珙) 등에
명하여 어린 여자[童女]를 선발하게 하였다.[1287년(충렬왕 13)]

원(元)이 홍중경(洪重慶)을 파견해 왕에게 정동행중서성좌승상(征
東行中書省左丞相)의 직책을 주고, 인후(印侯)를 진변만호부(鎭邊萬戶
府) 달로화적(達魯花赤)으로, 송분(宋玢)을 선무장군(宣武將軍) 진변
만호(鎭邊萬戶)로, 유석(劉碩)을 충현교위(忠顯校尉) 관군천호(管軍千
戶)로 삼아 모두에게 금패(金牌)를 하사했다.[1291년(충렬왕 17)]

### ⑤ 고려와 명(明)나라

1356년, 공민왕(恭愍王)[재위 : 1351~1374]은 전횡을 일삼던 기철(奇
轍)5)을 처단하고 원나라 연호(年號) 사용을 중지했다. 그해에, 1351년
부터 일어난 반원(反元) 홍건적(紅巾賊)의 강력한 세력자인 주원장(朱元
璋)이 남경(南京)을 점령하는 등 원나라의 세력이 급격히 쇄락했다.
1359년 원나라 군대에 쫓기던 홍건적이 고려를 침공하기 시작했고,
1361년 2차 침공 때는 공민왕이 복주(福州)[안동(安東)]로 몽진했다.
1367년 주원장은 명나라 건국을 선언하고 1368년(공민왕 17) 원나라 대
도(大都)[북경(北京)]를 점령했다. 1370년 5월 명나라에서 공민왕을 고
려왕으로 책봉하니 7월에 사신을 보내 사례했는데, '저는 삼가 나라를
보호하고 잘 다스리며 정성을 다해 농사일에 힘씀으로써, 깊고 절실

---

5) 기철(奇轍) : 원나라 마지막 황제인 제11대 순제(順帝)[혜종(惠宗)]의 제2황후의 오빠
이다.

하게 가르쳐 주시는 말씀에 복종하려 하는데, 두 마음도 가지지 않고 세 마음도 가지지 않고 오직 한마음으로 지키겠습니다.' 하였다.

## (2) 조선 초기의 사대

조선은 건국 직후부터 명나라에 고명(誥命)을 내려 주기를 청했다. 고명을 내린다는 것은 국왕이 명나라로부터 책봉을 받는 것인데, 이는 국왕에 즉위한 것을 명나라에서 공식 승인하는 것이다. 다음의 실록 기사들을 보면 태조로부터 태종에 이르기까지 지성으로 명나라에 사대했음을 알 수 있다.

① 문하시랑찬성사(門下侍郎贊成事) 우인열(禹仁烈)을 보내 표문(表文)을 받들고 제경(帝京)에 가서 은혜를 사례하고 말 30필을 바치게 했다. 그 표문에 말하기를, "배신(陪臣) 조임(趙琳)이 경사에서 돌아오니, 삼가 예부의 자문(咨文)을 받아 황제의 칙지(勅旨)를 삼가 받들었는데 훈계가 매우 간절했으며, 이내 신(臣)에게 권지국사(權知國事)를 허락하시니, 신(臣)은 온 나라 신민들과 함께 감격함을 이기지 못하겠습니다. 황제의 도(道)가 널리 미쳐 만물을 덮어 길러 빠짐이 없었으며, 천자의 큰 계획이 선포(宣布)되어 훈계가 이에 나타났으니, 마음에 맹세하여 느낌을 알며 뼈에 새겨 잊기 어렵겠습니다. 가만히 생각하건대, 소방(少邦)에서는 공민왕이 이미 죽은 뒤로부터 변고가 여러 번 일어나게 되었는데도, 신(臣)은 매양 사대(事大)에 전심(專心)하여 다만 절개를 지키기를 더욱 굳게 하였습니다. 이에 시세(時勢)의 위의(危疑)함으로 인해 세상 인정(人情)의 추대에 힘써 따르게 되니, 깊이 두려워하는 마음을 품어서 깊은 못도 얇은 얼음을 밟는 것과 같습니다. 조그마한 정성을 주달(奏達)하여 감히 황제의 궁궐에 전달되기를 바랐을 뿐인데, 어찌 천한 사신[賤介]이 이르게 되어 특별히 덕음(德音)을 내리실 줄을 생각했겠습니까. 이미 천리(天理)에 순응할 일을

지시하시고, 또 흔단(釁端)을 발생하지 말라고 경계하시며 서로 왕래하고 나라를 복되게 하여 먼 장래를 위한 계획을 장구한 세대에 도모하게 하시니, 비록 부모가 아이를 가르친 것이라도 그 대단한 친절에 비유할 수가 없습니다. 하늘과 땅도 감동했으므로 다만 눈물이 날 뿐이었습니다. 이것은 대개 삼가 황제폐하(皇帝陛下)께서 큰 도량의 너그러움을 넓히시고 지극히 인자(仁慈)하신 덕을 미루어, 만물(萬物)이 모두 혜택에 젖었는데 조그마한 몸도 또한 성덕(盛德)을 입게 되었습니다. 신(臣)은 삼가 마땅히 게을리함이 없고 일을 폐기(廢棄)함이 없이 봉강(封疆)의 지킴을 조심하고, 장수(長壽)하고 부유(富裕)하시라는 말로써 송축(頌祝)하는 정성을 배나 다하겠습니다." 하였다.[태조 1년(1392) 12월 17일][6]

② 참찬문하부사 조반(趙胖)을 경사(京師)에 보내 성절(聖節)을 하례하게 했다. 예부에 자문을 보내 말하기를, "홍무(洪武) 27년 11월 간에 배신(陪臣) 사역원부사(司譯院副使) 이현(李玄)이 경사에서 왔는데, 삼가 선유(宣諭)한 성지(聖旨)를 받드니, '그대가 보내 온 표문(表文)의 글에 알 수 없는 글자를 잘 쓰니, 이제부터는 표문 보내는 것을 그만두라.' 하셨는데, 삼가 이를 자세히 상고할 때, 작은 나라로 큰 나라를 섬기는 데는 반드시 표문을 올려야 조그마한 성의라도 진달할 수 있거늘, 하물며 원단(元旦)과 성절에는 화이(華夷)에서 표문을 올리지 않음이 없으니, 감히 올리지 않을 수 없기 때문에 홍무 28년의 성절(聖節)·천추절(千秋節)과 29년의 원단(元旦) 등의 표문과 전문을 전대로 지어 진하(進賀)한 것인데, 그 뒤에 온 자문을 받아 삼가 성지(聖旨)를 받드니, 그 사연에, '이번에 올린 홍무 29년 정월 원단의 표문과 전문 속에 경박하고 모멸한 자귀가 있다.' 하니, 이것을 받고 그윽이 자세히 생각

---

6) 조선왕조실록 번역은 온라인 조선왕조실록(sillok.history.go.kr)에 따르되 일부는 다듬었다.

하니, 소방(小邦)의 사대(事大)하는 성의는 조금도 변하지 않았으나, 해외(海外)의 사람들이라 학문이 황잡하고 얕아 중조(中朝)의 표문과 전문의 체제를 알지 못해 문구가 틀리게 된 것이니, 떨리고 황공하기 비할 데 없어 이번에 맞을 홍무 29년 9월 18일의 성절에는 감히 표문을 올리지 못합니다." 하였다.[태조 5년(1396) 6월 14일]

③ 또 여러 신하에게 말하기를, "일찍이 무과(武科)에 합격한 자는 항상 스스로 병서(兵書)를 숙독(熟讀)하는가. 숙독하지 않는다면 장차 어디에 쓰겠는가. 들으니, 황제(皇帝)가 안남(安南)[베트남]을 정벌할 때 안남 사람들이 속수무책으로 죽임을 당했고 대적할 자가 없었다 한다." 하니,

공조판서 이내(李來)가 대답하기를, "천하(天下)의 군사로 이 조그마한 나라를 정벌하니, 누가 감히 대적할 자가 있겠습니까." 하였다.

임금이 말하기를, "그렇지 않다. 군사는 정(精)한 데에 있지 많은 데에 있지 않다. 어찌 한 가지만 가지고 말할 수 있는가. 또 안남국왕(安南國王)이 황제에게 달려가 고(告)했으니, 황제의 거사(擧事)가 그렇게 하지 않을 수 없는 것이다. 우리 황제가 본래 큰 것을 좋아하고 공(功)을 기뻐하니, 만일 우리나라가 조금이라도 사대(事大)의 예(禮)를 잃는다면, 황제는 반드시 군사를 일으켜 죄(罪)를 물을 것이다. 나는 생각하기를 한편으로는 지성(至誠)으로 섬기고, 한편으로는 성(城)을 튼튼히 하고 군량(軍糧)을 저축하는 것이 가장 오늘날의 급무(急務)라 여긴다." 하니,

대사헌(大司憲) 성석인(成石因)이 대답하기를, "성(城)을 빨리 쌓으려 하면 백성이 크게 곤(困)하여 집니다. 신(臣)은 생각건대, 매년(每年)에 한 면(面) 혹은 반 면(半面)을 쌓아 견고한 것으로 귀(貴)함을 삼으면, 그 역사(役事)는 더디나, 백성이 곤(困)하지 않고 성(城)은 더욱 튼튼할 것입니다." 하였다.[태종 7년(1407) 4월 8일]

④ 임금이 제경(諸卿)에게 말하기를, "근래 황제(皇帝)가 북정(北征)했다는 말을 들었는데, 그것은 곧 문정(門庭)의 적[寇]이라 하니, 일은 부득이한 데에서 나온 것이다. 지난번 안남(安南)에 출정한 것은 황제의 실책이었다. 스스로 우리 동방(東方)을 생각하면, 땅은 메마르고 백성은 가난한데 국경이 상국(上國)과 연접했으므로, 진실로 마음을 다해 사대(事大)하여 한 나라를 보전하는 것이 마땅하다. 만약 피할 수 없는 경우이면, 곡식을 축적하고 병사를 훈련해 봉강(封疆)을 고수(固守)함이 마땅하다. 그러나 내가 가만히 생각해 보니, 황제가 나를 대우함이 심히 두터운데, 또 남정북벌(南征北伐)하여 진실로 편안한 해가 없으니, 다만 전쟁에 피폐(疲弊)한 백성이 우리 강토에 뛰어들어 신축년(1361년)의 사(沙)·관(關)[7]과 같이 될까 두려울 뿐이다." 하니,

이직(李稷)이 말하기를, "영길도(永吉道)·평안도(平安道) 2계(界)는 군량(軍糧)이 넉넉하지 못합니다. 일찍이 경상도(慶尙道) 곡식을 강원도(江原道)에 옮기고, 강원도 곡식을 영길도에 옮기고, 또 풍해도(豊海道) 곡식을 평양(平壤)에 옮기라는 전지(傳旨)가 있어 혹은 시행하기도 하고 혹은 중지하기도 하여 실효를 거두지 못했으니, 그리 좋은 계책(計策)은 아닙니다. 또 2계(界)의 산성(山城)은 농한기(農閑期)를 기다렸다가 수축(修築)하는 것이 마땅합니다." 하므로, 그대로 따랐다.
[태종 14년(1414) 6월 20일]

⑤ 임금이 말하기를, "재상(宰相)에게 말이 있다면 비록 값을 주지 않는다 하더라도 어찌 바치지 않을 리가 있겠는가. 하물며 말 1필의 값을 2필의 값으로 쳐주는데 말할 나위가 있겠는가. 이것은 실지로 없는 것이다. 황제가 비록 상사(賞賜)도 없이 처녀(處女)를 구한다 하더라도 내가 어찌 따르지 않겠는가. 그러나 사신[使介]이 있을 때마다 곧 하사

---

7) 사(沙)·관(關) : 고려 공민왕(恭愍王) 10년(1361년)에 사유(沙劉)·관선생(關先生) 등이 홍건적(紅巾賊) 10만 명을 이끌고 쳐들어 온 사건.

(下賜)함이 있었고, 또 지금 양전(兩殿)에 모두 상사가 있었으며, 또 권(權) 씨8)에 대하여는 '이비(二妃)'라 일컬어 또한 상사(賞賜)가 있었다. 황제의 권고(眷顧)[돌보아 줌]가 이와 같으니 감히 성심으로 사대(事大)하지 않을 수 없고, 또 금년에는 사신[使介]이 없었으니 모름지기 양마(良馬) 30필을 바쳐야겠다. 중국에서는 말의 노소(老少)를 가리지 않고 다만 장실(壯實)한 것을 구할 뿐이니, 병조에서 즉시 널리 구해 보라." 하니,

여양군(礪良君) 송거신(宋居信)이 말하기를, "신(臣)에게 말 1필이 있으나 실은 숨기고 내놓지 않았습니다. 이제 상교(上敎)가 여기에 이르렀으니, 신(臣)은 마땅히 바치겠습니다." 하였다.[태종 17년(1417) 6월 26일]

이상 앞에서 살펴본 것과 같이 고려는 중·후반기부터 약 360여 년 동안 외세의 침략에 시달렸다. 고려 국왕은 5개국으로부터 책봉을 받았고, 원나라 지배시기 동안은 원나라에 의해 세자와 국왕이 지명되거나 승인되었다. 그러한 기간 동안 내부의 혼란 또한 적지 않았으나 고려는 최선을 다해 나라를 지켜 왔다.

그렇다 해도 이영훈(2018)의 주장은 문제가 있다. '고려 왕조와 중국과의 사대관계는 어디까지나 정치외교적 수준에 머물렀다.' 하고, '고려의 국왕은 중국 황제에 신속하였지만, 다원적 구조의 천하관에 상응하는 우열의 관계를 넘지 않았다.'라는 이영훈의 주장은 근거 없는 단언에 불과한 것으로 보이고, 고려에 대한 그의 환상으로 보인다.

---

8) 권(權) 씨 : 권영균(權永均)의 동생인데, 태종 8년(1408)에 뽑혀 명나라에 들어갔다. 권영균은 명나라에서 광록시경(光祿寺卿) 벼슬을 받았다. 권(權) 씨는 1410년 10월 명나라에서 병사했다.

조선 또한 개국 때부터 명나라에 사대했고, 이는 지정학적 구조상 거부할 수 없는 일이었다. 따라서 이러한 점을 고려할 때 이영훈(2018)의 주장, 즉 세종이 사대주의 국가체제를 정비했다는 주장은 타당하지 않다.

참고로 세종은 세자에 책봉된 지 2개월여 만에 왕위에 올랐는데, 그때 나이 22세였다. 대군(大君) 때인 1412년(태종 12, 세종 16세)부터 스승인 이수(李隨)로부터 지도를 받기도 했겠지만, 태종은 세종[당시 충녕대군(忠寧大君)]을 세자로 지명하면서 말하기를, '충녕대군은 천성(天性)이 총명하고 민첩하고 자못 학문을 좋아하여, 비록 몹시 추운 때나 몹시 더운 때를 당하더라도 밤이 새도록 글을 읽으므로, 나는 그가 병이 날까봐 두려워해 항상 밤에 글 읽는 것을 금했다. 그러나 나의 큰 책(冊)은 모두 청해 가져갔다. 또 치체(治體)를 알아 매양 큰일에 헌의(獻議)하는 것이 진실로 합당하고, 또 생각 밖에서 나왔다.' 하였다. 물론 이 같은 태종의 말은 충령대군을 세자로 봉하기 위한 미사(美辭)라 할 수도 있다. 세종은 조선 개국조(開國祖)이자 불세출(不世出)의 무인(武人)이었던 할아버지의 활약상을 알고 있었을 것이고, 아버지 태종이 왕위에 오른 과정과 그 후에 일어난 일들에 대해서도 대부분 알고 있을 것으로 짐작할 수 있다. 또 즉위 후 처음 4년은 아버지 태종과 함께 국정을 다스렸는데, 그 기간 동안 세종은 작게는 왕위를 지키는 일부터 크게는 나라를 지키는 일에 대해 많은 조언을 들었을 것으로 추정할 수 있다.

## 2) 조선은 기자조선(箕子朝鮮)을 이은 나라라는 주장에 대해

1392년 고려 공양왕(恭讓王)이 축출되고 7월 17일 이성계가 즉위한 뒤 명나라에 그 사실을 알리자 새로운 국호를 정해 빨리 보고하라는 명나라 예부(禮部) 자문(咨文)이 11월 27일 도착했다. 이성계는 국호를 논의하게 한 뒤 11월 29일 조선(朝鮮)과 화령(和寧)이라는 두 국호 안(案)을 명나라에 보내고 황제가 선택해 주기를 청했다. 명나라는 윤12월 9일 '동이(東夷)의 국호(國號)에 다만 조선(朝鮮)의 칭호가 아름답고, 또 이것이 전래한 지 오래되었으니, 그 명칭을 근본으로 본받을 것이며, 하늘을 본받아 백성을 다스려 후사(後嗣)를 영구히 번성하게 하라.'고 하였다.

이에 대해 이영훈은 '기자(箕子)의 나라'라는 소제목에서, '여기서 명확하듯이 조선이란 국호는 기자조선에서 유래하였다. 이성계가 조선을 국호로 추천한 것도, 명의 황제가 그것을 택하여 내려준 것도 모두 기자조선을 잇는다는 취지였다.' 하고[이영훈(2018), 148쪽], '조선왕조의 건립자들이 고려라는 국호를 폐하고 기자조선을 잇는 취지의 국호를 명에 자청한 것은 한국문명사에서 더없이 큰 단절을 의미하였다.'고 하였다.[이영훈(2018), 151쪽] 과연 그러할까. 『태조실록』 등의 기사에서 조선(朝鮮)이라는 국호에 대한 국내외(國內外)의 인식을 살펴보자.

① 예조전서(禮曹典書) 조박(趙璞) 등이 상서(上書)하기를, "신(臣) 등이 삼가 역대(歷代)의 사전(祀典)을 보건대, 종묘(宗廟)·적전(籍田)·사직(社稷)·산천(山川)·성황(城隍)·문선왕(文宣王)[공자(孔子)]의 석전제(釋奠祭)는 고금(古今)에 널리 통행(通行)되었으며, 국가의 상전(常典)인 것입니다. 지금 〈월령(月令)〉[9]의 규식(規式)대로 아래에 갖추어 기록하니, 청하건대, 유사(攸司)에 내리시고, 때에 따라 거행하소서.

---

9) 월령(月令) : 『예기(禮記)』의 편명(篇名)인데, 1년 12월의 정령(政令)을 기록했다.

원구(圜丘)10)는 천자(天子)가 하늘에 제사지내는 예절이니, 이를 폐지하기를 청합니다. 여러 신묘(神廟)와 여러 주·군(州郡)의 성황(城隍)은 나라의 제소(祭所)이니, 다만 모주(某州), 모군(某郡) 성황(城隍)의 신(神)이라 일컫고, 위판(位板)을 설치하여, 각기 그 고을 수령(守令)에게 매양 봄·가을에 제사를 지내도록 하고, 전물(奠物)·제기(祭器)·작헌(酌獻)의 예(禮)는 한결같이 조정(朝廷)의 예제(禮制)에 의거하도록 하소서. 봄·가을에 장경(藏經) 백고좌(百高座)11)의 법석(法席)과 7소(所)의 친히 행차하는 도량(道場)12)과 여러 도전(道殿)·신사(神祠)·초제(醮祭)13) 등의 일은 고려의 군왕(君王)이 각기 일신상의 소원[私願]으로써 때에 따라 설치한 것으로, 후세의 자손들이 구습(舊習)에 따라 혁파하지 못했는데, 지금 천명(天命)을 받아 새로 건국(建國)함에 어찌 전폐(前弊)를 그대로 따라 하며, 떳떳한 법으로 삼겠습니까. 청하건대 모두 폐지해 버리소서.

조선(朝鮮)의 단군(檀君)은 동방(東方)에서 처음으로 천명(天命)을 받은 임금이고, 기자(箕子)는 처음으로 교화(敎化)를 일으킨 임금이니, 평양부(平壤府)로 하여금 때에 따라 제사를 드리게 할 것입니다. 고려 혜왕(惠王)[혜종(惠宗)]·현왕(顯王)[현종(顯宗)]·충경왕(忠敬王)[원종(元宗)]·충렬왕(忠烈王)은 모두 백성에게 공이 있으니, 또한 마전군(麻田郡)의 태조묘(太祖廟)에 붙여 제사지내게 할 것입니다." 하니,

임금이 도당(都堂)에 교지를 내기를, "봄·가을의 장경(藏經) 백고좌(百高座) 법석(法席)과 7소(所)의 도량(道場)에 대해, 그것의 처음 설치한 근원을 상고해 아뢰라." 하였다.[태조 1년(1392) 8월 11일]

---

10) 원구(圜丘) : 동지(冬至) 때 천자(天子)가 하늘에 제사하는 곳.
11) 백고좌(百高座) : 설법(說法)의 행사. 하루에 1백 자리를 베푸는 자리.
12) 도량(道場) : 불도에 관계되는 온갖 일을 하는 깨끗한 마당.
13) 초제(醮祭) : 도교(道敎)에서 성신(星辰)에게 지내는 제사.

② 주문사(奏聞使) 한상질(韓尙質)이 와서 예부(禮部)의 자문(咨文)을 전하니, 임금이 황제의 궁궐을 향해 은혜를 사례하는 예(禮)를 행했다.

　그 자문(咨文)에 말하기를, '본부(本部)의 우시랑(右侍郎) 장지(張智) 등이 홍무(洪武) 25년 윤12월 초 9일에 삼가 성지(聖旨)를 받들었는데, 그 조칙에,「동이(東夷)의 국호(國號)에 다만 조선(朝鮮)의 칭호가 아름답고, 또 이것이 전래한 지가 오래 되었으니, 그 명칭을 근본하여 본받을 것이며, 하늘을 본받아 백성을 다스려 후사(後嗣)를 영구히 번성하게 하라.」하였소. 삼가 본부(本部)에서 지금 성지(聖旨)의 사의(事意)를 갖추어 앞서 가게 하오.' 하니, 임금이 감격해 기뻐하여 한상질에게 전지(田地) 50결(結)을 내려 주었다. [후략] [태조 2년(1393) 2월 15일]

③ 문하좌시중 조준(趙浚) 등이 좌간의대부(左諫議大夫) 이황(李滉)을 보내 전문(箋文)을 받들어 진하(陳賀)하게 했는데, 그 전(箋)에 말하기를, "성인(聖人)이 왕통(王統)을 창시(創始)하셨으니 문득 기자(箕子)의 옛 봉토(封土)를 다스렸으며, 황제의 명이 아름다웠으니 조선(朝鮮)의 미호(美號)를 주었습니다. 종사(宗社)에 영광이 오고 신민(臣民)에 기쁨이 넘쳤습니다. 삼가 생각하건대, 전하께서는 순제(舜帝)의 문명(文明)보다 지나쳤으며, 탕왕(湯王)의 용지(勇智)에 필적(匹敵)하셨습니다. 구가(謳歌)의 따른 바에 순응하고 역수(曆數)의 돌아온 바를 받아서 하민(下民)을 다스리는 인덕(仁德)을 미루어 넓히고, 대국(大國)을 섬기는 예절에 더욱 근실히 하셨으니, 한 장의 종이에 열 줄 되는 조칙이 먼저 그 이름을 바루게 하였으며, 억년 만년의 기업(基業)이 지금부터 처음 시작되었습니다. 신(臣) 등은 성상의 병위(兵衛)를 모시지 못하여, 비록 빨리 달려가는 반열[駿奔之班]에 나아가지 못했으나, 즐거이 도성(都城) 사람들과 더불어 연하(燕賀)의 정성을 갑절이나 다하겠습니다." 하였다.[태조 2년(1393) 2월 15일]

④ 도평의사사에서 상신(上申)하기를, "좌정승 조준(趙浚)과 우정승 김

사형(金士衡) 등은 생각하건대, 옛날부터 임금이 천명을 받고 일어나면 도읍을 정해 백성을 안주시키지 않음이 없었습니다. 그러므로 요(堯)는 평양(平陽)에 도읍하고, 하(夏)나라는 안읍(安邑)에 도읍했으며, 상(商)나라는 박(亳)에, 주(周)나라는 풍호(豊鎬)에, 한(漢)나라는 함양(咸陽)에, 당(唐)나라는 장안(長安)에 도읍했는데, 혹은 처음 일어난 땅에 정하기도 하고, 혹은 지세(地勢)의 편리한 곳을 골랐으나, 모두 근본이 되는 곳을 소중히 여기고 사방을 진정하려는 것이 아님이 없었습니다. 우리나라[東方]는 단군(檀君) 이래로 혹은 합하고 혹은 나누어져 각각 도읍을 정했으나, 전조 왕(王)씨가 통일한 이후 송악(松嶽)에 도읍을 정하고, 자손이 서로 계승해 온 지 거의 500년에 천운이 끝이 나 자연히 망하게 되었습니다. 삼가 생각하건대, 전하께서는 큰 덕과 신성한 공으로 천명을 받아 한 나라를 차지하시어 이미 또 제도를 고쳐 만대의 국통(國統)을 세웠으니, 마땅히 도읍을 정해 만세의 기초를 잡아야 할 것입니다. 그윽이 한양(漢陽)을 보건대, 안팎 산수의 형세가 훌륭한 것은 옛날부터 이름난 것이요, 사방으로 통하는 도로의 거리가 고르며 배와 수레도 통할 수 있으니, 여기에 영구히 도읍을 정하는 것이 하늘과 백성의 뜻에 맞을까 합니다." 하니, 왕지(王旨)로 아뢴 대로 하게 했다.[태조 3년(1394년) 8월 24일]

⑤ 참찬문하부사(參贊門下府事) 안익(安翊)·동지중추원사(同知中樞院事) 김희선(金希善)·예문춘추관(藝文春秋館) 학사(學士) 권근(權近)이 황제의 칙위조서(勅慰詔書)와 선유성지(宣諭聖旨)와 어제시(御製詩)와 예부(禮部)의 자문(咨文) 2통을 받들고 경사(京師)에서 돌아왔다. [중략]

어제시(御製詩)에 말하기를,

| | |
|---|---|
| 압록강 맑고 지경은 옛 정한 대로, | 鴨綠江清界古封 |
| 강했어도 거짓 없이 시대의 영웅이라 즐거한다. | 强無詐息樂時雄 |

도망친 죄인을 들이지 않는 1천 년의 복지,　　　　　逋逃不納千年祚

예절과 의리 모두 백세의 공적 이루었네.　　　　　禮義咸修百世功

한(漢)나라의 정벌은 분명히 책에 있어 상고하겠고,

　　　　　　　　　　　　　　　　　　　漢代可稽明在冊

요(遼)나라의 정벌한 것14) 자취 살펴야 할 것일세.

　　　　　　　　　　　　　　　　　　　遼征須考照遺蹤

정회(情懷)는 하늘 중심에 성취된 듯,　　　　　情懷造到天心處

물에는 파도 없고, 수자리도 변동 없다.　　　　　水勢無波戍不攻

【위는 압록강(鴨綠江)】


우물과 동네 옮겨 가 저자가 황량하여,　　　　　遷遺井邑市荒涼

우거진 풀 눈에 가득 길손이 상심한다.　　　　　莽蒼盈眸過客傷

비원[園苑]에는 꽃이 있어 벌이 꿀 모아가고,　　　園苑有花蜂釀蜜

궁전과 누대(樓臺)에는 주인 없어 토끼의 고장 되었네.

　　　　　　　　　　　　　　　　　　　殿臺無主冤爲鄕

행상(行商)은 길을 돌아 새 성으로 가고,　　　　行商枉道從新郭

앉은장사 옮겨 살며 옛 동네 그리워한다.　　　　坐賈移居慕舊坊

이것이 옛날 왕(王)씨의 기업(基業),　　　　　此是昔時王氏業

단군(檀君)이 가신 지 오래이니 몇 번이나 경장(更張)했나.

　　　　　　　　　　　　　　　　　　　檀君逝久幾更張

【위는 고려(高麗)의 고경(古京)】


지경에 들어서면 들에 가득 농사하는 노래 들린다.

　　　　　　　　　　　　　　　　　　　入境聞耕滿野謳

군사를 파하고 김매고 심은 지 몇 춘추(春秋)인가.

---

14) 요(遼)나라의 정벌한 것 : 1018년[고려 현종(顯宗) 9년] 요나라의 소배압(蕭排押)이
10만 대군으로 고려에 침입했으나 강감찬(姜邯贊) 장군에게 패한 사실.

수루(戍樓)에 달린 변탁(邊鐸)이 녹슬고,　　　罷兵耨種幾春秋
망보(望堡)에는 재와 낙엽 몰려 흙더미 되었네.　樓懸邊鐸生銅綠
역리(驛吏)는 먼 길 편히 온 것 기쁘게 마중하고,　堠集煙薪化土丘
일부(馹夫)들 기쁘게 놀라고 좋아서 전송한다.　驛吏喜迎安遠至
하늘 끝 땅 끝까지 닿은 중화(中華)의 경계,　　馹夫忻送穩長遊
벼와 기장 밭에 가득하여 해마다 거둔다.　　　際天極地中華界
　　　　　　　　　　　　　　　　　　　　　禾黍盈疇歲歲收
【위는 사신이 요좌(遼左)를 지나며】

했는데, 이 3편(篇)의 시(詩)는 황제가 지어 권근(權近)에게 준 것이다.
[후략] [태조 6년 3월 8일]

⑥ [전략] 하윤(河崙)이 또한 일찍이 건의하여 조선(朝鮮) 단군(檀君)
을 제사하기를 청했었다. 예조에서 참상(參詳)하기를, "기자의 제사는
마땅히 사전(祀典)에 싣고, 춘추(春秋)에 제사를 드려 숭덕(崇德)의 의
(義)를 밝혀야 합니다. 또 단군(檀君)은 실로 우리 동방의 시조이니, 마
땅히 기자와 더불어 한 사당[廟]에 제사지내야 합니다." 하니, 그대로
따랐다.[태종 12년 6월 6일]

⑦ 사헌부에서 상소하기를, "신(臣) 등은 모두 용재(庸才)로서 언로(言
路)에 참예함을 얻었으나, 훌륭한 계책을 내어 조그마한 도움도 드리
지 못함을 부끄러워합니다. 이제 좁은 소견으로 한두 조건을 가지고
삼가 다음에 열거(列擧)하여 천총(天聰)을 모독(冒瀆)하니, 엎드려 바
라건대, 성상의 밝으심으로 골라 재결하소서. [중략]
　一. 사적(史籍)의 저장을 널리 하지 않을 수 없습니다. 그러므로 예
전 사마천(司馬遷)이 『사기(史記)』를 짓고 말하기를, '명산(名山)에 간
직하고 부본(副本)은 서울에 둔다.' 하였습니다. 우리 동방(東方)은 단
군(檀君) 조선(朝鮮)이 당요(唐堯) 때 시작했고, 기자(箕子) 조선은 주

(周)나라 무왕(武王) 때 봉했으니, 군신상하(君臣上下)와 예악문물(禮樂文物)을 유지하여 서로 전한 것이 오래였습니다. 그러나 문적(文籍)을 전함이 대개 적고 고려의 사적(史籍)도 잃은 것이 또한 많으니, 이는 반드시 널리 간직하지 않고 병화(兵火)를 만난 까닭이니 진실로 한탄할 만합니다. 또 지금 사고(史庫)는 충주(忠州)에만 있는데 여염(閭閻)과 섞여 있으니 실로 염려스럽습니다. 바라건대, 조종(祖宗)의 실록과 전조(前朝)의 사적(史籍) 및 경서(經書)·제자서(諸子書)·경제조장서(經濟條章書) 몇 본(本)을 만들어 각 도(道) 명산에 나누어 간직하고, 해마다 돌려가면서 포쇄(曝曬)15)하여 불우(不虞)에 대비하게 하소서.
[후략] [세종 21년(1439) 6월 26일]

위의 기사들을 살펴보면 기사 (3) 조준(趙浚) 등의 전문(箋文) 외에 대부분의 기사에서는 '우리 동방(東方)은 단군(檀君) 조선(朝鮮)으로부터 시작되었다.'고 하였다. 특히 기사 (5)의 시(詩) 3편은 1396년 명나라 태조(太祖) 주원장(朱元璋)이 지어 사신으로 간 권근(權近)에게 준 것인데, 두 번째의 '고려(高麗)의 고경(古京)'이라는 시에서 고려의 옛 땅이 단군(檀君)의 땅이었음을 말하고 있다. 따라서 '조선이란 국호는 기자조선에서 유래하였다. 이성계가 조선을 국호로 추천한 것도, 명의 황제가 그것을 택하여 내려준 것도 모두 기자조선을 잇는다는 취지였다.'라는 이영훈의 주장은 어디에 근거했는지 알 수 없다. '기자조선'의 '조선' 또한 '단군조선'에서 유래한 것이다.

단군보다 기자를 존숭한 나라는 고려였다. 이영훈이 인용한 '후당(後唐)의 황제가 인정했듯이 고구려는 주몽이 세운 고구려를 계승한 나라였다.'는『고려사』기사[후당이 왕건(王建)을 고려 국왕으로 책봉한 기사] 중

---

15) 포쇄(曝曬) : 젖거나 축축한 것을 바람을 쐬고 볕에 쬠.

이 부분에 해당하는 기사는 다음과 같다. 이영훈은 이 중 주몽(朱蒙) 부분만 인용하여 고려가 고구려를 계승했다고 한 것으로 보인다.

후당(後唐)에서 왕경(王瓊)과 양소업(楊昭業)을 보내 왕을 책봉했다. 조서에 말하기를, '왕이라는 것은 하늘을 본받아 온 백성을 기르고 땅을 본떠 천하[八紘]를 편안하게 하는 존재이니, 성실히 큰 중용(中庸)의 도를 지켜 온 천하에 드러나지 않은 곳이 없다. [중략] 아, 그대 권지고려국왕사(權知高麗國王事) 왕건(王建)은 자질이 웅대하고 용맹하며 지혜는 기략[機鈴]에 통달했고, 변방에서 으뜸으로 빼어나게 태어나 장대한 포부를 가지고 드러내었다. 산하(山河)가 내려준 바, 터전이 지극히 풍요하다. 주몽(朱蒙)이 건국한 상서로움을 계승하여 저들의 왕이 되고, 기자(箕子)가 번국(蕃國)을 이룬 자취를 밟아 은혜와 조화를 펼치고 있다. 풍속이 두텁고 글을 알기에 능히 예의로 이끌 수 있으며, 기풍이 용감하고 무예를 숭상하므로 위엄으로 정중히 할 수 있다. 봉토가 이에 고요하고 편안해졌고 백성은 이로써 온전히 모이게 되었으며, 그리하여 다시 이와 입술같이 긴밀해지고 피부와 터럭같이 돈독해지게 되었다. [중략] 아! 선한 일을 하면 하늘이 상서로움을 내리고, 바른 도리를 지키면 신(神)이 복을 주는 법이다. 무기는 위태로울 때 신중히 사용하고 통일된 제도[文軌]는 원대한 계책의 바탕이 되니, 길이 후당(後唐)의 신하가 되어 대대로 왕의 작위를 누리라. 이제 그 지위를 내리니 그대는 공경히 받으라.' 하였다.[933년(고려 태조 16)]

『삼국유사(三國遺事)』 권제1 〈왕력(王曆)〉 후고려(後高麗) 신유(辛酉) (901)에, '고려(高麗)라 일컬었다.' 하였다. 이때는 궁예(弓裔)가 896년 양길(良吉)로부터 독립해 나라를 세우고 약 6년이 지난 때이다. 궁예가 고려를 국호로 한 이유는 892년 서남쪽에서 군사를 일으키고 왕위에 오른 견훤(甄萱)이 900년에 백제왕(百濟王)이라 자칭해 지역의 민심의 얻었기 때문이다. 궁예는 그 뒤 국호를 마진(摩震), 태봉(泰封)으로 고쳤는데, 궁예를 축출하고 왕위에 오른 왕건은 국호를 다시 고려라 했다. 그 시기에 백제왕 견훤과 치열하게 대립하고 있었기 때문으로 추정한다. 『고려사』 등 사서(史書)에 왕건 스스로 고구려를 계승했다고 한 기록은 보이지 않는다.

또 고려는 사당을 세워 기자(箕子)를 제사지내게 했는데, 단군(檀君) 사당은 세우지 않았고, 제사도 지내지 않았다. 단군에게 제사지내기 시작한 것은 조선 태종 때부터이고, 단군 사당이 독립적으로 세워진 것은 세종 때이다. 고려와 조선시대의 관련 기사를 보자.

### ① 고려사

왕이 교서(教書)를 내려 말하기를, '내가 선왕의 위업을 이어 외람되게도 왕위에 오른 이후 항상 나라를 다스리는[置器] 어려움을 생각하며 깊은 연못가에 서있는 것 같은 두려움을 느껴 왔다. 지난번에 조서를 받들어 입조(入朝)했는데, 때마침 죄를 지은 간신이 있어 말을 꾸며내 모함하고 참소하여 과인을 위태롭게 하려 했다. [중략]

一. 국내의 명산대천(名山大川)으로 사전(祀典)에 등재된 곳에는 각기 덕호(德號)를 덧붙이고, 사우(祠宇)를 수리할 것이며, 원구(圓丘)와 적전(籍田), 사직(社稷)과 침원(寢園), 불우(佛宇)와 도관(道觀)도 보수하여 제사를 지내라. 선대의 능묘(陵墓)는 관(官)에서 벌목과 방목을 금지하여 함부로 밟고 다니지 못하게 하라. 기자(箕子)가 처음 우리나라에 봉해짐으로써 예악(禮樂)과 교화(教化)가 이로부터 행해졌으니, 마땅히 평양부(平壤府)에 명하여 사당을 세워 제사를 지내게 하라. 또 공자(孔子)[문선왕(文宣王)]와 10철(十哲), 70자(七十子) 및 우리나라의 문창후(文昌侯)[최치원(崔致遠)]와 홍유후(弘儒侯)[설총(薛聰)]도 정결함을 힘써 다하라. [후략] [1325년(충숙왕 12년)]

② 태종실록

[전략] 하윤(河崙)이 또한 일찍이 건의하여 조선(朝鮮) 단군(檀君)을 제사하기를 청했었다. 예조에서 참상(參詳)하기를, "기자의 제사는 마땅히 사전(祀典)에 싣고, 춘추(春秋)에 제사를 드려 숭덕(崇德)의 의(義)를 밝혀야 합니다. 또 단군(檀君)은 실로 우리 동방의 시조이니, 마땅히 기자와 더불어 한 사당[廟]에 제사지내야 합니다." 하니, 그대로 따랐다.[태종 12년(1412) 6월 6일]

③ 세종실록

사온서(司醞署) 주부(注簿) 정척(鄭陟)이 상서(上書)하기를, "지난 신축년(1421) 10월에 조정(朝廷)이 옮겼으니16) 말[馬]을 점고(點考)하라는 명을 받들었습니다. 의주(義州)에 가서 말 점고하는 일을 마치고 다음해 2월에 돌아오다가 평양(平壤)에 들러 기자(箕子) 사당(祠堂)을 배알했습니다. 그런데 기자 신위(神位)는 북쪽에서 남쪽을 향해 있고, 단군(檀君) 신위는 동쪽에서 서쪽을 향해 있었습니다. 신(臣)의 어리석은 소견으로 단군은 당(唐)나라 요(堯)임금과 같은 시대에 나라를 세워 스스로 국호를 조선이라 하신 분이시고[自號朝鮮者也], 기자는 주(周)나라 무왕(武王)의 명을 받아 조선에 봉(封)하게 된 분이시니[箕子受武王之命而封朝鮮者也], 역사의 햇수를 따지면 요임금에서 무왕까지가 무려 1,230여 년입니다. 그러니 기자의 신위를 북쪽에 모시고, 단군의 신위를 동쪽에 배향하게 한 것도, 실로 나라를 세워 후세에 전한 일의 선후(先後)에 어긋남이 있다고 생각합니다. [중략] 신(臣)의 생각에는 단군의 사당을 별도로 세우고, 신위를 남향하게 하여 제사를 받들면 거의 제사 의식에 합당할까 합니다." 하니, 명하여 이 글을 예조에 내려 상서한 대로 시행하게 하였다.[세종 7년(1425) 9월 25일]

---

16) 조정(朝廷)이 옮겼으니 : 명나라 영락제는 1421년 수도를 남경(南京)에서 북경(北京)으로 옮겼다.

이상 살펴본 것 같이 조선이라는 국호는 기자조선을 이은 것이 아니라 단군조선을 이은 것으로 보는 것이 더 타당하다. 이영훈은 이 점을 잘못 이해한 것으로 보인다.

### 3) 세종의 지성사대(至誠事大)
#### (1) 명이나 조선이나 평화의 시대를 맞고 있었다는 주장에 대해
이영훈은 '지성사대(至誠事大)'라는 소제목에서 이렇게 주장한다.

> 한마디로 세종은 지성으로 사대하였다. 그것이 다 고차의 정략이었는지 나는 알지 못한다. 명이나 조선이나 평화의 시대를 맞고 있었다. 마음을 깊이 숨겨야 할 위태로운 시대는 아니었다.[이영훈(2018), 157쪽]

실록 기사 등을 보면 이영훈의 표현대로 세종은 지성으로 사대했음을 알 수 있다. 그런데 세종은 사대만 지성으로 한 것이 아니다. 세종은 나라를 위해 필요하고, 집중하고자 했던 많은 정치, 경제, 사회, 문화 영역에서 언제나 지성으로 임했다.

그러나 '명이나 조선이나 평화의 시대를 맞고 있었다.'는 이영훈의 주장은 동의하기 어렵다. 명나라가 원나라를 북서쪽 그들의 발원지로 쫓아 보냈지만 상당한 세력이 시시탐탐 중원을 탐했고, 특히 동쪽에는 금(金)나라의 후예들인 여진(女眞)이 있어 원나라의 잔여 세력과 연대할 가능성이 있었다. 다음의 기사를 본다면 이영훈의 주장이 얼마나 사실을 외면하고 있는지 쉽게 알 수 있다.

> ① 통사 김을현(金乙玄)이 요동에서 돌아와 아뢰기를, '7월 24일에 황제가 친히 6군(軍)[17]을 거느리고 북으로 달달(達達)[18]을 정벌하러 갔

습니다.' 하였다. [세종 5년(1423) 10월 8일]

② 정사를 보았다. 임금이 대신들에게 말하기를, "천추사(千秋使) 이각(李恪)이 말하기를, '황제가 조선에 군사를 청해 달단(韃靼)을 정복하려 한다는 말을 들었다.' 했는데, 이 말이 과연 그러하다면, 이를 어떻게 처리할 것인가." 하니,

판부사 허조(許稠)가 대답하기를, "원(元)나라 조정에서도 역시 일찍이 청병(請兵)한 일이 있었는데 우의정으로 치사(致仕)한 유관(柳寬)이 친히 그 일을 보았었습니다." 하였다.

임금이 말하기를, "부득이하여 이에 응하게 된다면 쓸 만한 병사들을 뽑아 보내는 것이 옳을 것이다. 그러나 우리나라는 산천이 험준하고, 인물이 선소(鮮少)[대단히 적음]하니, 조정(朝廷)에 말하여 면하지 못하게 된 연후에나 이에 응해야 할 것이다. [후략] [세종 11년(1429) 1월 16일]

③ 함길도 도절제사에게 전지하기를, "예부터 장수된 자의 도리는 반드시 들판에서 교전(交戰)하여 승부를 결단하는 것만을 귀하게 여기는 것이 아니고, 상대편과 우리 편 군사의 많고 적음을 요량하여, 아군에게 만전(萬全)한 형세가 없으면 성을 굳게 지키고 들을 말끔히 치워, 적에게 소득이 없게 하여 후일에 침략하는 후환을 막는 것이 옳다. [중략]
　一. 이적(夷狄)을 대비하는 요점은 변경을 엄하게 수비하는 데 불과할 뿐이다. 한(漢)·당(唐) 시대에 훌륭한 장수들의 적을 방어하는 방책이 사서에 기재되어 있어, 환하게 상고할 수 있다. 오늘날 중국의 일로써 말하더라도, 달단(韃靼)이 국경을 침범하여 바로 요동성 밑에까지 밀어닥쳐 왔었다. 요동성을 지키는 장수는 10만 군병이 있었지만

---

17) 6군(軍) : 황제의 군대를 말한다.
18) 달달(達達) : 원나라의 잔존 세력을 이르는 말. 달단(韃靼)이라고도 한다.

경솔하게 나가 싸우지 않았는데, 용병에 따른 이해에 대해 매우 주견(主見)이 없다고 하겠다. 만약 우리에게 만승(萬勝)의 세가 있고 적이 반드시 패(敗)할 형세이라면, 문 앞의 적들을 제어(制御)하지 않을 수 없으나, 신진보(辛晉保)[19] 같은 자는 고군(孤軍)으로 구원군(救援軍)도 없이 국경 너머로 뒤쫓아 달렸으니, 비록 한나라[漢家]의 위(衛)·곽(霍)과 같은 공을 세웠다 하더라도 진실로 나의 바라는 바가 아니다. 하물며 사졸이 사상(死傷)하고 들판에 피를 뿌리게 되이, 이적(夷狄)에게 업신여김을 받음이겠는가. 오직 성보(城堡)를 조심히 지켜 적이 비록 도전해 오더라도 경솔하게 나가지 말고, 만전(萬全)의 형세를 기다리라. [후략] [세종 19년(1437) 12월 19일]

④ 함길도 도절제사 이세형(李世衡)이 치계(馳啓)하기를, '달달(達達)의 독토올왕(篤吐兀王) 등 16인이 몽고(蒙古) 황제(皇帝)의 칙서(勅書)를 가지고 4월 16일에 아적랑이(阿赤郞耳) 지면(地面)에 도착했는데, 신(臣)이 의리로써 거절하고 받아들이지 않았습니다.' 하였다.

황희(黃喜)·신개(申槪)·하연(河演)·황보인(皇甫仁)과 승문원(承文院) 제조(提調) 권제(權踶)·김종서(金宗瑞)·정인지(鄭麟趾)·유계문(柳季聞)·안지(安止) 등을 불러 주문(奏聞)함이 편리한가, 편리한지 않는가를 의논하게 하니, 여러 사람이 말하기를, '이것은 큰일이니, 도리 상 마땅히 주문해야 될 것입니다.' 하니, 즉시 첨지중추원사 이변(李邊)을 주문사(奏聞使)로 삼았다.[세종 24년(1442) 5월 4일]

⑤ 좌의정 하연(河演) 등이 아뢰기를, "마땅히 요동(遼東)에 통사(通事)를 급히 보내 사변(事變)을 정찰(偵察)하게 하고, 또 대장(大將)을 양계(兩界)에 별도로 보내 포치(布置)하게 하고, 변장(邊將)을 경계하여

---

19) 신진보(辛晉保) : 세종 19년 12월 11일에 야인 3,000여 기가 벽동(碧潼)에 침입해 벽단(碧團) 목책(木柵)을 불태우고 돌아갔다. 지벽동군사(知碧潼郡事) 신진보가 벽단 부만호(副萬戶) 허유강(許惟剛)과 300여 기를 거느리고 이를 쫓았는데, 패전했다.

경비를 엄하게 하며, 또 야인(野人)의 친신(親信)하는 자로 하여금 성식(聲息)을 깊이 탐지하게 하고, 무재(武才)가 있는 자가 밖에 있으면 불러오고, 상중(喪中)에 있는 자는 기복(起復)하며, 파직(罷職)된 자는 거용(擧用)하고, 금년의 행성(行城) 쌓는 일을 정지시켜 사졸(士卒)들을 쉬게 하소서." 하니, 임금이 말하기를, "좋다[선(善)]." 하였다.

곧 통사 김자안(金自安)과 강문보(康文寶)를 요동에 보내고, 또 양계(兩界)의 관찰사와 절제사(節制使)에게 글을 내려 변방 경비를 경계하여 정비하게 하고, 도체찰사 황보인(皇甫仁)을 소환하여 행성을 쌓는 군사를 놓아주게 하고, 역마(驛馬)로 전 지중추원사 이징석(李澄石)과 전 도절제사 이징옥(李澄玉)을 양산(梁山)에서 부르고, 박이령(朴以寧)과 하한(河漢)을 기복(起復)시켰다. [중략]

인하여 하교하기를, "대저 힘이 유여(有餘)하면 일 처리하기가 매우 쉬운 것이다. 거년(去年)에도 역시 야선(也先)의 성식(聲息)이 있었는데, 군국(軍國)의 일을 극진하게 포치(布置)하다가 성식이 잠잠해지자, 그 뒤에 포치하는 일을 중도에서 폐했다. 내가 비록 행하고 싶은 일이 있어도 경(卿)들이 한사코 불가하다고 말하면, 내가 강제로 하지 못하는데, 국가의 대사(大事)가 이보다 큰 것이 없는 것이다. 이제부터는 경(卿)들과 함께 오늘의 뜻을 잊지 말고 실책(失策)이 없게 해서 사변을 대비하는 것이 가하다. 거년의 일을 만일 중도에 폐하지 않았더라면 오늘날 방어의 일은 도리어 쉽지 않았겠는가. 오늘로서 보면 거년의 중도에서 폐했던 일이 또한 거울삼을 만한 것이다." 하였다.

명하여 기일을 정해 종우(從愚)와 종서(宗瑞)의 가는 것을 재촉하게 하고, 내전(內殿)에서 인견(引見)하고 각각 궁시(弓矢)와 검(劍)을 내렸다. 공조참의 남우량(南佑良)을 함길도 도진무로 삼아, 문신(文臣) 원효연(元孝然)·이영서(李永瑞)를 예속시키고, 이조참의 박강(朴薑)을 평안도 도진무로 삼아, 문신(文臣) 이전수(李全粹)·구치관(具致寬)을 예속시켰다. 인하여 경군(京軍)으로 날래고 용맹스런 군사를 선발하여 함길도에 20명, 평안도에 40명을 보냈다.

이때 동서 양계(兩界)가 성 쌓기에 고달파 군사와 말이 피곤하고 지쳤는데, 평안도가 더욱 심하므로, 갑자기 성식이 있으면 조정 의논이, '적이 마구 들어오면 어떻게 할 방법이 없을까.' 두려워했고, 여러 도(道)의 군사도 역시 10수만(數萬)에 불과하므로, 의논이 군인 수효를 늘리고자 하여, 여러 도(道)에 달려가 기한을 정하여 징집하게 하니, 중외(中外)가 소연(騷然)했다.

징옥(澄玉)의 아버지인 전 중추(中樞) 전생(全生)이 나이 98세인데, 두 아들이 임금의 부름을 받았다는 말을 듣고, 술자리를 베풀어 두 아들을 앞에 놓고 마시면서 말하기를, '내 나이 백세에 가까운데, 직위가 추부(樞府)에 들었고, 두 재추(宰樞)[두 아들을 말한다.]의 영화스런 봉양을 누렸다. 국가에서 너희들을 쓸모 있다 하여 동시에 부르니, 원하는 것은 왕사(王事)에 노력할 것이요, 내가 늙은 것은 염려하지 말라. 내 인사(人事)가 이미 다했으니 죽은들 다시 무슨 한이 있겠는가.' 하고, 술잔을 잡고 일어나 춤추며 노래하니, 듣는 이들이 그 뜻을 장하게 여기고, 이(李)씨에게 아들이 있는 것을 아름답게 여겼다.[세종 31년 (1449) 8월 2일]

⑥ 요동(遼東) 지휘(指揮) 왕무(王武)가 오니, 왕세자가 백관을 거느리고 모화관(慕華館)에서 칙서를 맞이했다. 그 칙서에 말하기를, "예로부터 호로(胡虜)가 교활한 마음을 품고 있어 서북(西北)의 우환거리가 되었다. [중략] 오랑캐가 이미 침범하려는 계획이 있으니 무찔러 원근에 있을 해를 없애야 할 것이니, 이미 요동제독(遼東提督)·군무도어사(軍務都御使)와 총병(摠兵)·진수(鎭守)·참장(參將) 등에게 명하여, 날쌔고 정예로운 장사(將士) 1, 20만을 정돈하여 대비시키고, 여직(女直)·야인(野人)의 이병(夷兵)과 인마(人馬) 수만을 골라 뽑아 오로지 적을 죽이는 것만 기다리게 하였다. 이제 생각하건대, 왕이 대대로 충의로 계승하여 순역(順逆)의 이치를 밝히 알고 있으니, 왕은 마땅히 정병(精兵) 10여 만을 골라 모아 대두목(大頭目)으로 하여금 통솔하게 하

여 요동 여러 장수와 더불어 모여 협공할 것을 기약하여 이 적을 박멸하는 데 힘쓰게 하라. 이 적이 망해 없어지게 되면 거의 위로 천도(天道)를 순응하고 아래로 인심(人心)에 합할 것이니, 요동의 이익뿐 아니라 귀국의 이로움도 될 것이다. 짐(朕)이 충의를 가상히 여겨 반드시 은뢰(恩賚)를 크게 줄 것이며, 모든 나라에 공이 있는 자는 모두 후히 상 주어 인색하지 않을 것이니, 왕은 나라를 위하고 백성을 위해 짐의 생각에 부응토록 하여 명백하게 납득하라. 그러므로 유시하노라." 하니, 임금이 일이 병기(兵機)에 관계된다 하여 비밀로 하고 발표하지 않았다. [후략] [세종 31년(1449) 9월 9일]

⑦ 한성부윤 김하(金何)를 보내 경사(京師)에 가서 칙유(勅諭)를 사례하게 하고, 인하여 징병(徵兵)을 면해 주기를 주청하게 하였다. [중략]

그 주본(奏本)에 말하기를, "생각하건대, 성상께서 적은 나라를 연민히 여기시어, 오랑캐의 실정을 여러 가지로 말씀하시고 방비하는 것을 조심하고 선칙하라 유시하시니, 성스러운 가르치심이 정녕하고 간절함이 지극하니, 신(臣)은 감격함을 견디지 못합니다. 공경하여 따르는 외에 그윽이 생각하니, 정병(精兵)을 골라 모아 요동(遼東)의 여러 장군으로 더불어 협공하기를 기약하라 하신 1절은, 본국이 3면이 모두 대해를 접해 왜산(倭山)·대마(對馬)·일기(一岐)·화가(花加) 등 여러 섬이 바다 가운데 나열되어 있어 도적 무리가 갑자기 갔다 왔다 하므로 대대로 변방의 환란이 되어 왔습니다. 이렇기 때문에 평안도 의주(義州)로부터 남쪽으로 돌아 황해·경기·충청·전라 등 도(道)를 지나 경상도 영해부(寧海府)까지 바닷가 백성이 사는 곳과 요해지(要害地)인 여러 섬[島]들이 나들면서 잇닿아 있는 것이 8천여 리(里)이고, 또 강원도 평해군(平海郡)으로부터 함길도 경흥부(慶興府)까지 약 2천여 리인데, 육지엔 둔병(屯兵)을 두고 바다엔 전함(戰艦)을 비치하여 수자리를 배열하여 서로 바라보게 했으나, 오히려 본적(本賊)이 뜻하지 않는 데에서 나와 걱정스러움이 그치지 않습니다. 금년 8월 일에 대마도(對馬島)의 장사하는 왜인 도은(道誾)이 통사 윤잉보(尹仍甫)와 더불어 말하기를, '본 도(島)에 팔번신(八幡神)이 있는데, 근일에 무당이 전언(傳言)하되, 「신(神)이, 조선이 적왜(賊倭)를 잡은 것에 노하여 빌미를 만들어, 사람이 악질(惡疾)이 많고 큰 바람이 불고 큰 비가 와 벼 곡식이 익지 않는다.」 하니, 추장(酋長) 종정성(宗貞盛)이 무당의 말을 혹신하여 동류들과 함께 마음을 같이하여 원한을 품고 틈만 엿보아 발병(發兵)하려 한다.' 합니다. 또 북쪽 일면으로는 여러 종류의 야인이 틈을 타 어지럽게 하여 해를 입는 것이 가볍지 않을 것이요, 또한 성상의 동쪽을 돌아보시는 걱정을 끼쳐드릴까 염려스럽습니다. 사세를 살펴 생각하니, 진퇴유곡(進退維谷)이라 전전긍긍하여 어찌할 바를 모르겠으나, 설혹 북방 오랑캐가 우리나라를 침범한다면 신(臣)은 마땅히 힘을 다해 무찌르겠습니다. 그윽이 엎드려 생각하니, 신(臣)의 조부로부터 신(臣)의 몸에 이르기까지 열성(列聖)의 두터운 은혜를 후히 입어 적은 나라를 안보하여 지키고 있으며, 중국의 명이 있을 때마다 마음을 다하여 따라 만에 하나라도 보답하기를 도모했는데, 만일 분촌(分寸)이라도 남은 힘이 있으면 어찌 감히 속여 폐하의 들으심을 더럽히겠습니까. 황공하고 넘어질 듯함의 지극함을 견디지 못하겠습니다." 하였다.[세종 31년(1449) 9월 19일]

⑧ 절일사(節日使) 정척(鄭陟)이 요동에서 치보(馳報)하기를, '황제가 달달(達達)을 친히 정벌하다가 잘못하여 오랑캐의 나라[誤陷虜庭]에 잡혀갔으므로[토목의 변(土木之變)], 황태후(皇太后)가 정통(正統)의 서자(庶子) 견심(見深)을 봉해 황태자(皇太子)를 삼고, 황제의 아우 성왕(郕王) 기옥(祈鈺)이 즉위해 원년(元年)을 경태(景泰)라 고치고, 멀리 정통(正統)을 태상황제(太上皇帝)라 존칭했습니다.' 하니, 임금이 듣고 깜짝 놀랐다.

　의정부와 육조(六曹)를 불러 말하기를, '황제가 잘못해 빠져 오랑캐의 포로가 되고 새 황제가 즉위하였다. 이 같은 큰 변이 있으니, 진하

(進賀)와 진위(陳慰)를 속히 해야 할 것이며, 또 양계(兩界)의 방어하는 것을 더욱 경계하고 엄하게 해야 할 것이다.' 하였다.

임금이 태상황제(太上皇帝)를 위해 곡림(哭臨)을 행하고자 하여 집현전에 명하여 고제(古制)를 상고하게 했으나, 예전에 그러한 예(禮)가 없다 하여 행하지 않고, 드디어 판중추원사 남지(南智)를 하등극사(賀登極使)로, 대사헌 조수량(趙遂良)을 부사(副使)로 삼고, 중추원사(中樞院使) 이명신(李明晨)을 진위사(陳慰使)로 삼았다.[세종 31년(1449) 9월 29일]

위의 기사들은 달달(達達)의 명나라 공격과 명나라가 조선에 파병을 요구한 사실, 그에 대한 조선의 대응과 국가 방어에 관련된 내용을 담고 있다. 비록 달달과의 1차 전투는 명나라의 문제이지만 명나라와 국경을 맞대고 있는, 원나라 지배기에 대한 끔찍한 기억이 있는 조선으로서는 결코 남의 이야기가 아닌 것이다. 명나라는 달달의 공세가 심해지자 조선에 군사 파병을 요청했는데, 조선은 국내 사정을 이유로 이를 거절했다. 그런데 달달에 의해 황제가 포로가 되는 지경에 이르렀다. 명나라가 흔들리고, 그 여파가 조선에 이르면 어찌될까.

또 여진의 상황은 또 어떤가. 여진이 차지한 곳은 비록 척박한 땅이지만 명나라 땅이고, 그들은 명나라에서 설치한 위소(衛所)의 관직을 받았다. 하지만 사실상 그들은 명나라의 통제 밖에 있었다. 조선은 그들을 달래는 방편으로 조선의 관직을 주었는데, 그들이 명나라 관직을 받고도 조선의 관직을 받은 것은 언제나 그들의 이로운 쪽으로 가기 위한 방편에 불과한 것이었다. 춥고 거친 땅에서 수렵으로 생활하던 그들은 점차 남쪽 조선의 국경 쪽으로 이주했다. 농사를 지을 땅과 기술이 부족했던 그들은 명나라와 조선의 백성을 잡아가 노예같이 부렸다. 잡혀갔던 명나라 사람들이 도망쳐 조선으로 오면 조선에서는 모두 명나라로 돌려보냈다. 도망쳐 온 명나라 사람을 명나라로 보내는 일은 매번 여진의 원한을 샀고, 그로 인해 조선과 여진의 대립은 몹시 거칠어졌다. 그들은 식량이 부족하면 압록강과 두만강을 넘어와 식량과 가축과 인구를 약탈했다. 조선의 입장에서는 상국(上國)인 명나라 땅에 거주하면서 수시로 넘어와 노략질하고 명나라 땅으로 도망하는 그들을 어떻게 방어하고 응징할지 몹시 어려운 문제가 아닐 수 없었다. 내 집에 침입한 도둑을 쫓아 남의 집, 즉 명나라에 들어가야 하는 판국이었다. 또 조선과 명나라는 여진인들을 자신의 관할에 두고자 하여 대립하기도 했다.

고려 이후 조선 초기까지 영토를 넓히기 위해 외국과 전쟁을 벌인 일은 없었다. 외국과 전쟁을 한 것은 내 나라를 침략한 적으로부터 내 나라를 지키기 위한 것이었고, 예외적으로 내 나라를 침범한 적에게 보복하기 위해 외국 땅에 쳐들어가 일시적으로 토벌한 것이 전부였다. 아래는 여진이 조선의 영토를 침략해 사람과 가축을 약탈한 대표적인 사건과 그 후 이들에 대한 토벌과 그 토벌을 위해 명나라와 협의하는 과정 등에 대한 실록 기사의 일부이다. 이를 보면 여진족을 둘러싸고 조선 조정이 얼마나 고민에 휩싸였는지를 알 수 있다.

① 평안도 감사가 치보(馳報)하기를, "야인(野人) 400여 기(騎)가 여연(閭延)의 경내에 쳐들어 와 사람과 물건을 표략(摽掠)해 가니, 강계절제사(江界節制使) 박초(朴礎)가 군사를 거느리고 그들을 추격해, 붙잡혀 가던 사람 26명과 말 30필, 소 50마리를 도로 빼앗아 왔으나, 우리나라 사람으로 전사자(戰死者)는 13명이고, 적의 화살에 맞아 부상한 자가 25명이나 되었는데, 마침 날이 저물어 끝까지 추격하지 못했습니다." 하였다.

임금이 매우 노하여, 곧 황희(黃喜)·맹사성(孟思誠)·권진(權軫)과

입번도진무(入番都鎭撫) 조말생(趙末生), 병조판서 최사강(崔士康) 등을 불러 들여 의논하기를, "야인(野人)이 분심을 낸 것은 다름이 아니라, 그들이 표략(摽掠)해 간 인민들이 우리나라 지경 안으로 도망해 왔을 때, 만일 본국과 관계된 자이면 이내 본고장으로 돌려보내고, 상국(上國)에 관계된 자이면 즉시 돌려보냈던 까닭으로, 이에 원한을 품어 지금 변란을 일으킨 것이다. 우리나라에서 그자들을 끝까지 추격하지 못한 것은 상국의 국경을 마음대로 넘어갈 수 없기 때문이니, 이러한 뜻을 갖추어 황제에게 주문(奏聞)함이 어떠할까." 하니,

희(喜)·말생(末生)·사강(士康) 등은 아뢰기를, "여진(女眞)이 내침(來侵)했을 때는 우리 군사가 비록 중국 땅까지 뒤쫓아 들어갈지라도 이는 방어하기 위한 것이요, 진실로 사대하는 의리에 해로움이 없을 것인데, 황제가 어찌 허물하겠습니까. 오늘날 중국이 우리를 대우함에 후하나, 그러나 거병(擧兵)해 입경(入境)할 때 미리 황제께 주달(奏達)함은 의리에 타당하지 못합니다. 또 야인은 지극히 우완(愚頑)20)하고 인면수심(人面獸心)이니 그들의 마음을 계교할 수 없으니, 만일 그들 종족을 소탕하고자 한다면 불가합니다. 오랑캐[戎狄]를 다루는 계책은 옛 성현(聖賢)이 이미 상세히 말씀하셨습니다." 하고,

사성(思誠)과 진(軫) 등은 아뢰기를, "주상의 말씀에 따라 황제께 주문(奏聞)함이 편하겠습니다." 하였다. [세종 14년(1432) 12월 9일]

② 평안도 도절제사 최윤덕(崔潤德)·도진무 김효성(金孝誠)·경력 최치운(崔致雲) 등이 사조(辭朝)하니, 임금이 인견(引見)하고 말하기를, "오랑캐를 방어하는 방도가 예전에도 좋은 계책이 없었다. 삼대(三代)의 제왕들은 오면 어루만지고, 가면 쫓지 않아, 다만 횡포하지 못하게 했을 뿐이다. 그러나 확실한 문적(文籍)이 없어 자세히 알 수는 없고, 한(漢)나라 이후로 역사를 상고할 수 있다. 한(漢)나라 고조(高祖)는

---

20) 우완(愚頑) : 우매(愚昧)[어리석고 사리에 어두움]하고 완고함.

영명준일(英明俊逸)한 자질로 천하를 평정하고 흉노(凶奴)를 칠 때, 마땅히 마른 풀을 베는 것처럼 할 것인데, 마침내 위태로움을 당해 겨우 몸에 화(禍)를 면하여 다시 화친(和親)하기를 논의했고, 여태후(呂太后)도 또한 여주(女主)의 영걸(英傑)로서 묵돌(冒頓)[21]의 글이 비록 매우 무례했으나, 마침내 치지 않고 화친했을 뿐이었으며, 무제(武帝)는 사이(四夷)에 군사의 일이 많아 천하가 허모(虛耗)하였고, 당(唐)과 송(宋)의 일은 더욱 명백하였다. 그러므로 옛 사람들이 이를 마치 무기처럼 여겨 쫓아버릴 뿐이었다. 옛 사람이 이와 같이 한 까닭은 나라의 크고 작음이 없이 벌[蜂]에 독이 있는 것과 같다. 피차간에 무죄한 백성이 어찌 해(害)를 받음이 없겠는가. 그러나 파저강(婆猪江)[22]의 도적은 이와 다르다. 지난 임인년(1422) 사이에 우리 여연(閭延)을 침노했고, 그 뒤에 홀라온(忽剌溫)에게 쫓긴 바가 되어 그 소굴을 잃고는, 그 가족을 이끌고 와서 강가에 살기를 애걸하기에, 나라에서 가엾이 여겨 우리나라에 붙어 살 것을 허락했으니, 보호한 은혜가 적지 않은데, 지금 은덕(恩德)을 저버리고 무고히 쳐들어와 평민(平民)을 죽이고 잡아갔으니, 궁흉극악(窮凶極惡)한 죄는 베어 용서할 수 없다. 만약 정토(征討)하지 않는다면 뒤에 뉘우치고 깨달음이 없어, 해마다 반드시 이와 같은 일이 있을 것이다. 더구나 지금은 나라가 태평한 지 오래되어 사방에 근심이 없다. 『맹자(孟子)』에 말하기를, '적국(敵國)과 외환(外患)이 없으면 나라가 항상 망한다[無敵國外患者 國恒亡].' 했으니, 오늘날의 일은 비록 야인들이 한 짓이나, 실은 하늘이 우리를 경계하기 위한 것이다. 지금 이만주(李滿住)·동맹가(童猛哥)·윤내관(尹內

---

21) 묵돌(冒頓) : 기원전 3세기 무렵의 흉노(匈奴) 선우(單于)[황제]. 그는 남쪽으로는 중국 한(漢)나라 군대를 격파하고 항복을 받아내 매년 황실 여인과 공물을 받았으며, 동쪽으로는 동호(東胡)를 격파했고, 서쪽으로는 월지국(月支國)을 토벌해, 동서에 이르는 광대한 흉노제국을 건설했다.

22) 파저강(婆猪江) : 중국 요령성(遼寧省)에서 발원해 압록강에 합류하는 강. 현대에서는 동가강(佟佳江)이라 한다.

官) 등의 글에 모두 홀라온의 소위라 하나, 자세히 생각해 보면, 어찌 이들을 끌어들인 자가 없었겠는가. 근래에 임합라(林哈剌)가 여연에 이르러 말하기를, '나의 노비(奴婢)를 숨기고 내어 주지 않으면 뒤에 반드시 근심이 있을 것이다.' 했으니, 그 말이 이유가 있어 그러한 것이다. 옛날 경원(慶源) 한흥부(韓興富) 사건에, 하윤(河崙)은 칠 수 없다고 말하고, 조영무(趙英武)는 쳐야 한다고 말했는데, 태종께서 영무(英武)의 계책에 좇아 치기를 명하셨고, 후일에 대마도의 일에 혹은 쳐야 한다고 말하고, 혹은 칠 수 없다고 말했는데, 태종께서 대의(大義)로서 결단하고 장수들에게 명하여 토벌하게 하셨다. 그 일이 비록 마음에 만족스럽지는 못했으나, 뒤에 적(賊)들이 마침내 두려워하는 마음을 갖게 되었다." 하니,

윤덕(潤德)이 대답하기를, "대마도의 일은 100년 동안의 준비이고, 오늘날의 일은 겨우 10년 동안의 준비인데, 더구나 같은 야인이라도 조금은 동서(東西)의 차별이 있으니, 이만주는 요동(遼東)과 가까워 맹가(猛哥)에 비할 것이 아닙니다." 하였다.

임금이 말하기를, "경(卿)의 말이 옳으나, 다만 그 내침(來侵)한 도적의 실상만 살펴 알면, 군마(軍馬)를 정리해 밤낮으로 행군하여 한두 마을을 쳐부수어도 족하다." 하니,

윤덕(潤德)이 대답하기를, "예전의 훌륭한 장수들은 어찌 군력(軍力)만을 썼사오리까. 또한 때와 운수(運數)로 인해 서로 이기고 패했습니다. 지금은 땅이 얼고 물이 흘러넘치니 4, 5월 봄물이 마르기를 기다려서 행군하는 것이 가합니다. 만약 일의 기미가 있으면 마땅히 용사(勇士) 20여 명을 청하겠나이다." 하였다. [후략] [세종 15년(1433) 1월 19일]

임금이 장차 파저강 야인을 토벌하는 데 대해 대신(大臣)들의 뜻을 살피고자 하여[上將討婆猪江野人 欲試大臣], 비밀히 의정부·육조·삼군도진무 등에게 접대할 방법과 죄를 성토(聲討)할 말과 토벌할 계책 등을 각각 진술하게 했다.23) [후략] [세종 15년(1433) 2월 15일]

③ 진헌사(進獻使) 김을현(金乙玄)이 칙서를 받들고 경사(京師)에서 돌아오니, 임금이 문무백관을 거느리고 칙서 맞이하기를 보통 때의 의식과 같이 하였다.

그 칙서에 말하기를, "근래에 듣건대, '본국의 후문(後門)에서 홀라온(忽剌溫) 지방의 야인 두목 목답올(木答兀)·남불화(南不花)·아로올(阿魯兀) 등이 사람과 가축을 약탈해 건주좌위(建州左衛) 지방을 지나가다가, 도지휘(都指揮) 첨사(僉事) 이만주(李滿住) 등이 남녀 64명을 빼앗아 구류(拘留)해 위(衛)에 두고 일찍이 돌려보내지 않는다.' 하기에, 이미 이만주 등에게 빼앗은 전의 인구를 본국으로 돌려보내기를 칙(勅)하였고, 또 홀라온 지방의 야인 두목 목답올 등에게도, 만일 약탈해 간 사람과 가축이 현재 있으면 모두 돌려보내기를 칙(勅)했으며, 인하여 목답올 등에게 경계하여, 지금부터는 천도(天道)를 공경하고 순응하기에 힘쓰고, 짐(朕)의 명에 삼가 따라 각각 지방을 지키고 서로 침범하지 못하게 했는데, 만일 혹 고치지 않으면, 왕이 마땅히 기회를 보아 처치하여 소인(小人)들의 업신여기는 바가 되지 말며, 인하여 홍무(洪武)·영락(永樂) 연간(年間)에 칙유(勅諭)한 사리에 의해 방비하면, 거의 준비가 있고 근심이 없을 것이니, 왕은 짐(朕)의 지극한 마음을 몸 받으라. 그러므로 유시한다." 하였다.[세종 15년(1433) 3월 22일]

④ 상호군 김을현(金乙玄)을 경사(京師)에 보내 주본(奏本)을 올리게 하였다. 그 주본에 말하기를, "배신(陪臣) 김을현이 받들고 온 칙유(勅諭)에, [중략] 이 성지에 따라 시행했거니와, 알목하(斡木河)와 파저강(婆猪江) 등지에 흩어져 있는 야인들의 무리가 반역자 양목답올(楊木答兀)과 결당(結黨)하여, 요동(遼東)과 개원(開元) 등지의 군인과 민간 부녀 및 본국의 변경 백성들을 노략질해 종으로 삼아 부렸는데, 먼저

---

23) 영의정 황희(黃喜) 등 23명이 의견을 제출했는데, 도승지 안숭선(安崇善)에게 명하여, 밀봉(密封)하여 발표하지 말고 깊이 생각하게 하였다.

사로잡힌 사람들이 고생을 이기지 못해 영락 2년(1404년) 이후 연이어 본국으로 도망해 온 사람이 남녀 총계 580명이었습니다. 근본을 물어 보고 중국 군민(軍民)과 관계가 있는 자는 속속 관리를 보내 남녀 566명을 해송했고, 그 중의 본국 사람은 각자 직업에 따라 편히 살게 했는데, 이것 때문에 야인들이 여러 해를 두고 분을 품고 본국의 변경을 침략해 피해가 적지 않았습니다.

　[중략] 지금도 파저강 야인들은 또 도둑질을 하려고 변경의 고을을 엿보고 있는 중이어서, 만약 갑자기 침입을 당하게 되면 사변에 대응하기 어려울 것이므로, 변장(邊將)을 시켜 군사를 거느리고 가서 적당한 대책을 세우고 기회를 보아 처치하게 했습니다. 그리고 지금 파저강 야인들이 전후 왕래하면서 도둑질한 일과 홀라온 같이 모양을 꾸며 속였다는 뚜렷한 증거를 하나하나 열거하여 삼가 아룁니다. [후략] [세종 15년(1433) 4월 2일]

　⑤ 평안도 도절제사 최윤덕(崔閏德)이 평양 소윤 오명의(吳明義)를 보내 야인 평정을 하례하는 전(箋)을 올려 말하기를, "지난 임자년(1432) 12월에 파저강(婆猪江) 야인들이 우리 북변(北邊)을 침략하므로, 신(臣)이 선덕(宣德) 8년(1433) 정월 19일에 명을 받들고 길을 떠났는데, 3월 27일에 공경히 교서를 받들어 곧 삼군절제사 이순몽(李順蒙) 등에게 명해, 군사를 일곱 길로 나누어 4월 19일 날 샐 무렵에 쳐들어가 그 죄를 물어 더러운 오랑캐를 다 평정했으므로, 삼가 전(箋)을 올려 하례하는 바입니다. 성인의 덕이 천심(天心)에 합하고, 인의(仁義)의 군사가 오랑캐를 평정하니, 장수와 군사들은 기뻐해 노래를 부를 뿐입니다. 그윽이 생각하건대, 〈주아(周雅)〉의 채미(茉薇)[24]는 험윤(玁狁)

---

24) 채미(茉薇) : 곧 고사리 캐기는 『시경(詩經)』의 〈소아(小雅)〉편 '녹명지습(鹿鳴之什)'에 실린 시(詩)이다. 그 시 첫머리에, '고사리를 캐며 고사리를 캠이여, 고사리 또한 땅에서 나오네. 돌아오며 돌아옴이여, 해가 또한 저물겠구나. 실가(室家)가 없음이 험윤(玁狁) 때문이며, 편안히 거처할 겨를이 없음이 험윤 때문이네.' 했는데, 해설자는 말하기를,

이 있기 때문이며, 〈상서(商書)〉에서 갈(葛)을 친 것25)도 동자(童子)를
위한 정벌입니다. 백성을 부리는 것이 좋지는 않으나, 군사는 부득이
한 일입니다. 무지한 이 흉한들이 우리 변경에 이웃하여, 이리[狼] 같
은 탐하는 욕심을 마음속에 간직하고, 개[犬]같이 문밖에서 날뛰고 짖
어대어 요새를 침범하고 사민(士民)을 약탈하니, 그 죄가 이미 산과 같
고 악함 또한 효경(梟獍)보다 더하므로, 이에 천(賤)한 이 몸으로 하여
금 속히 떳떳한 형벌을 행하게 하시니, 신(臣)은 전교의 명을 받아 전
군을 절제하는 권한을 잡고, 군사를 일곱 길로 나누고, 스스로 1천 군
사를 거느리니, 군사가 잠깐 동안 교전하자, 도적들은 벌써 기운이 꺾
여, 강물이 구렁에 몰려드는 듯, 촌교(寸膠)26)로써 막기 어렵고, 돌이
산봉우리에서 구르는 듯, 빈 알[卵]처럼 스스로 깨어졌습니다. 옛날 전
쟁에는 없었던 일을 이제 하늘이 도와 이미 이겼으니, 위로는 하늘에
계신 종묘의 영혼에 사례할 만하고, 아래로는 족히 국가의 오래 쌓인
분함을 풀 수 있으니, 옛 일을 상고해도 이보다 더 큰 공이 없었습니
다. 삼가 생각하건대, 성상의 지혜는 탕(湯)보다 더하시고, 총명하심은
순(舜)과 같으시어, 우레 같은 위엄을 한 번 떨치니, 신성한 기운이 오
랑캐 땅에 빛나고, 해와 달같이 밝으신 덕이 야인의 풍속을 아름답게
만들어, 무기를 거두고 변경에 근심이 없어졌습니다. 엎드려 생각건대,
외람하게도 어리석은 재주로 거룩한 시대를 만나, 도적을 포로로 잡아
심문해 갑절 적개(敵愾)의 정성을 다했으며, 창과 칼을 부러뜨려 하늘

---

'무릇 나로 하여금 집을 버리고 편안히 거처할 겨를이 없게 함은 윗사람이 짐짓 이렇게
하여 우리를 괴롭게 함이 아니요, 곧 험윤이 침략하고 능멸하기 때문에 부득이 하여 그러
한 것이다.' 하였다.

25) '상서(商書)에서 갈(葛)을 친 것' : 『서경(書經)』 〈상서(商書)〉편 '중훼지고(仲虺之誥)'
　　에 실려 있다. '상(商)나라[은(殷)나라]를 개창한 탕(湯) 임금이 제후를 정벌한 것은 백성
　　을 구제하기 위한 하늘의 뜻에 따른 것이므로 백성들이 환영했는데 만약 그렇지 않고
　　백성들이 반대했다면, 그것은 정벌이 아니고 침략이라는 것이다.

26) 촌교(寸膠) : 아교(阿膠)는 탁한 물을 맑게 한다는 것인데, 한 치의 작은 아교를 가지고
　　많은 물을 맑게 할 수 없다는 뜻이다.

에 가득한 악한 무리를 쓸어버렸나이다." 하였다.

임금이 사정전(思政殿)에 나아가 명의(明義)를 인견(引見)하고 옷 두 벌을 내렸다.[세종 15년(1433) 5월 5일]

앞서 말한 것 같이 1368년 명나라는 원나라를 북쪽으로 몰아냈다. 그러나 명나라는 그 잔존세력인 달달로부터 약 80여 년 동안 공격을 받았다. 조선으로서도 결코 방심할 수 없는 상황이었다. 또 조선은 남쪽으로 왜구들의 침략, 북쪽으로부터는 여진의 침략도 방어해야 했다. 공격이 최선의 방어라고 하지만 외국의 땅에 들어가 보복한다는 것은 결코 쉬운 일이 아니다. 이러한 때에 서로 의심할 조그만 움직임을 보인다면 그 결과는 예측할 수 없다. 조선의 국정을 책임진 세종의 선택지는 무엇일까. 선택지가 많으면 모르겠으나 별로 없다면 어찌할 것인가. 작은 나라가 큰 나라에 대하여 평소에 거짓 없이 지성으로 대하는 것이야말로 나라를 지키는 기본적인 원칙이라고 해야 할 것이다.

'명이나 조선이나 평화의 시대를 맞고 있었다. 마음을 깊이 숨겨야 할 위태로운 시대는 아니었다.'라는 이영훈의 주장은 사실에서 한참 벗어나 있는 것으로 보인다. 위의 기사를 보고도 그런 말을 할 수 있을까. 우리가 그의 주장이 문제가 있다고 보는 이유이다.

### (2) 세종이 진헌할 처녀를 16차례나 간택했다는 주장에 대해

이영훈은, '세종 8년 12월부터 9년 4월까지 이루어진 진헌에서 세종은 16차례나 처녀를 직접 간택하였다. 혹시나 새로운 황제의 심사에 어긋나는 처녀여서는 곤란하였다.'고 하였다.[이영훈(2018), 157쪽] 이영훈이 지적한 사실은 일부 맞지만, 주장은 틀린 것으로 보인다. 세종실록에는 8년 12월 9일부터 9년 2월 3일까지 '처녀(處女)를 간택했다.'는 기사 16건이 나온다. 그런 점에서 비록 간택한 기간은 다르지만 이영훈이 지적한 사실[16회 간택]은 맞다.

중외(中外)에 명하여 혼인을 금하게 하고 다시 처녀를 간택(揀擇)하게 하였다. 진헌사(進獻使) 통사(通事) 전의(全義)가 경사(京師)로부터 돌아와 복명(復命)하고, 윤봉(尹鳳)의 글을 바쳤기 때문에 이와 같은 명이 있었다.[세종 8년(1426) 11월 18일. 명나라 선덕 1년]

그러나 이영훈의 주장은 틀린 것으로 보인다. 위 기간 동안 처녀를 간택한 것은 8년 11월 18일 기사에서처럼 명나라에 진헌할 처녀만 간택한 것이 아니기 때문이다. 세종 8년 12월 15일 예조에서 청하기를, '지금 왕세자빈(王世子嬪)의 책봉은 특별히 도감(都監)을 설치할 것 없이 길례색(吉禮色)으로 하여금 전(前) 의궤(儀軌)를 상고하여 시행하게 하소서.'라고 하고 있다. 16건의 기사 중에는 진헌할 처녀를 간택한 것 외에 세자빈을 간택하는 기사도 포함되어 있다.

좀 더 자세히 말하면 16건 기사 중 '진헌할 처녀를 간택'한 기사는 4건이고, 나머지 12건에는 '진헌'이라는 표현이 없다. 9년 2월 6일 18세 이상 처녀의 혼인을 허락하게 하고 2월 8일 '김오문의 집에 납채(納采)했다.'고 하였다. 18세 이상 처녀의 혼인을 허락한 것은 세자빈 간택을 마쳤기 때문이다. 그리고 4월 9일 세자빈을 책봉했다.

4월 21일 도착한 창성(昌盛) 등 명나라 사신들이 4월 28일 간택을 마치자 5월 1일 14세 이상 처녀의 혼인을 허락했다. 14세 이상 처녀의 혼인을 허락한 것은 진헌할 처녀의 간택을 마쳤기 때문이다. 진헌하는 처녀들은 7월 19일 명나라로 떠났다. 따라서 '진헌에서 세종은 16차례나 처녀를 직접 간택하였다.'는 이영훈의 주장은 사실이 아닌 것으로 보인다.

### (3) 해청(海靑)을 진헌하는 일에 대해

이영훈은, '조선 왕조가 명에 해청(海靑)을 진헌하는 일은 1427년 세종 9년부터이다. [중략] 세종 10년의 일이다. 해청 3연(連)을 이미 바친 뒤에 다시 2연을 잡았다. 신하들은 나쁜 선례를 이룬다 하면서 바치지 말라고 하였다. 당초 황제가 적극적으로 지시한 것도 아니었다. 잡히면 바치라는 정도의 권유였다.'고 하였다.[이영훈(2018) 158, 159쪽]

조선에서는 '잡히면 바치라는 명나라 황제의 권유'를 어떻게 받아들였을까. 황제의 권유는 과연 권유였을 뿐일까.

1427년 세종 9년은 명나라 제5대 황제 선덕제(宣德帝)가 즉위하고 3년째 되는 해이고, 그는 혈기왕성한 29세 청년이었다. 명나라를 세운 홍무제는 환관의 정치개입을 막기 위해 환관에 대한 교육을 금했는데, 선덕제는 환관을 위한 교육기관을 세우고 태감(太監)[환관의 우두머리]의 권한을 강화했다. 황제의 이러한 배려에 환관들이 보답하려 했음은 짐작할 수 있다. 그 결과로 사신으로 조선에 온 환관들은 황제를 위해 처녀와 매를 구한 것이다. 그런데 환관만 매를 구한 것이 아니라 황제도 직접 조서를 내려 매를 구했다. 선덕제는 11년 동안 재위하고 1435년에 죽었는데, 그 기간 동안 매[특히 해청] 등을 진헌할 것을 수차례 요구했다. 매 진헌과 관련된 실록 기사를 아래에 정리해보았다. 이 기사들을 통해 우리는 조선과 명나라 사이 외교의 한 부분을 엿볼 수 있을 것이다.

① 정사를 보았다. 찬성 권진(權軫)이 아뢰기를, "해청(海靑)을 잡는다는 것은 반드시 기대하기 어렵고, 비록 잡는다 하더라도 또한 죽기 쉬

운데, 이제 만약 이를 바친다면 계속 바치기 어려울 뿐 아니라, 뒷날에 가서 요구하는 폐단은 이루 말할 수 없을 것이니, 이제 마땅히 우리나라에서 나는 것이 아니라고 말을 만들어 황제께 주달하여 뒷날의 폐해를 막으소서. 일찍이 들으니, 중국에서 해청을 잡으려고 제로(諸路)를 분주히 헤매고 다녔다 하니, 그 폐해가 장차 우리나라에 이를 것이 두렵고, 또 매를 구하는 것은 오직 백성들만이 그 폐해를 받을 뿐 아니라, 이는 바로 황제의 부덕(不德)을 영합해 조장하는 것이 될 것이니, 어찌 바르고 착한 것을 진달하고, 간사하고 악한 일을 막는 의의라 하겠습니까." 하였다.

임금이 말하기를, "어허, 이 무슨 말인가[惡是何言也]. 사대(事大)함에 있어서는 마땅히 성심껏 해야 할 것이며, 황제께서 우리나라에서 난다는 사실을 이미 알고 있으니, 속일 수 없다. 민간의 폐해를 나도 역시 알고 있다. 그러나 대의(大義)로 말할 것 같으면, 민간의 폐해가 있는 것은 그 일이 경(輕)한 것이나, 사대(事大)를 성실히 하지 않는 것은 그 일이 중(重)한 것이다. 하기 어려운 일을 권면하고, 착한 말을 진달하는 것은 나의 직책이 아닌 것이니, 외국(外國)의 번왕(藩王)은 본래 황제를 간(諫)하는 의리는 없는 것이다." 하였다.[세종 8년 9월 29일]

② 수미(須彌)가 또 아뢰기를, "전일에 채방관(採訪官)을 보내지 말기를 청했는데, 이제 또 다시 성총(聖聰)을 번거롭게 합니다. 평안도·황해도·강원도·함길도는 매가 나는 땅이니 사자를 보내도 되겠지마는, 그 나머지 각 도(道)에서는 매가 나지 않으며, 더구나 지금 농사시기를 잃었으니, 청하건대, 보내지 마소서." 하니, 찬성 권진(權軫)도 따라서 그 폐단을 극력으로 진술했다.

임금이 말하기를, "진헌의 일은 범연(泛然)히 할 수 없다. 채방관을 보냈으면 비록 해동청(海東青)을 잡지는 못했더라도 중국에서 오히려 우리가 마음을 다하고 있음을 알게 될 것이다. 하물며 황제의 칙지(勅

旨)에, '짐(朕)이 조선을 대우함이 후한 편인데 어찌 매를 바치는 한 가지 일을 아직까지 어렵게 여기는가.' 했으니, 그 일에 마음을 쓰지 않을 수 없는 것은 명백하다. 다시 말하지 말라." 하였다.[세종 9년 8월 1일]

③ 임금이 말하기를, "어제 이사검(李思儉)이 데리고 간 통사(通事)가 와서 전하기를, '사검(思儉)이 친히 선유(宣諭)를 받았는데, 선유에, 「그대의 전하(殿下)가 지성(至誠)으로 좋은 해동청(海東靑)을 바쳤는데, 해동청은 비록 죽었지마는 지성은 알겠다. 바친바 누른 매[황응(黃鷹)]도 또한 좋은 것이니, 비록 해동청이 아니더라도 만약 좋은 매가 있다면 또한 모두 바칠 것이다. 연어알젓[年魚卵醢]과 계응(係鷹)·좋은 녹비(鹿皮) 1,000장(張), 아청필단(鴉靑匹段)과 도모(兜牟)[투구] 2부(部)를 모두 갖추어 바치라.」 하였습니다.' 했는데, 매와 연어알젓은 가을을 기다려 바치겠지마는, 녹피(鹿皮)와 도모(兜牟)는 곧 바치는 것이 어떻겠는가." 하니,

좌의정 황희(黃喜)가 말하기를, "마땅히 모두 예비(預備)했다가 성달생(成達生)이 돌아오기를 기다려 정할 것입니다." 하니, 임금이 옳게 여겼다.[세종 10년 2월 12일]

④ 진응사(進鷹使) 상호군(上護軍) 이사검(李思儉)[27]이 경사(京師)에서 돌아와 아뢰기를, "신(臣)이 황제의 조정에 나아가 죽은 해동청(海東靑)을 받들어 올리면서 꿇어앉아 아뢰기를, '우리 전하께서 지성으로 해동청을 구해 바쳤으나, 불행히도 중도(中道)에서 병들어 죽었습니다.' 하니, 황제께서 말씀하시기를, '죽었으니 하는 수 없지 않겠는가.' 했습니다. 내관(內官) 창성(昌盛)과 윤봉(尹鳳)이 명을 받아 광록시(光祿寺)에서 음식을 접대했는데, 신(臣)이 울며 말하기를, '우리 전하께서 전년(前

---

27) 이사검(李思儉) : 세종 9년 10월 16일 해청(海靑) 1연(連)과 황응(黃鷹) 5연을 진헌하기 위해 명나라로 떠났다.

年)부터 지성으로 해동청을 구해 소신을 보내 바치게 했는데, 중도에서 병들어 죽었으니 돌아가는 날에 무슨 면목으로 우리 전하를 뵙겠습니까.' 하니, 창(昌)과 윤(尹)이 대답하기를, '울지 마시오. 장차 주달(奏達)할 것입니다.' 하였습니다. 신(臣)이 말하기를, '누른 매를 가져다 바치는 것이 어떻겠습니까.' 하니, 창(昌)과 윤(尹)이 말하기를, '황제께서 늘 눈앞에 두실 것이오.' 하였습니다. 또 황제의 교지를 전하기를, '사람은 능히 말을 하고 또 능히 약을 먹는데도 병이 오히려 낫지 않는데 하물며 짐승이야 더욱 어떻겠는가. 그대들은 근심하지 말라. 해동청은 본디 얻기 어려운 것이니 다행히 얻으면 바치고, 그 외의 다른 좋은 매도 또한 얻어 바치면, 내가 유희(遊戱)하는 데 노리개[완(翫)]로 삼고자 한다.' 하였습니다." 하였다.[세종 10년(1428) 2월 16일]

⑤ 지신사 정흠지(鄭欽之)가 아뢰기를, "허조(許稠)가 신(臣)에게 말하기를, '앞서 이미 해청(海靑) 3연(連)을 바쳤으나, 달자(達子)28)가 길을 막은 까닭에 경사(京師)에 이르지 못했는데, 이제 또 해청 2연을 보내는 것은 옳지 않은 것 같다. 또 해청을 바치는 것은 황제의 덕을 돕는 것이 못된다.' 하였습니다. 신(臣)은 일찍이 생각하건대 고려 말엽에 처음으로 처녀(處女)를 뽑아 보내는 법이 생겼으나, 그 폐단이 오늘에 이르기까지 계속되는데, 하물며 해청은 포획하기 매우 어려워 이로 연유하여 외방 백성들의 소요(騷擾)가 막심하고, 또 일찍이 듣건대, 대금(大金)29)의 파천(播遷)이 실로 응자(鷹子) 때문이라 합니다. 신(臣)의

---

28) 달자(達子) : 서북변의 오랑캐라는 뜻으로 명나라에서 몽골족을 이르던 말이다.

29) 대금(大金)은 금(金)나라[1115~1234]를 말한다. 아이신 구룬(Aisin Gurun). 북방 유목 민족 중 하나인 여진족(女眞族) 완안아골타(完顔阿骨打)[신라 왕족 출신인 함보(函普)의 후손으로 고려인이다.]가 세운 왕조로 1115년 아골타가 국호를 대금(大金), 연호를 수국(收國)이라고 하고 스스로 황제에 즉위하면서 역사 무대에 등장하게 된다. 1125년에는 송(宋)나라와 동맹을 맺고 만주지역의 요(遼)나라를 협격하여 멸망시켰다. 수도는 북송(北宋)시대에는 상경회령부(上京會寧府), 남송시대에는 중도(中都)였으며, 몽골의 침략 이후로 수도를 카이펑[開封]으로 천도했다. 1234년 몽골과 남송 연합군의 추격에서

어리석은 생각으로는 당시에 길이 통하지 않았고, 또 3연을 이미 바쳤으니 지금은 2연은 아직 바치지 않는 것이 어떻겠습니까." 하니,

임금이 말하기를, "말은 옳다. 그러나 황제께서 나에게 유시하기를, '해청을 잡아 올리라.' 했고, 내가 이를 얻었으니 황제께 바치지 않고 내 궁중에 머물러 두는 것이 옳겠는가. 비록 계집아이[女孩兒]와 수만 필의 말도 오히려 마지못해 바치는데, 하물며 이미 얻은 해청을 어찌 바치지 않겠는가. 나의 궁 안의 사환(使喚)과 환자(宦者)도 많이 입조(入朝)하여 좌우에 모시고 있으니, 우리나라의 일을 모를 것이 무엇이며, 내가 이미 황제를 위해 잡았으니 즉시 바치지 않으면 내 마음이 미안하기도 하려니와, 또 황제께서 이르기를, '전일에 유시한 해청은 어찌하여 바치지 않는가.' 한다면, 내가 장차 무슨 말로 대하며, 지금의 황제께서 본시 매와 개를 좋아하시니, 어찌 우리나라에서 바쳤다 해서 이 때문에 덕을 잃으시겠는가." 하였다.[세종 10년 11월 11일]

⑥ 정사를 보았다. 판부사 변계량(卞季良)이 아뢰기를, "성상께서 지성으로 사대(事大)하시어 해청(海靑)을 잡으면 즉시 바치시는데, 옛날에는 포획하기가 쉽지 않던 것이, 지금은 잡은 것이 조금 많아졌으니, 청하건대 좋은 것을 택해 바치고 많이 바치지는 마소서. 또 그 포획이 심히 괴로우니 뒷날에 잡지 못할는지 어찌 알겠으며, 혹시 많이 바치라는 명이 있다면 어찌 감당하겠습니까." 하니,

임금이 말하기를, "황제께서 만약에 많이 포획한 것을 들었는데도 다 바치지 않는다면 불가하지 않겠는가." 하였다.[세종 10년 11월 19일]

⑦ 조참을 받고, 정사를 보았다. 임금이 좌우에 말하기를, "이제 부윤(府尹) 권도(權蹈)의 말을 들으니, '지금 조정(朝廷)[명나라]에서 외방으로 사명을 받들고 가는 자가 모두 환시(宦寺)의 무식한 무리들이기

---

벗어나지 못하고 황제가 자살함으로써 건국 120년 만에 멸망하였다.

때문에 욕심이 한량이 없어, 그들이 경과하는 곳마다 만단(萬端)으로 침해하면서, 사람에게 갈취한 물건이 마음에 차지 않으면 매질을 가해 그치지 않기 때문에, 사람들이 비록 추위에 얼고 주려 사망하더라도 조금도 긍휼(矜恤)히 여기지 않는다.'고 한다. 이로 미루어 보건대, 요동(遼東)의 일로(一路)가 수년 가지 못해 거의 다 공허해지고 말 것이다. 중원(中原)의 경내도 오히려 이와 같거늘, 하물며 우리나라의 국경이 중국과 접해 있으니, 그 사신의 왕래로 인한 일의 번거로움괴 백성의 수고로움을 어찌 꺼려해서 되겠는가. 마땅히 성의와 노력을 다하여 미리 지대(支待)하는 일을 계획해야 할 것이다. 이와 같이 하면 한편으로는 빈주(賓主)의 예(禮)를 이루게 되고, 또 한편으로 크고 작은 도리를 다하게 될 것이다." 하였다.

이때 김만(金滿)이 사명을 받들고 왔는데, 그가 지나는 주·현(州縣)에서 접대에 따른 폐단을 견디어 내지 못했기 때문에 그렇게 말한 것이었다.

예조판서 신상(申商)이 아뢰기를, "해청(海靑)은 본래 우리나라의 소산이 아닌데도 황제의 요구가 한도가 없으니, 만약 많이 바친다면 반드시 용이하게 잡을 수 있는 것이라 생각하여, 이로써 한 격례(格例)가 된다면 장래의 폐해는 이루 말할 수 없을 것이니, 많이 바칠 수 없습니다." 하니,

임금이 말하기를, "지난번에 포획한 몇 마리를 바치려 할 즈음에, 대신들이 아뢰기를, '자주 매와 개를 바치는 것은 군왕의 악(惡)을 아첨해 조장하는 것이니 잘못입니다.' 했는데, 이는 진실로 지당한 말이다. 그러나 외국으로서 이미 면대하여 지척(指斥)하지 못하고 궐정에서 다투어 간(諫)하지도 못하거니와, 만 리 밖에 조서까지 내렸는데 명을 거역하면 되겠는가. 이제 많이 잡은 것을 수를 감해 바쳐 천총(天聰)을 속인다면, 내 마음이 미안(未安)하니 있는 숫자대로 다 바쳐 스스로 그 도리를 다함만 같지 못할 것이다. 더구나 잡는 대로 즉시 바치라고 하는 것이 또 성지(聖旨)에도 있지 않던가. 또 이제 채방사(採訪使)에게

위임해 보내지 않고 나에게 칙서만을 내리셨으니 성의를 다하지 않을 수 없다. 만약 교묘한 계책을 내어 마음을 다하지 않는다면 혹시 채방사를 보낼지도 모른다. 만일 그렇게 된다면 폐해가 더욱 심할 것이다." 하였다. [후략] [세종 11년 11월 16일]

⑧ 임금이 여러 신하를 거느리고 모화루(慕華樓)에 거동하여 칙사(勅使)를 맞고, 경복궁(景福宮)에 이르러 예(禮)를 행하기를 의식과 같이하였다.

그 칙서에 말하기를, "주문(奏文)과 공물(貢物)을 보니 왕의 사대(事大)하는 마음이 정성과 공경에 간독(懇篤)[30]하여, 해를 거듭해 지나도 해이하지 않고 더욱 더 높아 가니, 왕의 어짊을 사랑하며, 또 거듭 아름답게 여기고 기뻐하였다. 이제 특히 중관(中官) 창성(昌盛)과 윤봉(尹鳳)을 보내 짐(朕)이 가지던 보배로써 꾸민 허리띠와 고리[條環], 도검(刀劍)과 은폐(銀幣) 등의 물품을 왕에게 내려 포장(褒獎)의 뜻을 보이니 이르면 받으라." 하였다. [중략]

또 칙서에 말하기를, "왕의 나라에서 나는 여러 가지 해산물[諸品海味]과 좋은 물고기[嘉魚]와 표범 가죽, 그리고 큰 사냥개[大犬], 해청(海靑), 좋은 매[好鷹]인 백응·황응(白黃鷹) 등을 채취하여 바쳐 오게 하라." 하고,

또 칙서에 이르기를, "근일에 해변을 순찰하는 장사(將士)들이 왕의 나라 사람 백용(白龍) 등 17명을 보내 왔기에 물은즉, '소금을 무역하던 배가 바람에 파괴되어 표류해 왔다.'는 것이다. 짐이 몹시 이를 민망하게 여겨 이제 본국으로 보내니 각기 그 집에서 편히 살게 하고, 특히 왕에게 유시하니 이를 알라." 하였다.[세종 12년 7월 17일]

---

30) 간독(懇篤)은 '간절(懇切)'과 비슷한 같은 말로, 지성스럽고 절실하고 정이 두터운 것을 말한다.

⑨ 사은사(謝恩使) 동지돈녕부사(同知敦寧府事) 이교(李皎)와 동지총제(同知摠制) 김을신(金乙辛)이 칙서를 받들고 경사(京師)에서 돌아왔다. 임금은 시복(時服) 차림으로 왕세자와 백관을 거느리고 모화관(慕華館)에서 칙서를 맞이하였다.

칙서에 말하기를, "생각해 보면 왕은 지극히 정성스러우며 단정하고 삼가 조정을 공경히 섬긴다. 요즈음 보낸 해청(海靑) 등은 모두 좋은 물건이므로 나는 매우 기쁘게 여긴다. 이번 사신이 돌아가는데 특별히 칭찬하여 일러 보낸다. 이다음에라도 왕의 나라에서 좋은 해청이 있으면 다시 마음을 써서 찾아 들여오라[更用心尋訪進來]." 하였다.[세종 12년 11월 11일]

⑩ 태평관(太平館)에 거둥해 전별연(餞別宴)을 베풀었다. 이를 마치고 성(盛)이 임금에게 말하기를, "15일에 친히 전송하기 위해 문밖까지 나오지 마시고 재상(宰相)이 대신 나오게 하소서." 하니,

임금이 말하기를, "내가 어찌 마음대로 폐할 수 있는가." 하였다.

성(盛)이 말하기를, "만일 해청 1, 2연(連)을 잡으면 꼭 평양(平壤)과 의주(義州)의 중간으로 보내 주소서." 하니,

임금이 말하기를, "잡기만 한다면야 하필 1, 2연뿐이리오." 하였다.

성(盛)이 임금에게 말하기를, "토표(土豹)는 중국의 서부 지방에 많이 있으므로 한번 그물만 쳐 놓으면 100마리, 천 마리라도 잡을 수 있으나, 황제께서 특별히 이것을 조선(朝鮮)에서 구하는 것은 그 몸집이 크기 때문입니다." 하니,

임금이 말하기를, "우리나라에서는 산 채로 잡는 방법을 모르기 때문에 꼭 잡으리라고 기대할 수는 없소." 하였다.[세종 12년 12월 13일]

⑪ 왕세자(王世子)가 백관을 거느리고 모화관(慕華館)에서 칙서를 맞이했다. 칙서에 말하기를, "왕국(王國) 소산인 해청(海靑)·황응(黃鷹)·백응(白鷹)·토표(土豹) 등을, 칙서가 이르면 왕은 사람들을 시켜

이제 보내는 관군(官軍)과 같이 합력해 잡게 하고31), 적당한 인원을 뽑아 정해 이번에 보낸 내관 창성(昌盛)·윤봉(尹鳳)·장동아(張童兒)·장정안(張定安) 등과 함께 들여보내되, 왕은 나의 지극한 뜻을 헤아려 알라." 하고,

또 말하기를, "이제 내관 창성·윤봉·장동아·장정안 등을 보내는데 관군 150명을 거느리고 모련위(毛憐衛) 등지에 가서 해청·토표 등을 잡게 하니, 칙서가 이르면 왕은 곧 적당한 사람을 뽑아 보내 호송(護送)하되, 조선 후문(後門)32)으로 좇아 길을 잡아 앞으로 가게 하고, 소용되는 양식은 번거롭지마는 왕이 공급하기를 바라며, 만일 혹 날씨가 추우면 쓰기에 알맞은 옷·신 같은 것과 아울러, 잡은 해청·토표 등 물건을 가지고 돌아오는 도중에서 먹일 고기와 모이로 적당한 것을 왕이 또한 적당하게 마련해 주며, 따라서 사람을 시켜 호송하여 국경에 나가기까지 호송하라." 하였다.[세종 13년 8월 19일]

⑫ 좌대언 김종서(金宗瑞)를 내전(內殿)에서 인견하고 말하기를, "권두(權豆)[여진인(女眞人)]가 바친 해청이 어찌 지난날에 바친 것보다 나을 수 있겠는가. 내가 지성으로 대국을 섬겨, 잡는 대로 곧 따라 바쳤으니, 어찌 감히 일호라도 지체하여 머물러 두거나, 아껴서 바치지 않는 마음이 있었는가. 천지신명(天地神明)이 실로 살펴 아는 바인데, 사신들이 내가 그들의 청을 들어주지 않는 데 감정이 있어 허탄한 책망을 씌우고자 하며, 말씨가 심히 패만(悖慢)하니, 천자가 비록 만 리를 내다보는 밝음이 있을지라도 어찌 나의 성심을 다 알리오. 실로 나의 마음이 아프다[통심(痛心)]. 환자(宦者)들의 하는 바가 예로부터 이와 같았지만, 스스로 반성하여 부끄러움이 없으니 내가 무엇을 두려워하리오[然自反無愧 吾何畏焉]. 짐승 잡는 군사를 많이 거느리고

---

31) 이제 보내는 관군(官軍)과 같이 합력해 잡게 하고 : 명나라에서 해청 등을 직접 잡기 위해 내관(內官)과 관군 150명을 명나라와 조선의 국경지역에 보낸 사실을 말한다.
32) 후문(後門) : 경원부(慶源府) 북쪽에 있는 야인(野人)과의 접경 관문이다.

와 지나가는 고을에 민폐(民弊)를 많이 끼치니, 올해에 이와 같이 하고, 명년에도 이와 같이 하여 해마다 와서 우리 백성들을 거듭 괴롭힐까 심히 두려우니, 이 폐단을 구제하는 방책을 생각하지 않을 수 없다. 경(卿)은 이 뜻을 가지고 대신들에게 의논하게 하라." 하였다.

그때 밤이 2경[고(鼓). 오후 10시 전후]이 넘었는데 임금이 오히려 잠을 자지 못하고 어린 내시(內侍) 인평(印平)만이 곁에 모셨다. 대저 임금의 마음은 본국에서 능히 계속 해청을 바치면 중국에서 반드시 채포군(採捕軍)을 보내지 않을 것이라고 생각한 것인데, 제신(諸臣)들의 의논도 이와 같기 때문에 비로소 해청 잡는 일을 준비하였다.[세종 13년 8월 20일]

⑬ 황희(黃喜)·맹사성(孟思誠)·권진(權軫)·허조(許稠) 등을 불러 일을 의논하게 했다.

그 첫째에 말하기를, "소[牛]에 관한 일인데, 내가 마땅히 봉(鳳)을 보고 이를 말할 것이다. 채포군(採捕軍)은 이익이 없고 폐해만 있을 뿐이므로 이미 접반사에게 인편으로 잘 말하게 했지마는, 그러나 다시 생각해 보니 변방의 작은 나라에서 다른 산물(産物)은 없고 다만 해청(海靑)만 있어 이따금 잡았는데, 이보다 먼저 어느 곳에서나 마음을 다해 잡았으니, 나의 마음을 다하는 것은 천지일월(天地日月)이 굽어보는 바이다. 지금 조정에서 별도로 채포군과 아울러 실그물[絲網]까지 보내오니, 조정의 의논은 내가 용심(用心)하지 않는다고 여길까 염려된다. 마음이 실로 경황하여 이 뜻을 몸소 봉(鳳)을 보고 말하고자 하는데 어떻겠는가." 하니,

희(喜) 등이 아뢰기를, "다만 봉(鳳)에게만 말할 뿐이 아니라 비록 창(昌)과 장(張)에게 말하더라도 또한 해로울 것이 없을 것입니다." 하였다.[세종 13년 12월 11일]

⑭ 사은사(謝恩使) 영평군(鈴平君) 윤계동(尹季童)³³과 부사(副使) 이

중지(李中至) 등이 칙서(勅書)를 가지고 경사(京師)에서 돌아왔는데, 임금이 편찮으므로, 세자에게 명하여 백관을 거느리고 모화관(慕華館)에서 맞이하게 하였다.

그 칙서에 말하기를, "왕은 조정(朝廷)을 공손히 섬겨 영락(永樂)으로부터 이제까지 전후(前後)가 한결같이 정성스러우니, 탁월한 현왕(賢王)이라 이르겠다. 이에 조정(朝廷)이 왕을 대우함도 또한 전후가 한결같이 정성스러운데, 파견한 사신(使臣) 중에서 혹 소인이 있어, 마음이 내키는 대로 경솔히 대체(大體)를 돌아보지 않고 망령되이 쓸 것을 요구함이 있다하니, 무릇 그들의 말하는 바가 칙서에 유시(諭示)된 것이 아니면, 왕은 믿고 따르지 말라. 전에는 산동포정사(山東布政司)를 명해, 포·견(布絹)을 변방 위군[邊衛]에 운반하여 왕국 인민들에게 주고, 농사짓는 소[耕牛]를 모아 사가지고 요동둔군(遼東屯軍)에게 주도록 했는데, 이제 주문(奏文)을 받아 본즉, 왕의 국내(國內)에서 농사짓는 소가 많지 생산되지 않는다 했는데, 짐(朕)이 다 잘 알고 있으니, 현재 있는 대로 보내와 교역(交易)함이 가(可)하고, 그 밖에는 그만두라. 다만 해청(海青)은 날려 사냥하는 데 소용되는 것으로, 왕의 나라에서 나는 것이니, 만일 사람을 파견해 채포(採捕)하려 하면, 왕은 주선해 주도록 할 것이다. 그러므로 유시한다." 하였다. 백관(百官)이 진하(進賀)했으나 받지 않았다.[세종 14년 10월 6일]

⑮ 상참을 받고, 정사를 보았다. 임금이 좌우에 말하기를, "이 앞서의 칙유(勅諭)에, '사신(使臣)이 사사(私事)로이 청하는 물건은 주지 말라.' 하였으므로, 우리나라에서 그대로 준행했으나, 그러나 행장(行裝)의 물건을 간혹 보내는 일이 있었는데, 이제 또 칙유에, '사사로이 청하는 물건은 주지 말라.' 하였으니, 영접도감(迎接都監)으로 하여금 이 뜻을

---

33) 사은사(謝恩使) 영평군(鈴平君) 윤계동(尹季童) : 윤계동은 태종 18년 1월 26일, 태종과 신빈(信嬪)[신녕옹주(信寧翁主)] 신(辛) 씨 사이의 딸인 정신옹주(貞信翁主)와 결혼했다. 이해 6월 중순경 사은사가 되어 경사(京師)로 출발한 것으로 추정된다.

알게 하여 일체 허락하지 않는 것이 어떻겠는가. 이번에 온 사신은 불경(佛經)·말안장·비파(琵琶) 등의 물건을 구하는데, 허락해 줄 것인가. 불경과 같은 것은 살림을 위한 마음[計閫之心]에서 청하는 것이 아니라 오로지 부처를 숭상함으로써 요구하는 것이겠고, 행장(行裝)으로 말하면 신물(贐物)34)이니 요구에 따르는 것이 옳겠다고 하겠지만, 칙유에 거듭 밝혔은즉 좇지 않을 수 없는 것이니, 경(卿) 등이 의논해 아뢰라." 하니,

예조판서 신상(申商)이 대답하기를, "성상의 하교가 지당합니다." 하였다.

임금이 말하기를, "해청(海靑)과 토표(土豹)와 같은 진헌하는 물건은 내가 털끝만큼도 꺼리는 마음이 없으나, 다만 우리나라의 인민이 피로할까 염려될 뿐이다. 장동아(張童兒)가 해청과 토표를 잡기 위해 갔는데, 아목하(阿木河)에 이르러 초적(草賊)을 두려워해 군사의 위엄을 갖추고 갔다 하니, 그가 경계하는 마음이 있음은 우리나라에는 큰다행이다." 하고,

임금이 또 말하기를, "중[僧人]이 환속하면 승직(僧職)을 따라 검교(檢校)의 예(例)에 의해 관직을 제수하여 환속(還俗)하는 길을 열어줌이 어떻겠는가." 하니,

허조(許稠)가 아뢰기를, "전에 이미 윤기(倫紀)35)를 벗어나 중이 되었다가, 이제 와서 그 그릇된 것을 깨닫고 환속하는 것입니다. 또 국가에서 수륙재(水陸齋)를 폐지하게 되면 승도(僧道)는 자연히 날로 변혁하게 될 것이니, 하필 관직을 함부로 줌으로써 뒷날에 벼슬을 마구 주는 실마리를 열 것이 무엇이겠습니까." 하였다.[세종 14년 10월 17일]

⑯ 태감(太監) 창성(昌盛)과 내관(內官) 이상(李祥)·장봉(張奉)이 칙서

---

34) 신물(贐物) : 길 떠날 때 베푸는 물건이다.
35) 윤기(倫紀) : 인륜(人倫)·인도(人道)·윤상(倫常)이라도 하는 것으로 사람이 지켜야 할 길을 말한다.

[勅]를 받들고 오니, 임금이 왕세자와 문무(文武) 여러 신하들을 인솔하고 모화관(慕華館)에서 칙서를 영접하고, 돌아와 경복궁에 이르러 예(禮)를 거행하기를 보통 의식과 같이 하였다.

칙서에 말하기를, "왕의 나라 안에 요리를 잘 할 줄 아는 여자가 있으면 여남은 사람 선택해 창성(昌盛) 등에게 주어 데리고 오게 하라." 하고,

또 칙서에 말하기를, "이제 태감(太監) 창성(昌盛) 등을 보내 왕에게 채폐(彩幣)를 내린다. 왕의 곳에 좋은 해청(海青)이 있다니 두어 연[數連]을 찾아 창성(昌盛) 등에게 주어 가져오게 하라." 하였다.[세종 15년 10월 13일]

⑰ 천추사(千秋使) 박신생(朴信生)이 칙서 세 통을 싸서 받들고 경사(京師)에서 돌아왔다. 임금이 의장(儀仗)을 갖추어 세자 이하 여러 신하들을 거느리고 모화관에 거둥하여 칙서를 맞기를 의식과 같이 하였다.

그 첫째에 말하기를, "지금 목란하(木蘭河) 등 위(衛)의 야인 지휘(指揮) 올고리(兀苦里) 등이 아뢰기를, '근자에 라리(刺里) 지역에 가서 흑룡강(黑龍江)의 칠성(七姓) 야인들이 송화강(松花江)을 건너 조선국에 가서 침노한다는 말을 들었다.' 하였다. 짐(朕)이 생각하건대, 이 도적들이 간사하고 속이니 허위인지 사실인지의 여하는 알지 못하나, 이에 왕이 보내 온 사신이 돌아가는 편에 특별히 왕에게 일러 알게 하는 것이니, 왕은 변방을 지키는 관원에게 경계하여 밤낮으로 마음 써서 방비하여, 소홀한 근심이 없게 하여 짐의 뜻에 부합하게 하라." 하고,

그 둘째에 말하기를, "왕이 먼젓번에 보내 온 반찬과 음식을 만드는 부녀자들이 모두 음식을 조화(調和)하는 것이 정(精)하고 아름답고 [美], 제조하는 것이 빠르고 민첩하고, 두부(頭腐)를 만드는 것이 더욱 정묘하다. 다음번에 보내 온 사람은 잘하기는 하나 전 사람들에게는 미치지 못하니, 칙서가 이르면 왕이 다시 공교하고 영리한 여자 10여 인을 뽑아, 반찬·음식·두부 등류를 만드는 것을 익히게 하여, 모두 다

정하고 숙달하기를 전번에 보낸 사람들과 같게 하였다가, 뒤에 중관(中官)을 보내 국중(國中)에 이르면 경사(京師)로 딸려 보내도록 하라." 하고,

그 셋째에 말하기를, "중국의 땅이 심히 더워 비록 해청(海靑)이 있으나 기르기 어려우니, 왕의 나라에서 해청을 잡을 수 있으면 적당한 사람을 시켜 가져와 짐(朕)의 한가한 시간에 날려 보는 소용에 이바지하게 하라. 그리고 오는 사람을 시켜 중로에서 잘 살도록 보살펴 길러서 소루하고 실수함이 없게 하라." 하였다.[세종 16년 12월 24일]

## 4) 출정의(出征儀)가 상징하는 군국(軍國)의 의지는 세종조를 거치며 뿌리가 뽑혔다는 주장에 대해

이영훈은 '사라진 부월(斧鉞)'이라는 소제목에서 이렇게 주장한다.

1410년 태종도 여진의 침입을 맞아 동북으로 떠나는 도선무처치사(都宣撫處置使) 유정현(柳廷顯)에게 부월(임금이 출정하는 대장에게 통솔권의 상징으로 주는 도끼)을 내렸다. 이후 부월을 내리는 군례는 행해지지 않았다. 1419년 세종 1년에 이종무(李從茂)가 삼군도체찰사(三軍都體察使)가 되어 대마도를 정벌하려 갈 때 세종은 한성부 두모포 백사장에서 이종무와 여러 장수를 전송하였을 뿐이다. 공식적인 군례(軍禮)는 없었다. [중략] 출정의가 상징하는 군국(軍國)의 의지는 세종조를 거치면서 뿌리가 뽑히고 있었다.[이영훈(2018), 162쪽]

군국(軍國)은 무엇을 말하는가. 군국은 군사(軍事)를 중요한 정책으로 삼는 국가를 말한다. 그렇다면 조선은 군국이었는가. 명나라와의 관계에서 조선이 군국을 지향할 수 있었을까. 군례를 하고, 안 하고를 가지고 군국의 의지가 있고 없고를 가늠할 수 있을까. 당연히 그렇지 않다.

우리 역사에서 북국(北國)이라 불렸던 발해(渤海)와 함께 남북국시대(南北國時代)를 이루었던 남국(南國) 고려(高麗)의 북쪽 강역은 어디까지였을까. 고려 예종(睿宗) 2년(1107) 윤관(尹瓘)이 별무반(別武班)을 이끌고 동북(東北)에 9성(九城)을 쌓았지만 2년 뒤 여진에 돌려주었다. 현재 우리가 인식하는 북쪽 경계인 압록강과 두만강이 국경으로 이루어진 때는 세종 때이다. 두 강을 하늘이 내려준 천혜의 국경으로 인식하고, 그 국경을 지키기 위해 우리 선조들이 치른 희생은 이루 말할수 없다. 어떠한 주장에도 불구하고 세종의 국토수호 의지를 의심할수는 없다.

1410년 태종이 도선무처치사 유정현에게 부월을 내려 동북(東北)으로 보낸 일과 관련된 기사를 보자.

① 올적합(兀狄哈)이 경원부(慶源府)에 입구(入寇)하니, 병마사(兵馬使) 곽승우(郭承祐)가 이와 더불어 싸우다가 패(敗)했다. 정미일(11일)에 적(賊) 30여 기(騎)가 경원부 아오지(阿吾知) 남산(南山)에 올라가 우리 군사에게 보이고, 무신일(12일)에 적(賊)의 보기(步騎) 50여 명이 여화산(汝火山) 꼭대기에 올라가 성안[城中]을 굽어보며 서성대고 내려오지 않으며 관군(官軍)을 유치(誘致)하려 했다. 기유일(13일) 새벽에 도천호(都千戶) 안을귀(安乙貴)가 50여 기(騎)를 거느리고 적(賊)을 엿보았는데, 신시(申時)쯤 되어 나졸(邏卒)이 와 고하기를, "적(賊) 수십 기(騎)가 아오지동(阿吾知洞) 속에 잠깐 출현했다가 도로 산을 탔다." 하였다.

병마사(兵馬使) 곽승우(郭承祐)가 곧 수백 기(騎)를 거느리고 쫓으니, 적(賊) 두어 기(騎)가 관군(官軍)을 만나 거짓 패(敗)해 달아나는 체하였다. 승우(承祐)가 이를 쫓아 아오지동(阿吾知洞)에 들어가니, 복병(伏兵)이 사방에서 합세하여 별안간 공격했다. 이리하여 관군이 크게 패해 죽은 자가 73인, 부상한 자가 52인이며, 전마(戰馬) 120필과 병갑(兵甲) 24부(部)를 모두 적(賊)에게 빼앗기고, 승우(承祐)도 또한 화살에 맞았다. 이에 30여 기(騎)를 거느리고 포위망을 뚫고 나와 아오지(阿吾知) 목책(木柵)에 들어와 보전했는데, 을귀(乙貴)도 적(賊)을 만나 또한 패하여, 다만 10여 기(騎)를 거느리고 성으로 들어왔다.

적(賊)의 무리 수백 명이 따라와 성을 포위하고, 동맹가첩목아(童猛哥帖木兒)도 또한 이르러 승우(承祐)의 존몰(存沒)을 묻고, 또 말하기를, "오도리(吾都里) 지휘(指揮)를 죽인 것은 무슨 죄 때문인가." 하였다.

승우(承祐)가 나와 말하기를, "그가 국은(國恩)을 저버리고 와서 한흥보(韓興寶)를 죽였기 때문이다. 우리 전하께서 너를 믿을 만하다고 하셨는데, 네가 어째서 함께 와 도적질을 하는가." 하고, 편전(片箭)으로 쏘니, 적(賊)이 그제야 포위를 풀고 물러갔다.

거민(居民)이 죽은 자가 29인고, 사로잡힌 자가 12인이었다. 적(賊)이 모두 부모처자(父母妻子)의 원한(怨恨)이 있어 죽음을 무릅쓰고 와서 싸우는데, 승우(承祐)가 용맹만 믿고 지모(智謀)가 없었기 때문에 패한 것이다. 적(賊)이 물러간 뒤에 사람을 보내 뒤밟아 보니, 적(賊)이 전사(戰死)한 시체를 불태운 곳이 48군데나 되었다. 야인(野人)의 풍속(風俗)에 전사(戰死)한 자가 있으면 반드시 불에 태워 그 뼈를 부모처자(父母妻子)에게 돌려준다고 한다.[태종 10년 4월 13일]

② 유정현(柳廷顯)으로 판공안부사(判恭安府事) 겸 판의용순금사사(判義勇巡禁司事)를 삼아, 곧 명하여 동북면(東北面) 도선무처치사를 삼고, 김남수(金南秀)로 길주도(吉州道) 도안무찰리사(都安撫察理使)를, 하경복(河敬復)으로 경원병마사(慶源兵馬使)를, 최윤덕(崔閏德)으로 경성병마사(鏡城兵馬使)를, 김가물(金加勿)로 호군(護軍)을 삼고, 정현(廷顯)에게 부월(斧鉞)과 교서(敎書)를 주어 보냈다.

교서에 말하기를, "변진(邊鎭)은 나라의 보장(保障)이니, 어찌 감히 의지(依恃)하여 남을 업신여길 수 있겠는가. 상신(相臣)은 임금의 고굉(股肱)이니, 이에 처치(處置)를 오로지 하게 한다. 꿈틀거리는 작은 무리[蠢爾小醜]가 감히 완흉(頑凶)을 자행하여 우리 봉강(封疆)을 침노해, 성읍(城邑)이 수호(守護)를 잃고, 사민(士民)이 유망(流亡)하게 되었는데, 장신(將臣)·수신(率臣)이 곧 포획(捕獲)하고 안집(安集)하지 못하여, 한 방면(方面)이 소동(騷動)한 지가 이미 두어 달이 지났으나, 아직 이루어진 공효(功効)가 없다. 내가 이에 마음이 아파, 사람을 얻어 보내 상벌(賞罰)을 행하려 생각하여, 뜰에 있는 여러 신하에게 물으니, 모두 말하기를, '경(卿)이라야 한다.' 하였다. 생각건대, 경(卿)은 마음가짐이 굳고 단단하며, 위엄과 명성이 일찍이 나타났다. 경(卿)을 명하여 동북면 도선무처치사를 삼으니, 장사(將士)로써 만일 공격(攻擊)하고 수비(守備)하는 것이 어긋남이 있는 자가 있거나, 수령(守令)으로써 만일 안집(安集)하는 것이 지극하지 못한 자가 있으면, 가선(嘉善)이상은 가두어 놓고 신청(申請)하고, 통정(通政) 이하는 율(律)을 들어 곧 처단하라. 아아, 위엄이 아니면 적(敵)을 제어할 수 없고, 은혜가 아니면 백성을 안집(安集)할 수 없으니, 위엄과 은혜로 그 공(功)을 성취하라." 하였다.[태종 10년 6월 1일]

태종이 문신(文臣)인 유정현을 동북면으로 보낸 것은 여진(女眞)을 공격하기 위한 것이 아니라, 여진에게 패한 변진(邊鎭)의 장수들을 처벌하기 위한 것이었다. 따라서 군대가 출정한 것이 아니다. 그럼에도 태종은 부월을 내렸다.

참고로 유정현은 왕실(王室)의 사위인데, 그해 5월 4일 옥사를 지체시켰다 해서 형조판서에서 면직되었다. 불과 한 달 전에 면직된 문신을 보내 무신(武臣)들을 처벌하게 하기 위해서는 부득이 특별한 권위가 필요했을 것으로 보인다. 태종이 유정현에게 부월을 준 의미는 무엇일까.

세종 1년(1419) 5월 18일, 세종과 태종은 두모포(豆毛浦)[성동구 옥수

동 동호대교 북단] 백사정(白沙汀)에 거둥해 대마도를 정벌하러 가는 이종무(李從茂) 등 여덟 장수를 전송했다. 이종무가 대마도를 정벌하러 간 것은 그해 5월 7일 왜적(倭賊)의 배 50여 척이 돌연 충청도 비인현(庇仁縣) 도두음곶이[都豆音串]에 침입해 만호(萬戶) 김성길(金成吉) 부자(父子) 등을 죽이고 노략질한 것에 대한 보복이었고, 앞으로의 침입에 대비해 강력한 경고를 보이고자 한 것이었다. 농지가 없어 양식조차 궁색한 왜적들은 조선과 중국의 해변 마을에 침입해 사람과 식량을 약탈해 살아가는 실정이었다. 그렇다 해서 그들의 침략을 용인할 수 없었다.

태종은 1418년 8월 10일, 세종이 즉위한 날에 대신들에게 하교를 내린다.

> 주상(主上)이 아직 장년(壯年)[30대]이 되기 전에는 군사(軍事)는 내가 친히 청단(聽斷)할 것이고, 또한 국가에 결단하기 어려운 일이 있을 때마다 정부와 육조(六曹)로 하여금 함께 그 가부를 의논하게 할 것이며, 나도 또한 함께 의논하리라.

그해 12월 이 하교를 어긴 죄를 물어 국왕(國王)의 장인인 영의정 심온(沈溫)을 대간(大姦)으로 몰아 약을 내려 자진하게 했고, 심온의 딸인 왕비(王妃)는 폐출될 위기에 몰리기도 했다. 이종무가 대마도를 정벌한 것은 태종의 지시인 것이고, 모든 절차의 진행도 태종에 의해 지시된 것으로 보아야 할 것이다. 상왕(上王) 태종이 존재하는 동안 군사와 관련된 일에 세종이 관여할 여지는 없었다.

태종은 전례에 얽매이지 않고 자신의 의지를 실현하고자 하는 국왕이었다. 부월을 내리고 말고는 태종의 결정이었다. 물론 국왕이 출정하는 장수에게 부월 내리는 등의 출정의를 행하는 것이 중요하지 않다는 것은 아니다. 그러나 출정의가 승리를 담보하는 것은 결코 아니다. 또 대마도 정벌에 관한 의사결정은 전적으로 태종이 지휘했다. 따라서 '출정의가 상징하는 군국의 의지는 세종조를 거치면서 뿌리가 뽑혔다.'는 이영훈의 주장은 근거가 없다.

### 5) 군사에 대한 세종의 자애가 조선 왕조의 군대를 허물고 있었는지 모른다는 주장에 대해

이영훈은 주장하기를, '1433년(세종 15) 도절제사 최윤덕이 동북으로 출정했을 때이다. 세종은 기한 내에 도착하지 않거나 대오를 이탈한 군사를 모두 참하는 군법은 아름답지 못하다고 걱정하였다. 그러자 신하들은 가장 늦게 도착한 자와 가장 멀리 이탈한 자만 참하자고 하였다. 그런 군대가 전쟁을 제대로 수행할 수 있는지는 의문이다. 군사에 대한 세종의 자애는 엉뚱하게 조선 왕조의 군대를 허물고 있었는지 모른다.'고 하였다.[이영훈(2018), 163쪽]

이영훈(2018)은 아래의 실록 기사를 바탕으로 위와 같은 주장을 펼친 것으로 보인다. 이날 세종은 파저강 여진족 토벌을 앞두고 조정에서 어떻게 지원할 것인가를 논의한다.

> 대신(大臣)들을 불러 의논해 말하기를, "북정(北征)하는 군사는 20일 양식을 준비해 행하게 하려 하는데 옳을까. 만일 장마를 만나면 미리 준비하지 않을 수 없다." 하니,
> 모두 말하기를, "대군(大軍)이 적경(賊境)에 들어가 혹 큰물을 만나 군사가 건너지 못할는지도 측량할 수 없으며, 그 싸움에 당해 더디고 속한 시기도 기필할 수 없으니, 양식을 많이 가지고 가서 만약 남음이 있으면 도로 가지고 와도 해롭지 않습니다." 하였다.
> 또 의논해 말하기를, "이미 윤덕(閏德)에게 명하여, 부장(副將) 이하

로 명에 복종하고, 아니하는 자에 대해 상벌(賞罰)을 가하게 했다. 내가 생각하건대, 예전 우리 태종께서 동정(東征)할 때 2품 이상은 도통사(都統使)로 하여금 계달(啓達)한 뒤에 단죄(斷罪)하게 했는데, 지금 도절제사가 부장 이하를 마음대로 처단함은 온당치 못할 듯하니 어떻게 처리할까." 하니,

모두 말하기를, "비밀히 윤덕(閏德)에게 효유(閏德)하여, 적(敵)에게 임(敵)하지 않는 2품 이상은 마음대로 치단하지 못하게 하되, 그 일을 비밀히 하여 군사들로 하여금 알지 못하게 하소서." 하였다.

또 의논해 말하기를, "군사들이 기한을 어기고 이르지 않는 자와 항오(行伍)를 잃고 차례를 떠난 자[失伍離次者]는, 일체 군법에 의하면 비록 10명에 이를지라도 모두 참(斬)할 것이나, 내가 생각하건대, 이같이 하면 죄를 받는 자가 자못 많을 것이니, 이는 아름다운 일이 아니며, 만약 죄주지 않으면 군령(軍令)이 엄하지 못할 것이니 어떻게 처리할 것인가." 하니,

모두 말하기를, "기한을 어기고 이르지 않는 자 중에서 가장 뒤에 이르는 자는 군법에 의하고, 항오를 잃고 차례를 떠난 자 중에서도 더욱 심한 자는 역시 군법에 의해 위엄을 보일 것입니다." 하였다. [후략]
[세종 15년 3월 16일]


최윤덕 등이 여진 정벌을 위해 떠난 후 국왕 세종은 대신들을 불러 여러 가지 문제점에 대해 의논한다. 대군을 적지로 보낸 국왕으로서는 당연히 많은 걱정이 앞서지 않을 수 없다. 늘 그러했듯이 세종은 그러한 문제점들을 결단할 때 독단으로 결정하지 않고 대신들의 의견을 들은 후 결정했다. 그리고 집현전 부제학 이선(李宣)을 보내 북정(北征)의 장졸(將卒)들에게 교서(敎書)를 반포(頒布)하게 하고, 인하여 장졸들의 강 건너는 것을 살피도록 명했다. 그 교서는 아래와 같다.

중군도절제사(中軍都節制使) 최윤덕(崔閏德)에게 전교한 글에 말하기를, "군사를 씀은 제왕(帝王)이 신중히 하는 바이다. 그러나 은(殷)나라 고종(高宗)은 3년 동안의 전쟁을 치렀고, 주(周)나라 선왕(宣王)은 6월에 군사를 일으켰으니, 이는 모두 백성을 해롭게 하고, 국가의 근심이 되기 때문에 부득이한 것이다. 이 무지한 야인들이 우리 경계에 가까이 있으면서, 쥐와 개처럼 도둑질한 일이 여러 번이었으나, 짐승 같은 습속을 족히 더불어 계교할 것이 못 된다 이르고, 참고 용납하기를 오래했더니, 지금 국경에 몰래 들어와 늙은이와 어린이를 무찔러 죽이고, 부녀를 사로잡으며, 백성들의 재산을 소탕해 사나움을 방자히 행했으니, 어찌 그만둘 수 있으리오. 오직 경(卿)은 충의(忠義)의 자품(資稟)을 가지고 장상(將相)의 지략(智略)을 겸해, 이름이 일찍 드러나 안팎에서 함께 아는 바이므로, 이에 중군(中軍)의 장수로 명하여 야인을 토벌해 문죄하기를 명하니, 오직 이 부장(副將) 이하 대소군관(大小軍官)과 군사들의 소속에 있는 자를 경(卿)이 모두 거느리되, 명에 복종해 공을 이루는 자는 상을 주고, 명에 복종하지 않은 자는 벌을 줄 것이다. 아아, 군사의 직무를 나누어 정하는 일은 내가 이미 명했으니, 적을 토벌하는 공(功)은 경(卿)이 힘쓸지어다." 하였다.

중군절제사(中軍節制使) 이순몽(李順蒙)·좌군절제사 최해산(崔海山)·조전절제사(助戰節制使) 이징석(李澄石)·우군절제사 이각(李恪)·조전절제사 김효성(金孝誠) 등에게 주는 교서에 말하기를, "임금의 도리는 오직 백성을 보호하는 데 있고, 장수의 충성은 적개심(敵愾心)이 귀하다. 무지한 이 야인들이 시랑(豺狼) 같은 마음으로 벌같이 쏘는 독기(毒氣)를 마음껏 행해 우리 국경을 침략하고, 우리 백성의 생명을 살해해, 고아(孤兒)와 과부(寡婦)가 원한을 일으켜 화기(和氣)를 상하게 하니, 이것은 과인이 불쌍하고 슬퍼함을 마지않는 소이(所以)이며, 또한 경(卿)들이 가슴을 치고 이를 가는 바이다[부심절치(拊心切齒)]. 군사를 일으켜 그 죄를 성명(聲明)하지 않을 수 없으므로 경(卿)에게 아무 군사를 거느리고 가서 토벌하기를 명하니, 모두 마음을 같이하고 힘을 합해, 주장(主將)의 방략

(方略)을 듣고 적을 쳐서, 꺾는 공(功)을 이룩해 변경 백성들의 소망에 보답하라." 하였다.

3품 이하의 군관(軍官)과 군민(軍民)들에게 교서하기를, "무지한 이 야인은 효경(梟獍) 같은 행동과 시랑(豺狼) 같은 마음으로 우리의 경계에 이웃하여 항상 화심(禍心)을 품고 틈을 엿보아 침략하므로, 방비하기를 엄하게 하고 수위(戍衛)하기에 수고롭게 하여 생민(生民)의 근심이 된 지가 오래였는데, 지금 또 변경을 침범하고 생명을 살해하며 집을 소탕하니, 내가 실로 마음이 아프다. 고아(孤兒)와 과부(寡婦)를 위해 장수를 명해 토죄(討罪)하게 하니, 그대들 뭇 군사들은 나의 밤낮으로 근심하는 마음을 다 알고, 장수의 절제(節制)하는 법을 삼가히 하며, 늙은이·어린 이와 부녀를 제외하고 만일 능히 적의 머리를 베면, 그 수(數)의 많고 적음에 따라 혹 3등을 뛰어 올리고, 혹은 2등을 뛰어 올리며, 혹은 한 등을 뛰어 올려 벼슬로 상을 주고, 그 총패(憁牌)와 소패(小牌)는 비록 스스로 공을 이루지 못했을지라도, 부대 안에서 베고 잡은 것이 많은 자에게도 차등이 있게 벼슬로 상을 주되, 만일 군령(軍令)을 따르지 않는 자는 비록 공(功)을 이룩할지라도 상이 없다. 그대들은 각각 그대의 용맹을 다해 과감하고 굳셈을 이룩하기에 힘쓸지어다." 하였다.

겸하여 사목(事目)을 붙였는데, "一. 군사가 파저강에 이르러 만약 능히 사람을 잡았으면, 그 중에 늙은이와 어린이는 굶주리고 피곤하게 하지 말고, 부녀(婦女)는 군인으로 하여금 혼잡하지 말게 하며, 거느리고 올 때는 다만 부녀자들로 하여금 한 곳에서 잠자게 하라. 一. 대소 (大小) 군사와 장수들이 술을 마시되, 취하는 데 이르지 않게 하고, 적당하게 술기운이 나도록 할 따름이며, 술을 마시고 기운을 쾌하게 한다는 말이 없게 하라." 하였다.[세종 15년 3월 22일]

이영훈(2018)은, '그런 군대가 전쟁을 제대로 수행할 수 있는지는 의문이다.'라고 했으나, 최윤덕이 이끈 군대는 성공적인 성과를 거두고 돌아왔고, 최윤덕은 5월 5일에 야인 평정을 하례하는 전(箋)을 올렸다.

이영훈은 또 주장하기를, '군사에 대한 세종의 자애는 엉뚱하게 조선 왕조의 군대를 허물고 있었는지 모른다.'고 했다. 그런데 총사령관 최윤덕은 다음과 같이 엄한 군령을 내려 군대를 지휘했다.

처음에 윤덕(閏德)이 출병할 때 여러 장수들을 모아 놓고 교서와 사목(事目)을 펴 보이고, 인하여 취초(取招)하기를, "주장(主將)의 조령(條令)을 혹 어기는 자가 있으면, 삼가 교서에 의해 군법을 따를 것이니, 그 죄를 사양하지 말라." 하였다.

군령(軍令)에,

一. 저들과 대적할 때는 지금 내린 칙서 및 영락 연간에 선유한 성지의 사연을 말하지 말고, 일체 교서에 의해 모든 장수들은 오로지 주장의 영(令)을 듣는다.

一. 주장이 각(角)을 한 통 불면 모든 장수들이 응하고, 금고(金鼓)도 같으며, 휘(麾)를 왼쪽으로 눕히면 왼쪽으로 가고, 오른쪽으로 눕히면 오른쪽으로 간다. 북[鼓]을 치면 나아가고, 쇠[金]를 치면 그치며, 두 번 쇠를 치면 곧 물러가되, 일체 주장의 영(令)에 따른다.

一. 전쟁에 임해 휘(麾)를 눕혀도 응하지 않은 자와, 북을 듣고도 나아가지 않은 자, 장수를 구원하지 않은 자, 군정(軍情)을 누설하는 자, 요망한 말을 내어 여러 사람을 의혹하게 하는 자는 대장(大將)에게 고해 참(斬)한다.

一. 자기 패(牌)를 잃고 다른 패를 따라가는 자와, 장(章)을 잃은 자, 떠드는 자는 벌을 주고, 한 항오(行伍) 중에서 세 사람을 잃은 자도 벌을 주며, 패두(牌頭)를 구제하지 않은 자는 참(斬)한다.

一. 북을 천천히 치면 천천히 가고, 빨리 치면 빨리 간다[徐鼓則徐行疾鼓則疾行]. 이 법을 따르지 않은 자는, 행진(行陣)할 때는 벌을 주고, 싸움에 임해서는 참(斬)한다.

一. 적(賊)의 마을에 들어가 늙고 어린 남녀는 치고 찌르지[擊刺] 말며, 장정이라도 항복하면 죽이지 말라.

一. 적(賊)의 마을에 들어가 영(令)을 내리기 전에 재보(財寶)를 거두어 넣은 자는 참(斬)한다.

一. 험하고 좁은 길에 행군하다가 갑자기 적(賊)을 만나면 행군을 중지하고 공격하며, 각(角)을 불어 그 군(軍)에 보고하고, 여러 군(軍)은 각으로 주장(主將)에게 보고한다. 후퇴하여 패해 달아나는 자는 참(斬)한다.

一. 소·말·닭·개 등을 죽이지 말고, 집을 불태우지 말 것.

一. 공격하는 법은, 의로서 불의를 무찌르는 것이니[義誅不義], 그 마음을 다스려 만전을 기하는 것이 의(義)이다. 만약 늙은이와 어린이를 잡아 죽이고, 당인(唐人)을 죽여 군공(軍功)을 낚고자 하여 조령(條令)을 범하는 자는 모두 군법에 의해 시행한다.

一. 강을 건널 때는 모름지기 다섯씩 열씩 짝을 지어 차례대로 배에 오르고, 먼저 타려고 다투어 차례를 잃지 말 것이다. 어기는 자는 총소패(摠小牌)와 함께 논죄한다.

一. 영(營)에 머무르고 있는 사객(使客)과 제장(諸將)을 접대할 때는, 서울에서 온 군관(軍官)들은 칼을 차고 좌우를 떠나지 말아야 한다. 어기는 자는 5일의 요(料)를 정지한다. 행진(行陣)하면 기(旗)·징[鉦]·북[鼓]·둑(纛) 등을 영(令)에 따라 받들어 가지고 간다.

一. 진무(鎭撫) 한 사람과 서울에서 온 군관 네 사람은 날마다 윤번(輪番)으로 영문(營門)을 파직(把直)한다. 길가는 사람을 제외하고 각 군(軍) 절제사 및 영군차사원(領軍差使員) 등은 반인(伴人) 한 사람만 거느리고 들어온다.

一. 주장(主將)이 내린 영(令)은 진무소(鎭撫所)에서 전달하고, 일체 행동에 대해 제군(諸軍)은 진무소에서 영(令)을 듣는다.

一. 각 패(牌)의 사후(伺候) 한 사람은 떠나지 않고 영(令)을 듣는다.

一. 만약 죽은 사람과 말이 있으면, 말은 뼈를 거두어 묻어 두고, 사람은 싣고 온다.

하였다.

영(令)을 마치고 제장들과 함께 언약하기를, "오는 19일에 모두 소굴에 들어가 죄를 묻는다. 만일 비바람이 심해 날씨가 어두우면 20일도 가하다." 하고, 자리에 나아가 서로 절하고 이별하였다.[세종 15년 5월 7일]

세종의 자애가 어떻게 최윤덕에 전해졌는지는 기록이 없으나, 3월 22일 이선을 보내 반포한 교서에 그 의지가 포함된 것으로 보인다. 군사에 대한 자애만으로 전쟁에서 이길 수 없지만 명령만으로도 이길 수 없다. 세종이 군사들에게 오직 자애만을 베풀었다면 최윤덕의 군령은 어떻게 보아야 할까.

또 이영훈은 주장하기를, '세종에게서 정치와 인륜은 구분되지 않았다. 제후가 천자를 성심으로 섬길진대 무슨 독자 의지의 군국이 필요하단 말인가. 왕은 군사의 고달픈 처지를 살펴야 하며, 이에 장수가 탈영한 군사의 목을 함부로 치도록 방임해서는 안 된다.'고 하였다.[이영훈(2018), 163쪽]

정치와 인륜은 구분되어야 하는가. 또 천자를 성심으로 섬기면 천자가 내 나라를 지켜주는가. 왕이 군사들의 고달픈 처지를 살피는 것은 당연한 일이다. 또 장수가 군사의 목을 치는 것은 불가피할 때에 한해야 한다. 함부로 치도록 방임하는 것은 아무리 절대 권력을 가진 왕이라고 해도 허용할 일은 아니다. 세종은 13년(1431) 6월 2일 휼형교지(恤刑敎旨)를 내려 말하기를, '슬프다. 죽은 자는 다시 살아날 수 없고, 형벌로 수족이 끊어진 자는 다시 이을 수 없으니, 진실로 한번 실수하면 후회한들 미칠 수 있겠는가. 이것이 내가 밤낮으로 불쌍히 여겨 잠시라도 마음속에 잊지 못하는 것이다' 하였다.

6) 세종이 솔선수범한 삼년상은 조선 왕조의 국례로 정착했고 사가의 가례로 확산되어 그 결과 중앙군제가 악화되었다는 주장에 대해

이영훈은 '역월제(易月制)의 폐지'라는 소제목에서 이렇게 주장한다.

> 역월제의 전통은 조선 왕조의 태종조까지 이어졌다. 1408년 태종 8년에 상왕 태조가 죽었다. 태종은 고려 이래의 역월제 전통에 따라 25일간 상복을 입었다. 1422년 세종 4년에 상왕 태종이 죽었다. 그러자 세종은 역월제를 부정하고 주자가례(朱子家禮)에 따라 25개월의 참최를 입겠다고 결정하였다.[이영훈(2018), 165~166쪽]

그리고 또 주장하기를, '3년상의 확산으로 인해 농촌 품관을 핵심 전력으로 하는 조선초기의 중앙군제가 악화되어 간 것만큼은 부정하기 힘들다. 조선 왕조는 군국의 수준조차 흉례가 지배하는 나라로 되어갔다. 그러한 역사적 추세에 불을 붙인 것이 세종의 삼년상 솔선수범이었다.'고 하였다. [이영훈(2018), 168쪽]

이와 같은 이영훈의 주장을 요약하면 '세종에 의해 삼년상이 일반에 확산되었고, 그 결과 군사력도 약화되었다.'는 것으로 해석된다. 과연 그러할까. 다음에서 자세히 살펴보자.

역월제는 만기(萬機)를 다스려야 하는 군왕의 경우에 해당하는 것이고, 백관(百官)들이나 백성(百姓)들은 삼년상을 치르는 것이 고례(古禮)이다. 국왕이 역월제를 행했다 해서 백성들도 역월제를 행해야 하는 것은 아니다.

1408년(태종 8) 5월 24일 태상왕 이성계(李成桂)가 죽었다. 상을 당한 지 한 달이 넘도록 임금이 정사를 돌보지 않자 영의정 하륜(河崙) 등이 청정(聽政)하기를 청한다.

영의정부사 하윤(河崙) 등이 백관을 거느리고 예궐하여 다시 청정하기를 청(請)하여 아뢰기를, "전일(前日)에 신(臣) 등이 청정하시기를 두 번이나 청했는데 지금까지 윤허(允許)를 받지 못했습니다. 만일 전하께서 청정하지 않으신다면 신(臣) 등도 또한 사직(辭職)하고자 합니다." 하니,

임금이 말하기를, "몸이 빈소(殯所) 곁에 있은 지 백일(百日)도 되지 못했으니 어찌 차마 복(服)을 벗고 정사(政事)를 듣겠는가." 하였다.

윤(崙) 등이 아뢰기를, "대효(大孝)는 계술(繼述)에 있는 것이지 한 절문(節文)을 군이 지키는 것을 말하는 것이 아닙니다. 전하께서 만일 청정하지 않으신다면 신(臣) 등이 장차 어떻게 명을 품(稟)하겠습니까." 하니,

임금이 말하기를, "백일의 제도가 비록 우리나라의 풍속이라고는 하나, 옛글에 상고해 보면 송(宋)나라 승상(丞相) 왕회(王淮)가 효종(孝宗)께 한 말에, '백일 뒤에 청정(聽政)하라.'는 말이 있었으니, 내가 이것을 본받고자 한다." 하였다.

윤(崙) 등이 대답하기를, "백일에 대한 말은 경전(經傳)에 보이지 않았으니 어찌 법이 될 수 있습니까." 하고,

이무(李茂)는 아뢰기를, "백일 동안 상(喪)을 행하는 것은 전조(前朝)의 풍속이고 지금은 사람들이 3년상을 행합니다. 전하께서 만일 백일 뒤에 청정한다고 하신다면 이것은 전조(前朝)의 백일의 풍속을 회복하는 것이니, 참으로 불가합니다." 하였다.

임금이 말하기를, "경(卿)들의 말이 모두 나를 보좌하는 것이나, 장사지내기 전에는 대신(大臣)을 접견할 수 없다. 내가 내전(內殿)에서 대언(代言)으로 하여금 일을 아뢰게 하고자 하니, 정사(政事)를 청단(聽斷)할 때의 관복(冠服) 제도를 상정(詳定)해 아뢰라." 하였다.

이에 성석린(成石璘) 등이 아뢰기를, "삼가 송(宋)나라 효종(孝宗)의 고사(故事)를 상고하면, 여러 신하가 여러 번 복(服)을 바꿔 입고 대궐에 좌기하여 청정(聽政)하기를 청했기 때문에 포소(布素)로써 내전(內

殿)에서 정사를 보았습니다. 지금 그 관복을 상고하여 보면 백포절상건(白布折上巾)이였고, 재궁(梓宮)에 나아갈 때는 최질(衰絰)에 지팡이[杖]를 짚었습니다. 대개 절상건(折上巾)은 그 모양과 제도가 자세하지 않고 또 시왕(時王)의 제도가 아니니, 바라건대, 백포건(白布巾)에 포삼(布衫)으로써 내전(內殿)에서 정사를 보소서." 하였다.

임금이 정부(政府)에 명하기를, "여러 신하들이 이미 담사(禫祀)를 지냈는데도 소찬(素饌)을 하니 예전 법이 아니다. 경(卿)들이 먼저 소찬을 그쳐 여러 신료(臣僚)에게 보이도록 하라. 경(卿)들이 소찬을 그치기를 기다려 나도 또한 약주(藥酒)를 들겠다." 하였다.

의정부가 물러가 비로소 건포(乾脯)를 먹고 인하여 대궐에 나와 약주(藥酒)를 드리니, 임금이 비로소 한 종(鍾)[술잔]을 들었다.[태종 8년 (1408) 7월 1일]

태종은 비록 역월제에 의해 25일만의 대상(大祥)인 6월 19일에 백의(白衣)를 입고 오사모(烏紗帽)를 쓴 뒤 위(位)에 들어가 봉위례(奉慰禮)를 행했으나, 100일이 지난 뒤에 정사를 듣고자 한 것이다. 이는 졸곡제(卒哭祭)[초상 3개월 뒤에 곡을 끝냄을 알리는 제사]를 마친 후 정사를 보겠다는 뜻으로 해석된다. 태종이 죽은 직후인 세종 4년(1422) 5월 13일 기사에, '의정부·육조에서 아뢰기를, 「태조의 초상에 대행태상왕[태종]이 역월제에 의해 복을 벗었으나, 궁중에서는 실로 3년의 상례를 행했습니다. 그러므로 신(臣)들이 감히 이것을 아뢴 것인데, 이제 상지(上旨)를 듣고 보니 감히 다시 아뢰지 않겠습니다. 다만 신하와 자식은 같은 것인데, 전하만 최질(衰絰)을 하고 신하들이 복을 벗는다는 것은 의에 어그러지는 것이니, 여러 신하들도 졸곡 뒤에 복을 벗게 하소서.」 하니, 임금이 허락하였다.' 하였다.

위의 기사와 아래의 기사를 보면 고려에서는 100일 동안 상을 행한 것으로 보이는데, 조선 태조 때 고려의 상제를 고쳐 삼년상을 치르게 한 것으로 보인다. 아래의 기사를 보자.

① 명하여 상(喪)을 입는 3년 동안은 과거(科擧)를 보지 못하게 했다. 성균정록소(成均正錄所)에서 상소하기를, "신(臣) 등이 들으니, 삼년상은 천하에 통한 상(喪)이어서, 천자로부터 서인(庶人)에 이르기까지 한가지라 합니다. 우리 태상왕께서 기강을 세우고 상제(喪制)를 거듭 밝혀, 전조(前朝)의 날[日]로써 달[月]을 바꾸는 제도를 고쳤으니, 참으로 풍속을 후하게 하는 아름다운 뜻입니다. 지금은 3년 안에 권도(權道)에 따라 과거보는 것을 허락하니, 신(臣) 등은 생각건대, 부모 섬기기를 효도로 하기 때문에 충성을 임금에게 옮길 수 있는 것인데, 어찌 자식의 도(道)를 알지 못하고 신하의 의(義)를 다할 수 있겠습니까. 또 예(禮)라는 것은 부득이한 데서 변하는 것이니, 부득이한 것이 아니고서 선왕의 제도를 변경하는 것은 매우 불가합니다." 하니, 그로 인해 이 명이 있었던 것이다.[태종 1년(1401) 3월 12일]

② 명하여 군자감(軍資監) 박분(朴賁)을 먼 지방에 안치(安置)하게 했다. 사헌부에서 아뢰기를, "삼년상(三年喪)은 천하의 공통되는 상제(喪制)이므로, 남의 자식이 된 자는 마땅히 마음을 다해야 하는 것입니다. 분(賁)은 결발(結髮)하면서부터 글을 읽어 머리털이 희도록 이르렀으니, 그 상제(喪制)에 대해서는 강구(講究)하는 것이 익숙할 터인데, 그 어머니가 죽음에 미쳐 군상(君上)의 명이 없는데도 급히 최질(衰経)을 벗고 마음대로 행동하고 슬픔을 잊어 평상시와 다름이 없습니다. 신(臣) 등이 핵문(劾問)하니 분(賁)이 예문(禮文)에, '개가(改嫁)한 어머니는 상기(喪期)를 짧게 한다.'는 말을 끌어 들여 핑계합니다. 그러나 본인의 제사를 행하는 자취를 상고하면, 그 어머니를 아버지의 배(配)로 했으니, 그 단상(短喪)은 어머니가 시집간 것 때문이 아닙니다. 또 담전(禫前)에 시복(時服) 차림으로 예궐하여 사은(謝恩)하여, 나라의 법을

범했으니, 자식이 되어 불효(不孝)하고 신하가 되어 불충(不忠)하여, 죄가 더할 수 없이 큽니다. 청하건대, 직첩(職牒)을 거두고 그 죄를 국문(鞫問)하여 풍속을 바루도록 하소서."하였다.

임금이 명하여 그 고향에 안치하게 했는데, 헌사(憲司)에서 그 죄를 다시 청하니 지방에 안치했다.[태종 6년(1406) 3월 19일]

③ 해주(海州)의 작천(鵲川)에 머물렀다. 김여지(金汝知)가 아뢰기를, "초야(草野)에서 풍상을 맞으며 여러 날 소선(素膳)만 드심은 옳지 못할까 합니다." 하니,

임금이 말하기를, "아들은 아비를 위해 삼년상을 입고, 아비도 또한 아들을 위해 복(服)을 입으며, 신하는 임금을 위해 3년을 입으니, 임금은 신하를 위해 어찌 홀로 은의가 없겠는가.36) 내가 철선(輟膳)함도 이 때문이다." 하였다.

정부에서도 이를 청하니, 임금이 말하기를, "경(卿) 등이 청하니, 내가 명일부터 개소(開素)37)하겠다." 하였다.[태종 13년(1413) 2월 10일]

세종 2년 7월 10일 대비(大妃) 원경왕후(元敬王后)가 죽었는데, 68일 후 장사를 치렀다. 상왕과 대신들은 임금이 역월제를 행하여 13일 만에 복(服)을 벗기를 원했다.38) 그러나 세종이 장사[산릉(山陵)] 후 최복을 벗고자 하니 상왕이 허락했다. 이는 삼년상을 행한 것이 아니며, 역월제를 행한 것도 아니다.

---

36) 임금은 신하를 위해 어찌 홀로 은의가 없겠는가. : 2월 6일 계림군(鷄林君) 이승상(李升商)이 졸(卒)했다. 그는 태종의 좌명공신(佐命功臣)이고, 형조판서에 이르렀다.

37) 개소(開素) : 임금이 근신하는 의미에서 소선(素膳)을 들다가 비로소 육선(肉膳)을 들기 시작하는 것을 말한다.

38) 13일 만에 복(服)을 벗기를 원했다. : 아버지가 살아 있으면 기년상(朞年喪)[1년상. 12개월]을 행한다.

상왕이 환관 김중귀(金重貴)를 보내 임금에게 죽을 권하고, 또 조말생(趙末生)을 보내 임금에게 유시하기를, "주상이 장례를 지낸 뒤에 최질을 벗고자 하나, 그러나 예관의 날로써 달을 바꾼다는 의논은 옛 제도를 의거함이니, 좇지 않을 수 없을 것이다. 만일 옛 제도가 없다면, 내가 어찌 억지로 하리요. 또 경사(京師)에 부고(訃告)함은, 나는 불가하다고 하나, 혹 말하기를, '이미 명복(命服)을 준바 물건이 있으니, 고하지 않을 수 없다.' 하니, 대신에게 의논하여 중론을 좇음이 옳다." 하니,

임금이 말생(末生)에게 말하기를, "날로써 달을 바꾼다는 제도는 내가 일찍이 『사기(史記)』를 읽다가, 이에 이르러는 매양 얼굴을 붉혀 부끄러워했다. 이제 어찌 차마 이 제도를 행하리오. 백의(白衣)로써 문안드리고, 또 정사를 보라 하심은 감히 봉명(奉命)하지 않겠는가. 13일에 복을 벗는 데 이르러서는 마음에 차마 하지 못하는 바이다. 삼년상은 비록 감히 다시 청하지 못하나, 원컨대 산릉(山陵)을 마친 뒤를 기다려 복(服)을 벗을까 하니, 경(卿)이 그를 잘 아뢰면 거의 들어 주실 것이다." 하였다.

말생(末生)이 돌아와 갖추어 아뢰니, 상왕이 눈물을 흘리며 허락했다.[세종 2년(1420) 7월 12일]

세종 4년(1422) 5월 10일 태상왕 태종이 죽었다. 이때 세종은 비록 최복으로 3년을 지내려 한다고 했지만 졸곡 뒤에는 상복을 벗겠다고 하였다. 이는 2년 전 모상(母喪)을 당했을 때와 거의 같은 복제를 행하겠다는 의지로 해석된다.

예조에서 역월(易月) 제도를 사용하기를 청하니, 임금이 말하기를, "역월 제도는 한·당(漢唐) 이하의 보통 임금이 하던 일이요, 선왕(先王)의 법은 아니다. 대비(大妃)의 초상에 예관이 부왕의 명령에 순종하여 역월 제도를 제정하여 사용했으나, 내가 부왕께 두 번이나 청하여 산릉을 모신 뒤에 효복(孝服)을 벗었다. 이제 25일 만에 벗게 되면, 도

리어 전번 초상만도 못하게 되는 것이다. 나는 최복(衰服)으로 3년을 지내려 한다. 그러나 최복으로는 정사를 볼 수 없으므로, 졸곡 뒤에는 권도로 상복을 벗고 흰옷과 검은 사모·검은 각대로 정사를 볼 것이며, 상사(喪事)에 관한 일이 있을 때는 상복을 입고, 소상·대상·담제의 법도 일체 고례에 따를 것이다. 백관은 역월 제도에 의해 복을 벗는 것도 가하다.” 하였다.[세종 4년(1422) 5월 13일]

조선에서 삼년상을 시행한 것은 태조 때부터인 것으로 추정된다. 태종 때부터 삼년상 중에는 과거에 응시할 수 없게 했고, 삼년상을 행하지 않은 관리를 처벌하기도 했다. 세종에 의해 삼년상이 일반화된 것이 아니다. 국왕이 역월제를 행하는 것이 전례가 있다 해도 각 국왕의 견해와 의지와 능력에 따라 변경하여 행하는 것은 비난할 일이 아닐 것이다. 세종이 역월제를 거부한 것은 효를 솔선수범하기 위한 것이 아니고, 마음으로 받아들일 수 없었기 때문이라고 보는 것이 적절해 보인다.


## 3. 맺음말

이영훈은, ‘세종은 21세기에도 성군인가.’에 의문을 제기하고, 그 의문을 입증하기 위해 이영훈(2108)을 집필했다. 그는 의문을 제기하는 중요한 이유의 하나로 ‘세종이 사대주의 국가체제를 정비했음’을 들었다. 그리고 세부 근거로 다음 다섯 가지 이유를 제시했다.

- 조선은 고려와 같이 고구려를 계승하지 않고 기자조선을 계승한 나라이다.
- 하늘에 대한 제사를 폐했다.

- 지성으로 사대했다.
- 부월 등 출정의를 폐했다.
- 역월제를 폐지했다.

그런데 그가 자신의 주장을 전개하면서 인용한 근거들은 『고려사』와 『조선왕조실록』의 기사 중 자신의 주장에 적합한 기사를 선택적으로 인용한 것으로 보인다. 또 명백한 근거 없이 추정에 의지하고 있는 것으로 보이기도 한다. 어떤 사안을 평가하기 위해서는 정확한 근거를 바탕으로 전후 사정을 꼼꼼하게 살펴야 한다. 또 그러한 사안이 국가 경영에 어떠한 결과를 초래했는지도 살펴야 할 것이다.

위에서 이영훈이 근거로 삼은 각각의 주장들을 『고려사』와 『태조실록』 등에 기재된 사실(史實)을 바탕으로 확인해 보니 그 결과 그 주장들 대부분은 사실의 일부만을 인용하거나 관련된 사실을 누락하여, 해석상에 많은 오류 또는 오해를 가져온 것으로 판단된다.

사대는 어느 시대나, 누구에게나 결코 즐거운 일이 될 수 없다. 이영훈이 이영훈(2018)에 기재한 것 같이, '작고 약한 나라가 크고 강한 나라에 굴종하는 것은 종묘와 사직을 보전하고 백성을 평안케 하는 고육지책'인 것이다. 또 한편으로는 태종이 그의 재위 14년(1414) 6월 30일에, '스스로 우리 동방(東方)을 생각하면, 땅은 메마르고 백성은 가난한데 국경이 상국(上國)과 연접했으므로, 진실로 마음을 다해 사대하여 한 나라를 보전하는 것이 마땅하다.'고 말한 것 같이 사대함에 진실성을 의심 받게 되는 사대는 이미 사대가 아니다. 세종이 지성으로 사대한 것은 내 나라의 백성과 영토, 그리고 미래를 지키기 위한 것이지 결코 명나라를 위한 것이 아니었다. 세종은 재위 32년 동안 온갖 굴욕을 감내하면서 지성으로 사대하여 명나라와의 관계에서 갈등 또는 분쟁을 일으킨 일이 없었다. 그리고 세종이 땀 흘려 닦은 토대는 후손들로 이어졌다. 세종의 사대는 한마디로 위민보국(爲民保國)의 전략이었던 것이다. 즉, 백성을 위하고 나라를 지키는 최선의 방책이었다.

| 임종화 |

# 세종은 과연 노비 양산과 억압 원인을 제공했는가

## 1. 머리말

노비는 전근대 사회에서 '사내종[奴]과 계집종[婢]'을 아울러 이르는 말이다. 그렇다면 노비는 언제부터 제도화되었을까. 아마도 인간이 가족 단위의 작은 공동체를 넘어 부락을 이루고, 영토를 다투기 시작했던 시기부터 있었을 것으로 추정된다. 그 후 신분제가 정착되면서 노비는 가장 천한 신분으로서 마소[牛馬]와 같은 존재, 사고팔 수 있는 존재로 귀착되었을 것이다.

이영훈은 그의 저서 이영훈(2018)에서 『세종실록』 등의 기록을 근거로 '세종이 노비 양산과 억압 원인을 제공했다.'고 주장한다. 그리고 '21세기에도 과연 세종은 성군인가'에 대한 의문의 근거로 제기한다. 과연 그의 주장은 사실일까.

결론적으로 말해 그의 주장은 지나치게 주관적이고 편협하다. 이영훈(2018)은 자신의 주장을 뒷받침하기 위해 실록 기사를 자의적으로 해석하고 사실과 다른 증거를 제시하는 오류를 범하고 있다. 주장을 펼치려면 전제와 증거가 정확해야 하고, 신빙성이 있어야 하며, 진실해야 한다. 그런데 주장을 뒷받침하는 전제와 증거가 그렇지 않다면 주장은 정당성을 확보하지 못한다. 그렇듯 이영훈(2018)의 주장은 많은 문제와 한계를 동시에 드러내고 있다.

또 세종시대의 노비문제를 통합적으로 보려면 노비 관련 실록 기사를 두루 살펴야 한다. 그런데 이영훈(2018)은 그렇게 하지 않고 노비와 관련한 실록의 일부 기사만을 확대 해석하는 잘못을 저지르고 있다. 또한 세종이 관비(官婢)에게 산전 30일, 산후 100일 모두 130일의 출산 휴가를 주고 그 배우자에게까지 30일의 휴가를 준 것은 오늘날의 입장에서 보아도 혁신적인 조치임에도 불구하고 이를 가볍게 언급하고 있다. 그러면서 세종은 노비를 양산하고 억압하는 원인을 제공했다고 주장한다.

앞서 살펴본 대로 이영훈(2018)의 노비에 관한 문제제기는 사실과 다르고 오해를 낳을 소지가 크다. 따라서 여기에서는 『세종실록』기사를 중심으로 한 1차 원전과 지난해 이영훈 교수와 박현모 여주대 교수 간에 벌인 지상논쟁 자료를 바탕으로 이영훈이 제기한 노비론의 문제와 한계를 소상하게 짚어본다.


## 2. 이영훈(2018)의 핵심 주장과 반박 개관

머리말에서 밝혔듯이 이영훈(2018)의 주장은 주관적이고 편협하며, 실록 기사를 자의적으로 해석하는 실수를 저지르고 있다. 그래서 우리는 이를 그대로 받아들이는 것은 문제가 있다고 판단하고 생산적인 토론을 위해 반박하기로 결정을 했다.

먼저 이영훈(2018)이 제기한 주장을 반박하기 위해 두 가지 텍스트를 참고했다. 하나는 『세종실록』, 『고려사』, 『경국대전』 등 일차적인 문헌 자료이다. 그중에서 『세종실록』을 가장 비중 있게 들여다보았다. 『세종실록』은 아시다시피 세종시대를 총체적으로 들여다볼 수 있는 귀중한 자료이기 때문이다. 중앙정치뿐 아니라 지방정치 그리고 법과 제도, 일반 백성의 생활 등 사회상을 두루 살필 수 있고, 특히 세종시대의 노비와 관련한 법 제정과 개정과정 등이 상세히 나와 있다.

또 하나는 앞서 밝힌 대로 이영훈 교수와 박현모 교수가 지난 2018년 6월 4일부터 7월 30일까지 〈주간조선〉에서 벌인 4차례의 지상논쟁 자료이다. 두 사람은 이영훈 교수가 2018년에 펴낸 책을 계기로 반박과 재반박으로 이어지는 논쟁을 벌였다. 두 사람의 논쟁은 자기주장을 펼치는 데 몰두하여 이렇다 할 합의점도, 창의적 수용의 기회도 얻지 못하고 끝났지만, 이영훈 교수의 주장이 지닌 한계를 살피는 데 반면교사로 삼을 만하다고 보았다.

이를 토대로 노비 문제에 관한 이영훈(2018)의 주장을 분석하면, 크게 세 가지 문제점을 가지고 있다.

첫째, 이영훈의 주장은 사실과 다른 주장을 한다는 점이다. 예를 들면 이영훈은 '조선 왕조가 노비는 해방될 수 없는 존재라고 결정하는 것은 1405년 태종 5년의 일이다'라고 주장한다. 그러나 이 주장은 사실과 다르다. 노비제는 이미 고려시대 때 제도화되었고, 조선은 고려시대의 제도를 이어받았을 뿐이다. 물론 태종 때 노비 관련 법이 제정되기는 하지만 이영훈(2018)의 주장대로 태종 때 결정되었다고 보기는 어렵다.

또 이영훈(2018)은 '조선 왕조는 노비를 죽인 죄인에게 죄를 묻지 않았다.'고 주장한다. 그러나 이 또한 사실이 아니다. 오히려 그 반대라고 할 수 있다. 세종시대 때는 노비를 함부로 대하고 죽인 양반과 관료에게 장을 치고 직첩과 벼슬을 빼앗았고, 여기서 그치지 않고 지방으로 내쫓기까지 했다. 이밖에도 '종모위천법을 제정하고, 이로 인해 양천교혼(良賤交婚)을 방임하는 효과를 낳았다'는 주장도 하는데 이 주장 역시 사실과 다르다. 이 점에 대해서는 뒤에서 자세히 다룬다.

둘째, 이영훈(2018)의 주장에는 자의적인 해석에 따른 오류가 많다. 『세종실록』의 기사를 두루 살피지 않고 자신의 주장을 뒷받침할만한 자료를 선택적으로 취한 결과로 보인다. 예컨대 '노비제 억제 정책을 가장 열정적으로 추진한 사람은 조선 왕조의 제3대 국왕 태종'이라는 주장과 '종부위량법'이 그렇고, 세종이 노비를 죽이는 것을 아무렇지 않게 생각했다고 오해를 불러일으킬 수 있는 '변계량의 말을 아름답게 여겼다'는 주장 역시 실록의 기사를 임의로 해석한 것이다. 사실은 오히려 그 반대이다.

셋째, 이영훈의 주장은 타당성이 결여된 부분이 적지 않다. 대부분 근거 없이 주장을 펼치다 보니 생긴 것으로 보인다. 예를 들면 노비제는 '집현전 학사들이 만드는 데 큰 역할을 하였다.'는 주장이 좋은 예이다. 그러나 이에 관한 근거를 제시하지 못하고 있다. 이뿐만이 아니다. 이영훈은 '세종이 백성들의 법적 권리를 위축시키고 노비의 권리를 박탈했다'고 주장하면서도 이에 대한 근거를 제시하는데 미흡하고 신빙성도 떨어진다. 특히 노비가 상전을, 아전과 백성이 상관을 고소하지 못하도록 하는 법만을 설명할 뿐, 세종이 이 법의 개정과 보완을 위해 얼마나 많은 노력을 기울였는지는 간과하고 있다. 이외에도 노비와 관련 주요 실록 기사를 누락함으로써 설득력 있는 주장을 펼치는 데 한계를 보이고 있다.

우리는 이영훈이 제기한 주장의 문제점을 세 부분으로 나누어 하나씩 검증할 것이다. 먼저 사실과 다른 점, 해석상의 오류, 타당하지 못한 주장 순서로 문제점과 한계를 제시할 것이다.

## 3. 사실과 다른 주장

### 1) '조선 왕조가 노비는 해방될 수 없는 존재라고 결정하는 것은 1405년 태종 5년의 일이다' 라는 주장에 대해

이영훈(2018)은 조선시대의 노비를 가혹한 운명의 멍에를 뒤집어쓴 가련한 존재로 보았다. 그래서 한 번 노비면 영원한 노비 신세를 벗어 버릴 수 없다고 주장한다. 그의 이러한 생각은 '노비는 주인의 재물'이 라는 소제목에서 잘 나타나 있다.

> 조선 왕조가 노비는 해방될 수 없는 존재라고 결정하는 것은 1405년 태종 5년의 일이다. 그에 따르면 노비가 공로를 세워 주인이 풀어주거 나 몸값을 받고 해방시키더라도 그 자손을 영원히 놓아 주어 양인과 섞이게 할 수 없으며, 이에 풀어준 노비의 자손을 주인의 자손이 도로 잡아 사용할 수 있으며, 몸값을 받고 해방시킨 노비의 자손은 모두 관 노비(官奴婢)로 속공(屬公)한다고 하였다. 여기서 조선 왕조의 노비제 가 크게 기틀을 잡았다. 한 번 노비면 영원한 노비이다.[이영훈(2018), 34~35쪽]

이영훈은 위의 글에서 '조선 왕조가 노비는 해방될 수 없는 존재라 고 결정하는 것은 1405년 태종 5년의 일이다.'라고 말한다. 그러나 결 론부터 말하면 이 주장은 사실과 다르다. 노비가 처한 운명은 이미 고 려시대에 제도화되었고, 새로 건국한 조선은 이를 받아들였을 뿐이 다. 노비가 영원한 노비 신세를 벗어날 수 없었던 것은 조선에 들어와 서 그렇게 된 게 아니라는 뜻이다. 물론 나중에 태종 때에 법제화되었 지만 태종에 의해 결정된 것은 아니다.

아마도 이영훈(2018)은 아래의 태종 5년(1405) 9월 6일자 실록 기사를 근거로 이런 주장을 한 것으로 보인다. 그렇다면 먼저 이 기사부터 살펴보자.

의정부에서 각 년(年)에 수판(受判)한 것으로 영구히 준수(遵守)할 노비(奴婢) 결절(決折)의 조목(條目)을 만들어 올리니, 윤허했는데, 무릇 20조(條)였다.

"[중략] 一. 노비가 한때의 공로(功勞)로 인해 방역(放役)했거나, 몸을 속량(贖良)¹⁾했을 경우에, 방역(放役)한 자는 그 자손을 영구히 방역해 양인(良人)과 섞이게 할 것이 아니라, 방역 노비가 된 뒤의 소생은 본주(本主)의 자손이 도로 차지해 사용(使用)하는 것을 허락하고, 속신(贖身)[속량] 노비가 된 뒤의 소생은 속공(屬公)시키고, 한역(閑役)²⁾으로 모피(謀避)하는 자는 본손(本孫)이 진고(陳告)하는 것을 허락해 반을 나누어 줄 것. [후략]

조선을 건국한 태조 이성계는 1392년 7월 28일 즉위교서를 발표한다. 교서에 따르면 '나라 이름은 그전대로 고려(高麗)라 하고, 의장(儀章)과 법제(法制)는 한결같이 고려의 고사(故事)에 의거하게 한다.'고 하였다.

따라서 조선 초기의 제도의 면면을 알려면 고려의 제도를 우선적으로 살펴야 한다. 그렇게 해야 변화의 흐름을 확인할 수 있을 것이다. 우선 고려 충렬왕(忠烈王) 26년(1300) 기사부터 살펴보자.

---

1) 속량(贖良) : 몸값을 받고 노비의 신분을 풀어 주어 양민이 되게 하던 일.
2) 한역(閑役) : ①일정한 신역(身役)이 없는 것을 이르는 말 ②힘들지 않아 하기 쉬운 신역을 이르는 말[세종대왕기념사업회 한국고전용어사전].

10월 활리길사(闊里吉思)[고르기스]3)가 우리나라의 노비에 대한 법을 바꾸려 하자 왕이 표(表)를 올려 대략 말하기를, "옛날 우리 시조(始祖)께서 뒤를 잇는 자손들에게 훈계하여 이르시기를, '무릇 이 천류(賤類)들은 그 종류가 다르니 진실로 이 무리들을 양인(良人)으로 삼지 말라. 만약 양인이 되는 것을 허락한다면 뒤에 반드시 벼슬길로 나아가고 점차 요직(要職)을 구하여 국가를 어지럽히기를 꾀할 것이니, 만약 이 훈계를 어긴다면 사직(社稷)이 위태롭게 될 것이다.' 하셨습니다. 이로 말미암아 우리 작은 나라의 법에는 8세(世)의 호적에서 천류와 관련됨이 없는 다음에야 관직에 나갈 수 있습니다. 무릇 천류인 자는 만약 아버지와 어머니 중 한 명이 천인(賤人)이면 천인이 되며, 비록 그 본래 주인이 풀어주어 양인(良人)이 되는 것을 허락했다 하더라도 그가 낳은 자손은 도로 되돌려 천인으로 삼으며, 또 그 본래의 주인이 그 후사가 끊겼다 하더라도 또한 동종(同宗)에 소속시킵니다. 이와 같이 하는 까닭은 끝까지 양인으로 되지 못하게 하기 위한 것입니다. 혹시 도망하여 벗어나 양인이 되는 자가 있을까 두려워하여 비록 철저하게 사소한 것도 예방하고 싹도 막아 보지만, 또한 틈을 타서 간악한 일을 일으키는 것도 많습니다. 혹은 세력에 의지하고 공로에 의탁해 함부로 권력을 휘두르면서 국가를 어지럽히기를 꾀하다가 파멸로 나아가는 자도 있었습니다. 더욱 선조의 훈계를 어기기 어렵다는 것을 알게 되었으며, 오히려 간악한 자의 본성을 막지 못할까 두렵게 되었습니다." 하였다.

---

3) 활리길사(闊里吉思)[고르기스] : 원(元)나라가 설치한 정동행중서성(征東行中書省)의 총독[다루가치. 달로화적(達魯花赤)]이다. 그는 고려의 노비법을 원나라의 노비법으로 고칠 것을 요구한다. 고려의 노비법은 부모(父母) 한쪽이 노비면 그 자손은 영원히 노비가 된다. 이에 반해 원의 노비법은 부모 한쪽이 양민이면 그 자손은 양민이 된다. 그러나 충렬왕은 시조(始祖)의 훈계임을 내세워 완강하게 거부한 것이다.

위의 『고려사』 기사를 정리하면 '비록 그 본래 주인이 풀어주어 양인(良人)이 되는 것을 허락했다 하더라도 그가 낳은 자손은 도로 되돌려 천인으로 삼으며, 또 그 본래의 주인이 그 후사가 끊겼다 하더라도 또한 동종(同宗)에 소속시킵니다. 이와 같이 하는 까닭은 끝까지 양인으로 되지 못하게 하기 위한 것입니다.'라는 말 속에 담겨 있다. 따라서 '한 번 노비면 영원한 노비'라는 규정은 태종이 창안한 것이 아님을 알 수 있다. 이미 고려시대에 이루어진 제도였고 새로 세워진 조선이 그대로 이어받은 것이다.

앞에서 인용한 『태종실록』으로 다시 돌아가 보자. 기사 첫머리에, '의정부에서 각 년(年)에 수판(受判)한 것'이라는 것은 조선이 개국한 후 여러 해 동안 '받은 교지'를 정리한 것이라는 뜻으로, 교지를 받은 정확한 연월은 알 수 없다. 비록 명문으로 법제화한 것은 태종 5년의 일이라 해도 이를 태종에 의해 결정된 것이라는 이영훈의 주장은 받아들이기 어렵다.

### 2) 조선 왕조는 노비를 죽인 죄인에게 죄를 묻지 않았다는 주장에 대해

이영훈(2018)은, '노비는 함부로 죽여도 죄가 되지 않았다'는 소제목에서 아래와 같이 주장한다.

> 조선 왕조는 노비를 죽인 죄인에게 죄를 묻지 않았다.[이영훈(2018), 37쪽]

또 '병길(丙吉)은 시신에 대해 묻지 않았다.'는 소제목에서는 아래와 같이 주장했다.

이후 17세기까지 조선 왕조의 어느 군왕도 노비를 함부로 죽인 주인의 범죄를 추궁하지 않았다. 후왕(後王)들을 그렇게 무기력한 존재로 만든 사람은 양반관료들이 '해동의 요순'으로 칭송한 세종 바로 그이였다.[이영훈(2018), 62쪽]

이영훈의 주장은 사실일까. 노비를 죽인 죄인에게 죄를 묻지 않았다는 주장은 신빙성이 있을까. 실록의 기사들은 오히려 그 반대라고 증언한다. 세종은 노비라 하여 함부로 때리고 죽인 양반관료들을 엄하게 다스렸다. 의금부에 가두고 장을 치고 직첩을 회수하고 벼슬을 빼앗은 뒤 멀리 지방으로 내쳤다. 『세종실록』에 수록된 몇 개의 기사를 살펴보는 것만으로도 이 점을 쉽게 확인할 수 있다. 기사의 수가 많지만 꼼꼼히 살펴보기를 권한다.

### 〈기사 1〉 행사직 임가가 종을 죽인 사건

형조에서 아뢰기를, "행사직(行司直) 임가(林稼)[4]가 그의 종 백동(白同)이 주인을 배반하고 역사를 회피했다 하여, 무수히 구타한 끝에 그 두 귀를 자르고 근육을 끊어내며 머리털을 깎는 등 잔혹한 형벌을 가한 끝에 죽게 했으니, 율에 의해 장(杖) 100에 처하소서." 하니, 그대로 따랐다.[세종 8년(1426) 2월 2일]

### 〈기사 2〉 집현전 응교 권채 부부의 비첩(婢妾) 학대 사건

9년 8월 20일, 형조판서 노한(盧閈)이 아뢰기를, "신(臣)이 길에서 한

---

4) 행사직(行司直) 임가(林稼) : 품계는 높은데 직급이 낮은 벼슬은 행직(行職)이라 하고, 품계는 낮은데 직급이 높은 벼슬을 수직(守職)이라 한다. 이와 같이 품계와 직급이 다른 경우를 행수법(行守法)이라 하였는데, 사직(司直)은 조선시대 오위(五衛)에 속하던 정5품 벼슬이다. 임가의 품계는 종4품[지방의 군수(郡守)에 해당하는 품계이다.] 이상이었으나 사직의 벼슬에 있었던 것으로 보인다.

노복[僕]이 무슨 물건을 지고 있는 것을 보았는데, 사람의 형용과 비슷하기는 하나, 가죽과 뼈가 서로 붙어 파리하기가 비할 데 없으므로 놀라 물으니, 집현전 응교[종4품] 권채(權採)의 가비(家婢)인데, 채(採)가 그녀가 도망할 것을 걱정하고 가두어 이 지경에 이르렀다 합니다. 본조(本曹)에서 이를 조사했으나 마치지 못해 즉시 계달(啓達)하지 못했으나, 그의 잔인함이 심한 것은 이루 다 말할 수 없습니다." 하니,

임금이 말하기를, "나는 권채를 성질이 안존(安存)하고 자세한 사람으로 여겼는데, 그가 그렇게 잔인했던가. 이것은 반드시 그 아내에게 제어를 받아 그렇게 된 것이니 모름지기 끝까지 조사하라." 하였다.

9년 8월 24일, 형조에서 아뢰기를, "집현전 응교 권채는 일찍이 그 여종 덕금(德金)을 첩으로 삼았는데, 여종이 병든 할머니를 문안하고자 하여 휴가를 청하여 얻지 못했는데도 몰래 갔으므로, 채(採)의 아내 정(鄭) 씨가 채(採)에게 호소하기를, '덕금이 다른 남자와 간통하고자 하여 도망해 갔습니다.' 하니, 채(採)가 머리털을 자르고[斷髮] 매질하고는 왼쪽 발에 고랑을 채워 방 속에 가두었습니다. 정(鄭) 씨가 칼을 갈아 그 머리를 베려고 겨누니[擬斷其頭], 여종 녹비(祿非)란 자가 말하기를, '만약 이를 목 벤다면[斬] 여러 사람이 반드시 함께 알게 될 것이니, 고통을 주어 저절로 죽게 하는 것이 더 좋을 것입니다.' 하였다. 정(鄭) 씨가 그 말대로 음식을 줄이고, 핍박하여 스스로 오줌과 똥[수변(溲便)]을 먹게 했는데, 오줌과 똥에 구더기[저(蛆)]가 생겨 덕금이 먹지 않으려 하자 이에 침으로 항문을 찔러[針刺肛門] 덕금이 그 고통을 견디지 못해 구더기까지 억지로 삼키는 등, 수개월 동안 침학(侵虐)했으니, 그의 잔인함이 이 지경에까지 이르렀습니다. 원하건대, 채(採)의 직첩을 회수하고 그 아내와 함께 모두 잡아와 국문하여 징계하소서." 하였다. 그대로 윤허했는데, 판부사 변계량·제학 윤회·총제 신장이 아뢰어, 드디어 명을 고쳐, 직첩은 회수하지 말고, 의금부에 내려 국문하게 하였다.

9년 8월 29일, 의금부 제조 신상이 아뢰기를, "권채의 노비(奴婢)가 공초(供招)를 바친 것이 형조와 다름이 없는데도, 채(採)와 그 아내는 모두 실정을 고백하지 않고 허물을 형조판서에게 돌리니, 이 사람은 다만 글을 배울 줄은 알아도 부끄러움은 알지 못합니다." 하니,

임금이 말하기를, "임금의 직책은 하늘을 대신해 만물(萬物)을 다스리는 것이니[人君之職 代天理物], 만물이 그 처소를 얻지 못해도 오히려 대단히 상심(傷心)할 것인데 하물며 사람일 경우야 어떠하겠는가. 진실로 차별 없이 만물을 다스려야 할 임금이 어찌 양민(良民)과 천인(賤人)을 구별해 다스릴 수 있겠는가. 녹비가 나타나 일의 증거가 더욱 명백한 것이 이와 같은데, 채(採)가 기어코 복죄(服罪)하지 않는다면 마땅히 형(刑)으로 물을 것이다." 하였다.

9년 9월 3일, 의금부에서 아뢰기를, "권채가 비첩 덕금을 고랑으로 채워 집안에 가두었는데, 그 아내 정(鄭) 씨가 덕금을 질투하여, 머리 털을 자르고 똥을 먹이고, 항문을 침으로 찌르며 하루걸러 밥을 주는 등, 여러 달을 가두어 두고 학대해, 굶주리고 곤고(困苦)하게 하여 거의 죽게 되었으니, 형률에 의하면 채(採)는 장 80, 정(鄭) 씨는 장 90에 해당합니다." 하니, 채(採)는 직첩을 회수하고 외방에 부처(付處)시키고, 정(鄭) 씨는 속장에 처하게 하였다.

권채는 여말선초(麗末鮮初)의 대학자이자 태종의 좌명공신인 권근(權近)의 조카로 태종 17년 식년시 문과에 등제하여 벼슬을 시작했다. 권채는 시문(詩文)을 잘 하여 집현전에서 근무했다. 집현전은 세종이 세운 정책자문기구, 즉 세종의 싱크탱크이다. 그러니까 권채는 세종을 가까이서 모시는 측근인 셈이다. 그렇지만 세종은 자신이 아끼는 집현전 학사라 할지라도 비첩(婢妾)을 학대한 죄에 대해서는 냉정하고 공정했다. 결국 권채는 처벌을 피할 수 없었다.

### 〈기사 3〉 최유원이 종을 타살한 사건

최유원(崔有源)이란 사람이 그의 종[奴]을 타살(打殺)하니 형조에 명하여 이를 국문(鞫問)하게 하고, 인하여 말하기를, "형률에, '주인으로서 노예(奴隷)를 죽인 자는 죄가 없다.'고 했는데, 이는 윗사람과 아랫사람의 분별을 엄하게 한 것이며, 또, '주인으로서 노비를 죽인 자는 장형(杖刑)을 받는다.' 했는데, 이는 사람의 목숨을 소중히 여기는 것이다. 노비도 사람인즉 비록 죄가 있더라도 법에 따라 죄를 결정하지 않고, 사사로이 형벌을 혹독하게 하여 죽인 것은 실로 그 주인으로서 자애(慈愛) 무육(撫育)하는 인덕(仁德)에 어긋나니, 그 죄를 다스리지 않을 수 없다." 하였다.[세종 12년(1430) 3월 24일]

### 〈기사 4〉 교동현 수령 이종규가 관노를 죽인 사건

사헌부에서 아뢰기를, "이종규(李宗揆)가 일찍이 교동현(喬桐縣) 수령이 되어 관노(官奴) 승만(升萬) 등에게 잘못 형벌하다가 죽게 했으므로 본부에서 공문을 보내 추핵(推覈)했는데, 종규(宗揆)가 항거하고 불복하여 제 마음대로 제 집으로 돌아갔습니다. 승만의 아들 금음물(今音勿)은 남의 꾐을 듣고 아비가 병들어 죽었다고 고했으니, 청하건대, 모두 율(律)에 따라 과죄(科罪)하소서." 하니, 명하여 종규는 장(杖) 90에 직첩을 거두고, 금음물은 장 100에 처하게 하였다.[세종 12년(1430) 6월 13일]

### 〈기사 5〉 함길도 감사 민심언이 관노를 죽인 사건

영흥부(永興府)[함길도] 군기고(軍器庫)에 불이 나 방화범을 체포해 국문하는데, 감사 민심언(閔審言) 등이 관노인 가질동(加叱同)과 연만(延萬) 등을 범인으로 의심하고 마음대로 압슬형을 실시하여 허위 자백을 받았다. 관노 내은련(內隱連)은 장(杖)을 맞아 죽었는데, 심언(審言) 등이 사실을 숨기고 허위로 보고를 올렸다. 임금이 죄 아닌 것에 빠질까 두려워 형조정랑 신자근(申自謹)을 보내 심언과 도사(都事) 조갱(趙賡)·전 영흥부사 박관(朴冠)·현 부사 이위(李衛)·판관 전강(全强)·지고원군사(知高原郡事) 이대(李岱)·전 지문천군사(知文川郡事) 김보중(金寶重)을 의금부에 가두었다.[세종 12년(1430) 12월 17일]

### 〈기사 6〉 전 영흥부사 박관이 관노를 죽인 사건

12년 윤12월 10일, 의금부에서 아뢰기를, "전 영흥부사(永興府使) 박관(朴冠)이 관노(官奴)인 연만(延萬)·가질동(加叱同)·내은달(內隱達) 등 6명에게 함부로 형을 집행하여, 사망한 자도 있고 부상한 자도 있으니, 죄가 참형에 해당합니다. 판관(判官) 전강(全强)과 영흥부사 이위(李衛)·고원군사(高原郡事) 이대(李岱)·전 문천군사(文川郡事) 김보중(金寶重)이 차사원(差使員)으로서, 다만 관(冠) 등이 형(刑)을 굽혀 문초를 받은 것에 의거하여 형을 가하고 국문했으니, 장(杖) 70대에 도(徒) 1년 반에 해당하고, 감사 민심언(閔審言)은 관(冠) 등의 죄를 추궁하지 않았으니, 장(杖) 90대에 해당하며, 이미 차사원(差使員)으로 하여금 법을 어기며 압슬형(壓膝刑)을 행하고, 그 잘못을 스스로 알면서도 형조에 보고하지 않고 또 나라에 보고하지 않았으니, 장(杖) 80대에 해당합니다. 엄극관(嚴克寬)은 익명문서(匿名文書)에 의해 내은달에게 형을 잘못 실시하여 죽게 했으니, 죄로 장(杖) 100대에 도(徒) 3년에 처하고, 장례비[매장은(埋葬銀)] 10냥을 추징하여 피살된 사람의 집에 주게 하소서." 하니,

명하여 아뢴 대로 실시하게 하되, 관(冠)은 1등을 감하고, 위(衛)는 공신의 자손이므로 다만 직첩(職牒)을 회수하고 외방(外方)에 부처(付處)하며, 심언(審言)은 직첩만을 회수하고, 강(强)은 여흥부(驪興府)의 정료간(庭燎干)[5]으로 충당하고, 대(岱)는 부평부(富平府) 정료간으로, 보중(寶重)은 고양현(高陽縣) 정료간으로 충당하게 하였다.[세종 12년(1430) 윤12월 10일]

---

5) 정료간(庭燎干) : 관청 뜰에서 횃불을 드는 사람.

## 〈기사 7〉 좌찬성 이맹균 처의 가비 타살 사건

22년(1440) 6월 10일, 좌찬성(左贊成)[종1품] 이맹균(李孟畇)이 아뢰기를, "가비(家婢)가 죄가 있으므로 신(臣)의 처가 종을 시켜 때리고 인하여 그 머리털을 잘랐는데, 5월 13일에 이르러 죽었습니다. 신(臣)이 곧 종 두어 사람을 시켜 매장하게 했는데, 종들이 돌아와 말하기를, '이미 묻었습니다.' 하였습니다. 신(臣)이 그렇게 믿었는데, 지금 들으니 홍제원(洪濟院) 길가에 죽은 여자가 있어 삼사(三司)에서 사실을 조사한다 하기에, 신(臣)이 의심이 나서 그 종들에게 물으니 종들이 대답하기를, '홍제원 길옆에 버려두었습니다.' 하였습니다. 그런 뒤에 신(臣)이 비로소 죽은 자가 신(臣)의 집 계집종인 것을 알았습니다. 전날에 종들이 저를 속였으리라고는 생각하지 못했습니다. 신(臣)이 놀라고 두려움을 이기지 못해 감히 아룁니다." 하니,

임금이 말하기를, "내가 이미 다 알고 있다." 하였다.

맹균(孟畇)이 일찍이 그 계집종을 가까이 했는데, 아내 이(李) 씨가 질투로 인하여 때리기를 몹시 참혹하게 하여 드디어 죽었던 것이다. 종들을 시켜 묻게 했더니 종들이 구렁텅이에 내버렸다. 국가에서 죽은 자가 누구인지 알지 못해 유사(攸司)에게 명하여 수색하고 죄를 다스리게 했는데, 맹균이 일이 발각될 것을 두려워해 아뢴 것이다.

임금이 곧 좌승지(左承旨) 성염조(成念祖)에게 명하여 의정부에 의논하니, 우의정 신개(申槪)·우찬성 하연(河演)·좌참찬 최부(崔府) 등이 의논하기를, "맹균이 정부의 대신으로서 집을 바르게 다스리지 못해, 늙은 아내로 하여금 질투하는 마음을 더욱 타오르게 하여 함부로 집의 계집종을 죽였으니 그 죄가 심히 크고, 삼사(三司)에서 여러 날 동안 무죄한 사람들을 잡치(雜治)하고 억울하게 고문해 온 나라가 소요했는데, 맹균이 숨기고 고하지 않았으니, 하나는 부녀자에게 제재를 받은 것이요, 하나는 조정의 법을 두려워하지 않은 것이니, 그 죄가 더욱 크다. 스스로 끝내 가리고 숨기지 못할 것을 알고 부득이 아뢰었고, 또 아뢴 말에 사실이 아닌 것이 많은데, 아내의 죄를 가리려 했으

니, 대신의 도리에 진실로 이러할 수 있겠습니까. 맹균의 부처(夫妻)를 의금부에 내려 실정과 사유를 국문하고 율에 의해 죄를 주소서." 하고,

영의정 황희(黃喜)는 말하기를, "사헌부에 내려 추핵(推劾)하는 것이 편합니다." 하였다.

임금이 황희의 논의를 좇아 사헌부에 전지하기를, "찬성 이맹균의 처 이(李) 씨가 함부로 집 여종을 죽였으니, 그 사실을 조사해 아뢰라." 하였다.

의금부·형조·한성부에서 여러 날을 두고 추핵하는 바람에 옥에 갇힌 사람이 수두룩하고, 혹은 편달(鞭撻)을 가해 성안 사람이 모두 그 해독을 입었는데, 이(李) 씨가 질투하여 집의 계집종을 죽여 일이 발각되었다는 것을 듣고, 남녀가 그 문 앞에 모여들어 극언(極言)으로 마구 욕하고 꾸짖으니 잠깐 동안에 골목을 가득 메웠다.


22년 6월 12일, 지평(持平) 정효강(鄭孝康)을 불러 이맹균의 처 이(李) 씨가 집의 여종을 함부로 죽인 사유를 물었다.

효강(孝康)이 아뢰기를, "질투로 인하여 머리털을 자르고 때려죽인 실정과 형적이 의심할 바 없습니다." 하니,

임금이 말하기를, "속히 조사 국문하여 아뢰라." 하였다.


22년 6월 19일, 의정부에서 사인(舍人) 이인손(李仁孫)을 시켜 아뢰기를, "이맹균의 처 이(李) 씨가 죄 없이 집 여종을 죽였으므로, 전하께서 듣고 깜짝 놀라시어 곧 헌부(憲府)로 하여금 논핵하게 하셨는데, 죄는 중하고 벌은 경하니 신민들이 실망하지 않는 이가 없습니다. 또 첩부(妾婦)가 그 남편을 업신여기는 것은 천변(天變)의 관계되는 것이니, 청하건대, 헌부의 아뢴 것에 의하소서." 하니,

임금이 말하기를, "이(李)씨의 부도한 것은 오로지 가장(家長)이 집 안을 잘 다스리지 못한 때문에 그러한 것이다. 그러므로 맹균의 직임을 파면시켰고, 이(李) 씨는 나이 이미 늙었고 작첩을 거두었으니 다시

어떻게 죄를 주겠는가." 하였다.

인손(仁孫)이 다시 아뢰기를, "이(李) 씨가 질투로 인하여 여종을 죽였으니 죄악이 큽니다. 하물며 여자는 칠거(七去)의 의(義)가 있는데, 지금 이(李) 씨는 질투하고 또 자식이 없으니, 이거(二去)를 범했습니다. 청하건대, 헌부의 아뢴 것에 의하여 신민의 바람을 통쾌[快]하게 하소서." 하니,

임금이 말하기를, "한(漢)나라 광무제(光武帝)가 질투한다고 황후를 폐했는데, 선유(先儒)가 그르게 여겨 말하기를, '질투는 부인의 보통 일이다.' 하였다. 또 여자에게 삼불거(三不去)가 있으니, 전에는 빈천하다가 뒤에는 부귀하면 버리지 못하는 것이고, 함께 삼년상(三年喪)을 입었으면 버리지 못하는 것이다. 이(李) 씨가 비록 질투하고 아들이 없다고는 하나, 이 두 가지 버리지 못하는 의(義)가 있으니, 갑자기 이것만으로 이혼시킬 수는 없는 것이다. 또 대신의 명부(命婦)는 형을 가할 수 없으니 작첩을 거둠으로 족한 것이다. 남편이 되어 아내를 제어하지 못했으니 맹균은 진실로 죄가 있다." 하고, 곧 헌부에 명하여 맹균을 황해도 우봉현(牛峰縣)으로 폄출(貶黜, 벼슬을 떨어드려 물리침)했다.

이맹균은 고려 말의 대학자 이색(李穡)의 손자로, 종1품 최고위 관료로 재직하고 있었다. 그럼에도 불구하고 그 아내가 가비를 함부로 죽인 것에 대해 이맹균도 책임이 있다 하여 폄출한 것이다. 그로부터 두 달 후인 8월 21일, 세종은 이맹균을 석방한다. 하지만 운이 다했는지 서울로 돌아오다가 개성부(開城府)에 이르러 졸(卒)한다. 그의 나이 칠십이었다. 이 기사는, 세종은 지위고하를 막론하고, 천인을 함부로 죽인 죄를 엄중하게 다스렸음을 알 수 있는 사례이다.

### 〈기사 8〉 전 판중추원사 오승이 종을 죽인 사건
전 판중추원사[정2품] 오승(吳陞)은 아내가 죽으니, 기생 금강아(錦

江兒)로 첩을 삼아 집일을 전부 맡겼다. 이때 승(陞)의 나이 80이므로, 금강아가 항상 비밀히 사람과 사통(私通)했으나, 승(陞)이 노모(老耄)⁶⁾하여 알지 못했다. 또 승(陞)의 종과 간통하니 승(陞)이 알고 종의 발바닥을 불로 지지고 때려죽였다.

사헌부(司憲府)에서 추핵(推劾)해 아뢰기를, "금강아가 대신(大臣)을 속이고 기탄없이 자행(恣行)했으니 심히 간악합니다. 율에 의해 마땅히 장(杖) 80을 때려야 하겠으나, 이것만으로 징계할 수 없으니, 청하건대, 율에 의해 장을 때리고, 또 함길도 4진(鎭)에 영속(永屬)시켜 종을 만들고, 승(陞)이 종을 죽인 것도 역시 잔인하니, 청하건대, 아울러 죄주소서." 하니,

임금이 명하여 금강아는 장(杖)을 때려 경성(鏡城)의 관비(官婢)로 속하게 하고, 승(陞)은 나이가 늙었으므로 죄주지 말게 하였다.

헌부에서 또 아뢰기를, "승(陞)이 비록 나이 늙었으나 본래 간통하는 곳에서 잡은 것이 아닌데, 그 종을 때려 죽였습니다. 잔인 막심하여 대신의 아량에 어그러짐이 있으니, 청하건대, 죄를 주소서." 하니, 명하여 경기 죽산현(竹山縣)에 안치(安置)시켰다.[세종 25년(1443) 11월 4일]

이러한 기사들을 종합하면, '조선 왕조는 노비를 죽인 죄인에게 죄를 묻지 않았다.'는 이영훈(2018)의 주장은 사실이 아님을 알 수 있다. 오히려 세종은 단호하고 분명했다. 심지어 측근인 권채의 사례와 이맹균의 예에서 볼 수 있듯이 '노비가 죄가 있건 없건 간에 관에 진고(陳告)하지 않고 구타 살해한 자는 일체 옛 법례에 따라 과단(科斷)할 것'을 명하고 그대로 실천했다. 아래의 세종 26년(1444) 윤7월 24일의 실록 기사는 이 점을 보다 명확하게 보여준다.

---

6) 노모(老耄) : 일흔이나 여든의 노인. 또는 늙어서 정신이 가물가물함.

형조에 전지(傳旨)하기를, "우리나라의 노비의 법은 상·하(上下)의 구분을 엄격하게 하기 위한 것이다. 강상(綱常)이 이것으로 말미암아 의지할 바를 더하는 까닭에, 노비가 죄가 있어 그 주인이 그를 죽인 경우에 논의하는 사람들은 상례(上例)처럼 다 그 주인을 치켜 올리고 그 노비를 억누르면서, 이것은 진실로 좋은 법이고 아름다운 뜻이라고 한다. 그러나 상주고 벌주는 것은 임금 된 자의 대권(大權)이건만, 임금 된 자라도 한 사람의 죄 없는 자를 죽여서, 선(善)한 깃을 복주고 지나친 것을 화(禍)를 주는 하늘의 법칙을 오히려 함부로 하지 못하는 것이다. 더욱이 노비는 비록 천(賤)하나 하늘이 낸 백성[天民] 아님이 없으니, 신하된 자로서 하늘이 낳은 백성을 부리는 것만도 만족하다 할 것인데, 그 어찌 제멋대로 형벌을 행하여 무고(無辜)한 사람을 함부로 죽일 수 있단 말인가. 임금 된 자의 덕(德)은 살리기를 좋아해야 할 뿐인데, 무고한 백성이 많이 죽는 것을 보고 앉아서 아무렇지도 않은 듯이 금하지도 않고 그 주인을 치켜 올리는 것이 옳다고 할 수 있겠는가. 나는 매우 옳지 않게 여긴다.

율문(律文)을 참고하니, 노비구가장조(奴婢毆家長條)에 이르기를, '만약 노비가 죄가 있는 것을 그의 가장(家長)이나 기복친(朞服親)[7], 혹은 외조부모가 관(官)에 고발하지 않고 구타해 죽인 자는 장(杖) 100대의 형에 처하고, 죄 없는 노비를 죽인 자는 장(杖) 60대에, 도(徒) 1년의 형에 처하며 당해 노비의 처자(妻子)는 모두 석방하여 양민(良民)이 되게 한다. 만약 노비가 주인의 시키는 명을 위범(違犯)했으므로 법에 의해 형벌을 결행(決行)하다가 우연히 죽게 만든 것과 과실치사한 자는 모두 논죄하지 않는다.' 했으니, 주인으로 노비를 함부로 죽인 자는 일체 율문(律文)에 따라 시행해야 옳을 것이다.

그러나 우리나라의 노비는 대대로 서로 전해 내려오는 것으로서 명

---

7) 기복친(朞服親) : 본인 죽었을 때 1년 동안 상복을 입어야 하는 사람. 형제·자매 또는 3촌의 부모를 말한다.

분이 매우 엄중하여 중국의 노비와는 아주 다르니, 그들을 양민으로 만드는 법은 사세가 시행하기 어려우며, 또 노비의 죄 있는 자를 그 주인이 처벌하는 법도 실행한 지가 이미 오래된 것이니 갑자기 고치기는 쉽지 않다. 더욱이 사삿집[私家]의 은밀(隱密)한 곳에서 죄 지은 노비를 그 주인이 어떻게 하나하나 율문을 상고하여 논죄(論罪)할 수 있겠는가. 그것이 법에 의거했는지 아닌지는 고핵(考覈)하기 매우 어렵다. 그러나 그가 함부로 무고한 자를 죽이고도 그에 따른 가족은 그냥 계속 부리게 한다면, 이것이 어찌 백성을 사랑하고 형벌을 신중히 하는 뜻이겠는가. 지금부터는 노비가 죄가 있건 없건 간에 관에 진고(陳告)하지 않고 구타 살해한 자는 일체 옛 법례에 따라 과단(科斷)할 것이다.

만약 포락(炮烙)[8] · 의형(劓刑) · 이형(刵刑) · 경면(黥面)[9] · 고족(刳足)[10] 과 혹은 쇠붙이 칼날을 사용하거나, 큰 나무나 큰 돌을 사용하는 등 모든 참혹한 방법으로 함부로 죽인 자라도, 그 죽은 자의 가족이 자기의 노비가 아니면 속공(屬公)시키지 못하게 하라. 만약 기복친이나 외조부모가 구타 살해한 것이라도 그 죽은 자의 가족이 살인에 관계된 자의 노비라면 또한 속공하게 하라." 하였다.

위에서 언급한 세종의 지시, 즉 전지(傳旨)는 노비를 함부로 죽이는 세태에 대해 분노하면서 그에 대한 대책을 명한 것이다. 임금의 자리는 생명을 살리는 역할이고 그렇기 때문에 무고한 백성이 죽는 것을 마냥 보고 있을 수도 없다는 것이다. 그러나 이영훈은 이 전지에 대해서 조차도 '세종이 노비에 대한 보살핌은 잔혹하게 죽임을 당한 노비의 가족을 관노비로 몰수[속공(屬公)]하는 수준에 머물렀다.'[이영훈

---

8) 포락(炮烙) : 불에 달군 쇠로 단근질하는 극형.

9) 경면(黥面) : 낯에 자자(刺字)하는 형벌.

10) 고족(刳足) : 발바닥의 속을 도려내는 형벌.

(2018), 60쪽]며 평가절하한다.

앞의 기사에서 알 수 있듯이 세종은 '지금부터는 노비가 죄가 있건 없건 간에 관에 진고(陳告)하지 않고 구타 살해한 자는 일체 옛 법례 (法例)에 따라 과단(科斷)할 것'을 선언한다. 그리고 '만약 기복친(朞服親)이나 외조부모가 구타 살해한 것이라도 그 죽은 자의 가족이 살인에 관계된 자의 노비라면 속공하게 하라.' 하여, 특별한 경우에 한해 '속공'하게 했음을 알 수 있다.

위의 전지에서 세종이 언급한 노비구가장조(奴婢毆家長條)는 『대명률 (大明律)』〈형률(刑律)〉 '투구(鬪毆)'의 한 조항이다. 조선은 태조(太祖) 3 년(1394)에 정도전(鄭道傳)이 『조선경국전(朝鮮經國典)』을 편찬했고, 6년 (1397)에는 1388년(고려 창왕 즉위년) 이후부터 '합당히 행한 조례[合行條例]'를 책으로 묶어 『경제육전(經濟六典)』을 펴냈다. 『육전』은 태종·세종조를 거치며 『속육전(續六典)』 등으로 계속 보완해 왔으나, 죄인을 처벌할 때 적용하는 〈형률〉은 『대명률』의 〈형률〉을 적용해 왔다. 태조 4년(1395)에는 이두(吏讀)를 사용해 알기 쉽게 직해(直解)한 『대명률직해 (大明律直解)』[책의 이름은 계속 『대명률』이라 하였다.]를 발간하기도 했다.

『대명률』 권제20 〈형률〉 '투구(鬪毆)' 노비구가장조(奴婢毆家長條)의 내용을 살펴보면 아래와 같다.

노비에게 죄가 있음으로 말미암아 그 노비의 주인[家長]이나 또는 주인의 친속으로서 기친(期親)[11]에 해당하는 친속이나 혹은 주인의 외할아버지나 외할머니가 그 죄에 대해 관사(官司)에 알리지 않고 사사로

---

11) 기친(期親) : 기년복(朞年服). 즉 1년 상복(喪服)을 입는 가까운 친족. 본종(本宗)의 아들과 딸, 형제자매, 백부모(伯父母)·숙부모(叔父母), 고모, 삼촌, 조카·조카딸이 이에 해당한다.

이 노비의 죄를 다스려 때려죽인[打殺] 경우에는 이들에게 장(杖) 100대를 집행한다. 한편, 죄가 없는 노비임에도 불구하고 이들이 노비를 때려죽인 경우에는 이들에게 장 60대를 집행한 후 도(徒)[징역(懲役)] 1년에 처한다.

한편 이영훈(2018)은 '영조는 노비의 인권 개선에 여러모로 공로가 큰 임금이다. 그는 관아에 고하지 않고 노비를 함부로 죽일 경우 60대의 장을 치고 1년간 유배를 보내는 법을 제정하였다.'고 했다[이영훈(2018), 38쪽]. 그런데 이 처벌 규정은 '노비구가장조'의 규정과 같은 내용이다. 그렇다면 영조보다 200년 이상 앞서 이 규정의 시행을 지시한 세종은 어떤 임금이라 할 것인가.

실록 기사를 분석하고 평할 때는 자신의 관점에 매이지 않고, 전체 흐름을 조망하는 신중한 자세로 접근해야 한다. 그렇게 할 때 해석상의 오류를 줄일 수 있다.

### 3) 세종이 종모위천법을 제정했고, 이는 양천교혼(良賤交婚)을 방임하는 효과를 낳았다는 주장에 대해

이영훈(2018)은, 세종이 '종모위천법(從母爲賤法)'을 제정해 '태종의 노비제 봉쇄정책은 크게 허물어졌다.'며 노비에 대한 세종의 인식을 비판한다. 그런데 실록기사를 보면 그의 주장은 사실과 다르다. 실록 기사를 통해 과연 그의 주장이 타당한지 살펴보자. 이영훈(2018)의 주장을 옮기면 다음과 같다.

그러한 세종이 입장을 바꾸는 것은 그의 치세 14년째인 1432년의 일이다. 동년 3월 15일 세종은 자진하여, "다시 생각해보니 천한 비(婢)가 남편을 자주 갈아 그 자식이 어느 남편의 소생인지 구분하기 힘들어 양인과 천인이 뒤섞이고 아비를 아비로 하지 않는 패륜이 발생하니 그 대책을 강구하라."고 조정에 지시하였다. 그에 대해 조정의 관료들은, '천한 계집이 날마다 남편을 갈아치움이 금수와 같으니 그 법을 폐지하거나 개정함이 타당하다.'고 화답하였다. 열흘 뒤 조정이 내린 결론은 양인과 천인은 원래 '종류'가 다르니 차후 비(婢)가 양인 남자와 결혼하는 것은 금하고, 그 소생은 어머니의 신분을 따라 노비로 삼자는 것이었다. 이른바 종모위천법(從母爲賤法)이다. 이하 종모법이라 약칭한다.

　여기서 태종의 노비제 봉쇄정책은 크게 허물어졌다. 차후 비와 양인 남자의 결혼을 금지한다고 했지만, 그것은 법 제정에 따른 겉치레 명분에 불과하였다. 세종과 그의 신하는 비와 양인 남자의 결혼을 어떻게 처벌할지에 대해 논의하지 않았다. 이 법은 원래 발의자 세종이 토로한 대로 비는 성적으로 문란한 금수와 같아서 그 소생의 부계(父系)를 인정할 수 없다는 고정관념에서 비롯되었다. 세종은 노비를 정상의 인류로 간주하지 않았다. 그 이류(異類)의 소생을 노비로 잡으면 그만이지 그와 결혼한 양인 남자까지 처벌할 필요는 없었다. 1414년[1432년의 착오로 보인다.] 세종이 제정한 종모법은 사실상 양천교혼을 방임하는 효과를 낳았다.[이영훈(2018), 62~63쪽]

이영훈의 주장을 논박하기 전에 세종 14년(1432) 3월 15일의 어전회의 현장으로 가 보자. 이날 세종은 맹사성(孟思誠) 등 대신들을 부른다. 세종은 '공·사비(公私婢)로서 양민(良民)에게 시집가 낳은 자녀(子女)는 양민으로 처리한다는 법'에 문제가 있다고 지적하면서, 이에 대해 의논하여 보고하도록 주문한다.

상정소(詳定所) 제조(提調) 맹사성(孟思誠)·권진(權)·허조(許稠)·정초(鄭招) 등을 불러 의논하기를, "내가 즉위(卽位)한 이래로 조종께서 이미 이루어 놓은 법은 고치지 않으려고 마음먹었으며, 만약 부득이한 일이 있을 경우에만 여러 번 고친 일이 있다. 그러나 노비에 대한 법은 아직 고친 일이 없다. 다만 공·사비(公私婢)로서 양민(良民)에게 시집가 낳은 자녀(子女)는 양민으로 처리한다는 법은, 대신들이 그것의 옳지 않음을 말하는 이가 많았으나 내가 듣지 않았다. 이제 다시 생각하니, 공·사의 천비(賤婢)가 자주 그 남편을 바꾸어 양민과 천민을 뒤섞기 때문에 어느 남편의 자식인지 분명히 가려내기 어려운 경우가 있을 것이다. 이런 일로 인하여 제 아비를 아비로 하지 않는 윤상(倫常)을 패란(敗亂)하는 일이 생기게 될 것이니, 어떻게 하면 위로 태종께서 이루어 놓은 법에 위배되지 않고, 아래로 인륜(人倫)의 바른 길을 파괴하는 일이 없게 할 수 있을 것인지 각기 충분히 의논해 보고하라." 하니,

사성(思誠) 등이 아뢰기를, "노비의 자녀가 어미의 신분을 따르게 하는 법[賤者隨母之法]은 또한 한 시대의 좋은 법규(法規)입니다. 어찌 자기의 노비를 증가(增加)시키기 위해 이 법을 세웠겠습니까. 도대체 천한 계집이 날마다 그 남편을 바꿔 행위가 금수(禽獸)와 같으니, 그가 낳은 자식은 다만 어미만 알 뿐 아비는 알지 못합니다. 이것이 노비는 어미를 따른다는 법이 생기게 한 까닭입니다. 이제 그 아비를 좇아 양민이 된다고 한 법[從父爲良之法]을 폐지하고, 다시 어미를 좇아 천민이 되게 하는 법[隨母從賤之法]을 세운다면 그것이 가장 좋은 방법입니다. 만약 조종의 기성(旣成) 법령(法令)을 그렇게 변경하여 고칠 수 없다고 한다면, 마땅히 공·사비(公私婢)로 하여금 양민인 남편에게 시집갈 때는 각기 본주(本主)에게 신고(申告)하여, 시집가는 것을 허가한다는 증서를 작성하여 받은 뒤에 시집가게 한다면 거의 조종께서 이루어 놓은 법에도 맞고, 아비와 자식의 인륜도 또한 분명하게 할 수 있을 것입니다." 하였다. [중략]

임금이 그대로 따르고, "다만 아비를 따라 양민으로 한다는 것과 영

전(影殿)을 폐지하는 문제는 관계되는 바가 매우 중대하니, 내가 다시 깊이 헤아려 보겠다." 하고,

이어 전 판서 조말생(趙末生)을 불러 아비를 따라 양민으로 한다는 법을 입안한 본의(本意)를 물으니, 말생(末生)이 대답하기를, "지난 갑오년(1414년)에 신(臣)이 대언(代言)이 되었을 때 하루는 태종께서 편전(便殿)에서, '아비를 따라 양민으로 하는 법[從父爲良法]을 세우고자 한다.'고 말씀하셨습니다. 이숙번(李叔蕃)이 그것이 옳지 않다는 것을 극력 말했으나, 태종이 듣지 않으시고 신(臣)에게 명하여 집필(執筆)하게 하고 친히 하교(下敎)하여 입법하였습니다." 하였다.

세종이 위와 같은 지시를 내리고 세종 자신도 깊이 생각해보겠다고 한 것은 아래의 형조 보고가 영향을 끼친 것으로 보인다. 형조에서는 여자 노비가 양인, 천인을 바꿔가며 낳은 자식으로 인하여 소송이 일어나는 것을 문제로 보았다. 세종 11년 8월 26일자 기사와 세종 13년 1월 10일자 기사를 옮겨본다.

형조에서 아뢰기를, "갑오년(1414, 태종 14년) 6월 28일 이후로 공사(公私)의 비(婢)가 양민(良民)에게 시집가 낳은 자녀는 모두 아버지를 따라 양민이 되게 하는 까닭에, 공사의 비(婢)로서 확실한 천인(賤人) 남편이 있는 자가 자기의 아들을 양민이 되게 하기 위해 거짓말로 양민인 간부와 몰래 간통해 낳았다고 말하고 증인을 세워 고소(告訴)하여, 남편 있는 여자의 아들을 가지고 간부의 자식이라고 지칭하는 자가 있어, 일이 명백하지 않기 때문에 판단하기 어렵습니다. 청하건대, 수리(受理)하지 말게 하소서. 또 공사 비(婢)로서 한 달 안에 여러 번 남편을 바꿔 양민과 천인에게 번갈아 시집간 자의 자녀에 대하여는 소송을 판결하는 관리가 처리하기에 현란(眩亂)하여 한갓 양민과 천인을 뒤섞게 될 뿐 아니라, 제 아비를 아비라 하지 않는 자도 또한 있게 되

니, 지금부터는 공사 비(婢)로서 본래부터 일정한 남편이 없이 양인·천인을 바꿔가며 간통해 낳은 자식을 양민이라고 소송하는 것은 수리(受理)하지 말게 하소서." 하니, 명하여 의정부와 여러 조(曹)에 내려 같이 의논하게 하였다.

모두 말하기를, "가(可)합니다." 하니, 그대로 따랐다.[세종 11년 (1429) 8월 26일]

형조에서 경상도 감사의 관문(關文)에 의해 아뢰기를, "각 고을 창기 (娼妓)의 소생(所生)은, 청하건대, 공·사(公私)의 비자(婢子)가 누차 그 남편을 갈고[屢更其夫], 양·천(良賤)들이 서로 은밀히 간통하는 예에 의해, 청리(聽理)하지 마소서. 갑오년(1414년. 태종 14년) 6월 이후에 공·사의 노(奴)가 공·사의 비(婢)에게 장가가 낳은 것은 그 아비가 뒤에 비록 양인(良人)이 되었더라도, 그가 천할 때 장가가 낳은 자식들은 그 어미를 좇아 시행하소서." 하니, 명하여 이를 의정부에 내려 여러 조(曹)와 더불어 의논하게 하였다.

모두 말하기를, "가(可)합니다." 하니, 그대로 따랐다.[세종 13년(1431) 1월 10일]

첫 회의가 열린 날로부터 열흘 뒤인 3월 25일, 세종은 맹사성 등을 불러 다시 의논하고, 다음 날인 3월 26일에, '공·사비(公私婢)는 양인과 혼인하는 것은 일절 금한다.'는 등의 상정소 건의를 승인한다.

상정소 제조 맹사성(孟思誠)·권진(權軫)·허조(許稠)·신상(申商)·정초(鄭招) 등을 불러 의논하였다. 그 첫째에 말하기를, "전일에 의논하던 아비를 따라 양민으로 한다는 법[從父爲良之法]은 되풀이 생각해 보았으나 최선의 방법을 깨닫지 못하겠다. 내 생각으로는 조종의 세운 법이 비록 진선진미(盡善盡美)한 것이 아닐지라도 가볍게 고칠 수 없는 것이다. 더구나 이 법을 세운 것은 오로지 하늘이 백성을 낳았으므로 본래 귀천(貴賤)의 차별이 없는 것인데, 전조에서 천한 자는 어미를 따른다는 법[賤者隨母法]을 세워, 양민의 자손으로 하여금 도리어 천인이 되게 한 것은 진실로 하늘의 이치에 맞지 않는 일로써 영구히 통용할 만한 법이 아니므로, 태종께서 대신들과 함께 심사숙고(深思熟考)하여 드디어 아비를 따라 양민으로 한다는 법을 세운 것이니, 이것은 만세의 아름다운 법이다. 그러나 지금에 이르러서는 사비(私婢)가 천인 남편에게 시집가 낳은 자식을 양민을 만들고자 하여, 양인을 끌어들여 그를 아이의 친아비라고 일컬으니, 이것으로 인하여 그 아비를 아비로 하지 않아 윤상을 파괴하며 어지럽히게 된다. 이것은 오늘의 큰 폐단이니 바로잡지 않을 수 없다. 경(卿)들이 전일에 의논하기를, '공·사의 계집종이 양인 남편에게 시집갈 때는 본 주인에게 신고하여 문안(文案)을 작성한 다음에 시집가기를 허락하게 하소서.' 했으나, 이 의논은 옳은 것 같으면서 그른 것이다. 공처(公處)의 계집종이라면 그가 양민에게 시집갈 때를 당하여, 관리는 그 종이 자기의 사유물이 아니니 혹은 그대로 들어 줄는지 모르겠으나, 만약 사삿집 계집종이라면 비록 양민에게 시집가고자 하더라도 그 주인은 반드시 허락하지 않을 것이다. 그러니 각기 마을의 이정(里正)에게 신고하여 문안을 작성한 뒤에 시집가도록 허가하게 하는 것이 어떻겠는가." 하니,

사성(思誠) 등이 아뢰기를, "비록 이정이나 이장(里長)에게 신고하더라도 아비를 아비로 하지 않는 폐단은 근절되지 않을 것입니다. 아비를 따라 양민이 되게 하는 법은 아비를 존중하는 뜻에서 나온 것으로서, 천리와 인정에 합치하는 천하 고금의 확론(確論)입니다. 태종께서 옛 것을 개혁하고 새로운 제도를 정함에 있어서 아비를 좇는 법을 세운 것은 진실로 한 시대의 훌륭한 법전입니다. 그러나 사내종이 양민 여자에게 장가들어 낳은 자녀는 홀로 아비를 따르지 않는 것은 매우 사리에 통하지 않습니다. 사내종이 양녀에게 장가들어 낳은 자녀도 또한 아비를 따라 천인이 되게 하여 천륜(天倫)을 존중하게 하소서." 하였다.

임금이 말하기를, "그것은 옳지 않다. 국가가 법을 세우는데 어찌 종으로 하여금 양녀에게 장가들게 규정할 수 있겠는가. 내 생각에는 양민과 천민이 서로 관계하는 것을 일절 금단시키고, 만약 범법하는 자가 있으면 율에 의해 처벌하며, 그 범법 행위로 인하여 낳은 자녀는 다 속공(屬公)하게 하는 것이 사리에 맞고 유익하지 않겠는가." 하니,

사성(思誠) 등이 아뢰기를, "성상의 하교가 지당합니다. 그러나 통하지 않는 점이 있습니다. 사삿집 노비로서 주인을 배반하고 공(公)에 투탁(投托)하는 자가 홍수처럼 범람하고 있습니다. 만약 그러한 법을 세운다면 사비(私婢)는 자기의 자녀가 속공되는 것을 기쁘게 여겨, 모두 양민 남편을 얻어 그의 자녀로 하여금 다 공천이 되게 할 것입니다. 그렇게 되면 백년을 넘지 않아 사천(私賤)은 거의 없어질 것입니다. 또 범법하는 자가 너무 많아 그 죄를 다 처벌하기 어려울 것입니다. 만약 부득이하다면 양인과 천인 사이의 통간을 일절 금지하고, 그 범법 행위로 낳은 자녀는 각각 주인에게 돌려주게 한다면, 사비(私婢)는 양인 남편이 자기에게 무익(無益)하다는 것을 알고 반드시 양민과 통간을 즐겨하지 않을 것입니다." 하였다.

3월 26일, 상정소에서 아뢰기를, "[중략] 본조의 법에 사내종이 양민 아내에게 장가드는 것은 금지하는 규정이 있으나, 계집종이 양민 남편에게 시집가는 것은 금지하는 규정이 없어, 남자와 여자가 금지 법령이 다른 것은 진실로 타당하지 못합니다. 삼가 『당률소의(唐律疏議)』를 살펴보니, '사람은 각각 짝이 있으니, 종류가 모름지기 서로 같아야 한다.' 고 했습니다. 양민과 천민은 이미 유(類)가 서로 다른 것인데, 어찌 배필(配匹)로 결합하기에 마땅하겠습니까. 『대명률(大明律)』[12]에는, '양민과 천인이 서로 혼인한 자는 논죄(論罪)하고 강제 이혼시켜 바로잡는

---

12) 『대명률(大明律)』: 명(明)나라의 형율(刑律). 『경국대전(經國大典)』〈형전(刑典)〉의 첫머리 용률(用律)에, '『대명률』을 쓴다.'고 하였다.

다.' 하였습니다. 바라건대, 『당률』과 시왕(時王)의 제도에 의거해, 선덕
7년(1432, 세종 14년) 7월 초 1일 이후에 공·사비(公私婢)로서 양민 남
편과 혼인하는 것은 일절 금하고, 만일 영(令)을 범하는 자가 있으면
율에 의해 처벌하며, 낳은 자녀는 아비를 따라 양민이 되게 할 수 없으
니, 각기 본관(本官) 또는 본주(本主)에게 돌려주게 하고, 그 중에 1품관
이하 동·서반 품관과, 문과·무과 출신자와, 생원·성중관·유음자손
(有蔭子孫)인 자가 공·사 비자(婢子)를 첩으로 삼은 것과, 백성으로서
나이가 40세에 이르도록 아들이 없어 공·사 비자에 장가든 자는 이
범위에 포함하지 않으며, 영락 12년(1414) 6월 28일 이후 선덕 7년 6월
그믐날 이전에 공·사 비자가 양민 남편에게 시집가 낳은 자녀도 또한
이 범위에 포함하지 않게 하소서." 하니, 그대로 따랐다.

이렇게 되어 태종 5년(1405) 9월 22일 결정된 법과 세종 14년 3월 26일
상정소에서 아뢴 바에 따라, '공·사(公私) 노비(奴婢)는 양인과의 혼인이
모두 금지되었고, 영(令)을 범하는 자는 율에 의해 처벌되기에 이른다.
그런데 그 율은 상정소에서 거론한 『대명률』을 말한 것으로 해석된다.
또 영(令)을 어기고 결혼해 낳은 자녀는 '본관 또는 본주'에게 돌려
주게 하였다. 여기에서 '본관 또는 본주'는 비(婢)의 '본관 또는 본주'를
말한다. 노(奴)와 양녀가 혼인한 경우의 자녀는 태종 5년(1405) 9월 22
일 제정한 법에 의해 속공(屬公)하게 했으므로 '본관 또는 본주'에 돌
려줄 수 없기 때문이다.
이영훈(2018)은, '낳은 자녀는 아비를 따라 양민이 되게 할 수 없으
니, 각기 본관(本官) 또는 본주(本主)에게 돌려주게 한 결정'을 종모위
천법(從母爲賤法)을 제정한 것으로 판단한 것으로 보인다. 이미 위에서
말한 것 같이 공·사 노비는 양인과의 혼인이 모두 금지되었다. 그러
나 은밀하게 행해지는 노비와 양인과의 혼인은 현실적으로 막을 수

없는 것이고, 이렇게 법을 어기고 혼인하여 낳은 자녀에 한해 '본관 또는 본주'에게 돌려주게 한 것이다. 이 또한 법의 한 부분이지만, 이를 사회의 근간을 흔드는 제도의 중요한 변경으로 확대 해석하는 것은 옳지 않다. 오히려 이날의 중요한 결정은, '공·사비가 양인과 혼인하는 것은 일절 금지'한다는 법의 제정일 것이다.

이영훈(2018)은, '차후 비와 양인 남자의 결혼을 금지한다고 했지만, 그것은 법 제정에 따른 겉치레 명분에 불과하였다.'고 했는데, 이는 이 날의 결정을 '종모위천법 제정'이 주된 목적이라고 주장하기 위한 것으로 보인다. 그러나 그 주장에 동의할 수 없다.

세종 14년 3월 15일 기사에서, 세종은 말하기를, '다만 공·사비로서 양민에게 시집가 낳은 자녀는 양민으로 처리한다는 법은, 대신들이 그것의 옳지 않음을 말하는 이가 많았으나 내가 듣지 않았다.' 고 했다. 이는 태종 14년(1414) 6월 27일 제정된 종부법(從父法)에 대해 그동안 대신들의 이의(異議)가 많았음을 말한 것이다. 그런데 세종이 걱정한 부분은 비(婢)로써 자신이 낳은 자식을 양인으로 하고자 하는 사람이 많았다는 것이다. 어느 어머니인들 자식을 노비가 되도록 방치하고 싶겠는가. 그래서 '이런 일로 인하여 제 아비를 아비로 하지 않는 윤상(倫常)을 패란(敗亂)하는 일이 생기게 될 것이니, 어떻게 하면 위로 태종께서 이루어 놓은 법에 위배되지 않고, 아래로 인륜의 바른 길을 파괴하는 일이 없게 할 수 있을 것인지 각기 충분히 의논해 보고하라.'고 한 것이다. 이러한 '윤상을 패란하는 일'이 있는 것을 알고도 외면한다면, 지도자의 올바른 태도라고 할 수 없을 것이다.

이영훈(2018)은 또 '발의자 세종이 토로한 대로 비(婢)는 성적으로 문란한 금수와 같아서 그 소생의 부계를 인정할 수 없다는 고정관념에서 비롯되었다. 세종은 노비를 정상의 인류로 간주하지 않았다.'고 주장한다. 그러나 비(婢)를 금수라고 한 것은 상정소 대신들의 말이고, 세종이 한 말이 아니다. 또 '세종은 노비를 정상의 인류로 간주하지 않았다.'는 주장도 전혀 근거가 없다. 세종은, '아비를 아비라고 하지 않는 인륜의 근본'을 말한 것이다.

이영훈은 또 주장하기를, '세종이 제정한 종모법은 사실상 양천교혼을 방임하는 효과를 낳았다.'고 했다. 그렇지만 그 근거는 제시하지 않았다.

『고려사(高麗史)』지(志) 권제39 〈형법 2〉 노비 기사에, '노(奴)가 양인 여성[良女]을 아내로 삼았을 때 주인이 그 사정을 알았으면 장(杖) 100대에 처하고, 그 여성의 집은 도(徒) 1년에 처한다. 남자 종이 스스로 아내로 맞았으면 1년 반에 처하고, 양인을 사칭했으면 2년에 처한다.'고 하였다. 전 서강대학교 교수 홍승기(洪承基)는 그의 저서 『고려시대 노비연구』(20쪽)에서, '노비 사이의 동색혼(同色婚)은 인정되었지만, 양천교혼은 인정되지 않았다. 그럼에도 불구하고, 양천교혼은 현실적으로 존재하였다.'고 하였다.

이영훈(2018)은 '성군이라면 영조'라는 소제목에서 말하기를, '1669년 (현종 10) 노(奴)와 양녀(良女)가 낳은 자식을 양인(良人) 신분으로 돌리는 종모위량법(從母爲良法)이 제정되었다. 이하 종량법(從良法)으로 약칭한다.' 하고,[이영훈(2018), 73쪽] 이어 주장하기를, '이후 18세기에 걸쳐 노비제의 해체에 가장 공로가 큰 사람은 제21대 영조(英祖)[재위 : 1724~1776]이다. [중략] 1730년 영조는 양반 노비주(奴婢主)의 큰 저항을 무릅쓰고 종량법의 시행을 확정하였다. 이후 노비 인구가 크게 줄기 시작했다. 앞서 소개한 대로 17세기 말까지 전체 인구의 적어도 30~40%는 노비였다. 그랬던 것이 19세기가 되면 지방마다 다르지만 전체 인구의 10% 전후로 낮아졌다. 그 일등 공신은 1730년에 영조가 단행한 종량법

이다.' 하였다.[이영훈(2018), 74~75쪽]

종모위량법(從母爲良法)은 위에서 설명한 것 같이 낳은 어머니가 양녀(良女)인 경우 그 자녀는 어머니를 따라 신분이 양인(良人)으로 정해지는 것을 말한다. 그런데 종모위량법은 종모법(從母法)으로 부르는 것이 적절한 것으로 보인다. 양인(良人)과 천인(賤人)의 혼인, 즉 양천교혼(良賤交婚)은 두 경우가 있는데, 첫째는 양인 남자[良夫]와 천인 여자[婢]가 혼인하는 경우와 둘째는 천인 남자[奴]와 양인 여자[良女]가 혼인하는 경우이다. 이때 이들 사이에서 태어나는 자녀들의 신분(身分)[역(役)]을 결정하는 방법은 세 가지로, ①아버지의 신분을 따르는 종부법(從父法) ②어머니를 따르는 종모법(從母法) ③양천교혼으로 태어난 자녀는 모두 천인으로 하는 종부종모법(從父從母法)이다. 이영훈이 말하는 것 같이 막연하게 종량법(從良法)이라 하면 부모(父母)의 어느 쪽 신분을 따르는지 알 수가 없다.

이영훈(2018)은 태종이 1414년 종부위량법(從父爲良法)을 시행했으므로 '태종을 노비제 억제 정책을 가장 정열적으로 추진한 사람'[이영훈(2018), 51쪽]이라 하고, 세종이 1432년 시행했다는 종모위천법(從母爲賤法)에 의해 태종의 종부법이 크게 허물어졌다'고 하였다.[이영훈(2018), 63쪽] 그런데 그가 앞에서 언급한 것 같이 종모위량법(從母爲良法)을 제정한 영조는 성군이라고 하였다. 양천교혼의 경우 어머니가 양인이면 그 자녀는 양인이 되고, 그 어머니가 천인이면 그 자녀는 천인이 되는 법이 종모법이다. 결국 종모위천법과 종모위량법은 같은 뜻이 된다. 이영훈은 한 가지 현상을 각기 다른 명칭으로 불렀는데, 어떤 명칭이 옳은가. 세종의 종모위천법과 영조의 종모위량법은 어떻게 다른가. 실록(實錄) 기록에 익숙하지 않은 독자들은 이러한 단어의 변화에 대해 혼란스러움을 느낄 것이다.

그런데 영조는 종모법(從母法)[이영훈이 칭하는 종량법(從良法)]을 시행한 1년 뒤 아래와 같이 양천교혼으로 태어난 자녀의 역(役)을 정했다. 이로써 종모법도 시행한 지 1년 만에 폐지된다.

　　임금이 대신(大臣)과 비국당상(備局堂上)을 인견하였다. 좌의정 홍치중(洪致中)이 아뢰기를, "여주목사(驪州牧使) 홍용조(洪龍祚)가 군액(軍額)에 궐원이 많고 양정(良丁)을 얻기 어렵다 하여 다른 고을로 이송하기를 청했고, 도신(道臣)이 장문(狀聞)까지 하였습니다. 그러나 이는 백성을 옮기고 곡식을 옮기는 정사와는 다름이 있어 해마다 할 수 없는 것입니다. 오직 호적법(戶籍法)을 엄중히 하여 민호(民戶)가 줄어드는 것을 금하며, 원우(院宇)를 줄이고 투속(投屬)하는 폐단을 금한 연후에 양역(良役)을 변통할 수 있습니다." 하니, 임금이 명하여 엄금하게 하고, 원유(院儒)들이 다시 설치하기를 청하는 경우가 있으면 그 상소를 받아들이지 말라고 하였다.
　　또 명하여 남자는 부역을 따르고[男從父役] 여자는 모역을 따르는 것[女從母役]으로 공·사천(公私賤)의 법을 정하게 하였다.[영조 7년(1731) 3월 25일]

이영훈(2018)은 영조를 노비제 해체의 공로자라고 치켜세웠다. 그의 주장을 어떻게 받아들여야 할까.


## 4. 해석상의 오류

### 1) '노비제 억제 정책을 가장 열정적으로 추진한 사람은 조선 왕조의 제3대 국왕 태종이다'라는 주장에 대해

이영훈(2018)은 여기에서 두 가지 오류를 범하고 있다. 하나는 노비와 양민 간의 결혼을 금지시켰다고 적고 있다. 그런데 사실은 노(奴)가 양민의 여자에게 장가가는 것을 금지한 것이다. 또 하나는 이렇게 한 목적이 노비의 증가를 억제하려는 게 아니라 양민의 수를 늘리려는 목적임을 잘못 이해한 것이다. 이영훈(2018)이 '태종의 노비제 봉쇄 정책'이라는 소제목에서 밝힌 내용을 먼저 살펴보자.

> 노비제 억제 정책을 가장 열정적으로 추진한 사람은 조선 왕조의 제 3대 국왕 태종이다. 1401년 그는 노비와 양민과의 결혼을 전면 금지하는 명을 발하였다. 이미 결혼한 노(奴)와 양녀는 몇 년이 지났어도 강제로 분리되었다.[이영훈(2018), 51쪽]

이영훈(2018)의 주장은 다음의 실록 기사 등을 근거로 삼은 것으로 보인다. 그런데 이 기사를 살펴보면 그가 주장하는 것처럼 '노비와 양민과의 결혼을 전면 금지'한 것이 아니고, '노(奴)가 양녀(良女)에게 장가드는 것'을 금지한 것이라는 사실을 쉽게 알 수 있다.

> 천구(賤口)가 양녀(良女)에게 장가들어 낳은 자식을 사수감(司水監)에 속하게 했으니, 몸은 양인(良人)이지만 역(役)은 천역(賤役)이기 때문이다.

> 예천부원군(醴泉府院君) 권중화(權仲和)가 상소하기를, "본조(本朝)에서 노비의 소생은 종모종부법(從母從父法)[13]을 따른 지 오래되었습니다. 흉포(凶暴)한 천구(賤口)가 많이 양녀(良女)에게 장가들어 소생

---

13) 종모종부법(從母從父法) : 양인(良人)이 천첩(賤妾)에서 자식을 낳았을 때 그 아이가 아버지의 신분을 따라 양인이 되는 것을 종부법(從父法)이라 하고, 어머니의 신분을 따라 천인(賤人)이 되는 것을 종모법(從母法)이라 한다. 그런데 종모종부법을 따르면, 어머니와 아버지 어느 한쪽이라도 천인이면 그 자식은 천인이 된다.

은 모두 사천(私賤)이 되니, 이 때문에 천구는 날로 늘고 양민(良民)은 날로 줄어 나라 역사에 이바지할 자가 크게 감소했습니다. 원하건대, 이제부터는 천구가 양인과 서로 통하지 못하게 하고, 양녀로서 이미 천구의 아내가 된 자는 또한 이혼하게 하고, 혹 영을 어기는 자가 있게 되면, 그 죄를 종의 주인[奴主]에게 미치게 하소서." 하니, 윤허하였다.[태종 1년(1401) 7월 27일]

태종 1년 태종은 권중화의 상소를 윤허한다. 그런데 4년이 지난 태종 5년(1405) 9월 22일이 되어서야 비로소 아래와 같이 법제화된다. 이는 4여 년 동안 권중화의 상소를 법으로 시행하는 것에 대한 상당한 논의가 있었음을 짐작하게 하는 대목이다.

공사천인(公私賤人)이 양녀(良女)에게 장가드는 것을 금했다. 의정부에서 수판(受判)하기를, "공·사 천자(賤者)가 양녀와 서로 혼인하는 것을 병술년(1406) 정월 초 1일부터 이후로는 일체 모두 금단(禁斷)하고, 그 중에 영(令)을 범(犯)하는 자는 다른 사람의 진고(陳告)를 허락하여, 남자·여자 및 주혼자(主婚者)와 본주(本主)로서 정상을 알고도 금하지 않는 자는 율(律)에 따라 논죄(論罪)하고, 포(布) 200필을 받아 고(告)한 사람에게 상(賞)으로 주고, 강제로 이혼(離婚)시키며, 남자·여자 및 그 소생은 속공(屬公)한다. 본주가 정상을 알지 못한 자는 논(論)하지 않고, 그 노비(奴婢)도 또한 속공을 면제한다. 정한 달 이전에 서로 혼인한 자는 이 한계에 들지 아니한다." 하였다.

위 실록 기사에 따르면 천구와 양녀는 결혼할 수 없다. 그런데 그렇게 정한 목적을 들여다보면 앞의 태종 11년 7월 27일 기사에서 알 수 있듯이 '사천(私賤)은 날로 늘고 양민(良民)은 날로 줄어 나라 역사에 이바지할 자가 크게 감소'되는 현상을 방지하기 위한 것이다. 따라서 이 조치는 '노비 증가 억제'가 목적이 아니라, '양인 증가 촉진'이 목적이라 할 수 있다. '노비 증가 억제'는 '양인 증가 촉진'의 부수적인 효과일 뿐이다. 따라서 '노비 억제 정책을 가장 열정적으로 추진한 사람은 조선 왕조의 제3대 국왕 태종이다.'라는, 그의 단언은 법의 목적을 잘못 해석한 것이다.

### 2) 종부위량법에 대해

노비 문제의 핵심 관건인 종부위량법(從父爲良法)에 대해 이영훈(2018)은 다음과 같이 말한다.

> 나아가 1414년 태종은 양인 남자와 비가 출생한 자식의 신분을 아버지를 따라 양인으로 판정하는 종부위량법(從父爲良法)을 선포하였다. [이영훈(2018), 52)]

종부위량법에 대한 이영훈의 언급은 아래의 태종 14년(1414) 6월 27일 실록 기사를 바탕으로 한 것으로 보인다.

> 처음에 명하여 공사비자(公私婢子)가 양부(良夫)에게 시집가 낳은 소생(所生)은 아비를 따라 양인(良人)으로 삼게 하였다.
> 예조판서 황희(黃喜)가 아뢰기를, "천첩(賤妾)의 소생(所生)을 방역(放役)하는 법은 따로 다른 의논이 있을 수 없고, 아비가 양인인 경우에는 아들도 양인이 되는 것이니, 종부법(從夫法)이 가(可)합니다." 하니,
> 임금이 말하기를, "경(卿)의 말이 심히 옳다. 이와 같이 한다면 비록 방역의 법이 없더라도 자연적으로 역(役)이 없어질 것이다. 재상(宰相)의 골육(骨肉)을 종모법(從母法)에 따라 역사(役使)시키는 것은 심히 미편(未便)하다." 하고,

하지(下旨)하기를, "하늘이 백성을 낼 때에는 본래 천구(賤口)가 없었다. 전조(前朝)의 노비(奴婢)의 법은 양천(良賤)이 서로 혼인하여 천인(賤人)을 몹시 하는 일을 우선으로 하여 천자(賤者)는 어미를 따랐기 때문에, 천구(賤口)는 날로 증가하고 양민(良民)은 날로 줄어들었다. 영락(永樂) 12년(1414) 6월 28일 이후 공사비자(公私婢子)가 양부에 시집가 낳은 소생은 아울러 모두 종부법에 따라 양인을 만들고, 전조의 판정백성(判定百姓)의 예에 의해 속적(屬籍)하여 시행하라." 했는데, 정부(政府)의 의논을 따른 것이었다.

앞에서 살펴본 것과 같이 노(奴)가 양녀에게 장가드는 것은 이미 태종 5년에 금지되었다. 그러나 비(婢)가 양부에게 시집가는 것은 아직 금하지 않았다. 이 기사에서 태종은 정부의 의논을 따라 종부법(從父法)을 승인한 두 가지 목적을 밝히고 있다.

① 재상(宰相)의 골육(骨肉)을 종모법(從母法)에 따라 역사(役使)시키는 것은 심히 미편(未便)하다는 것이다.
② 천구(賤口)는 날로 증가하고 양민(良民)은 날로 줄어드는 것이 문제라는 것이다.

실제로 당시 재상들을 비롯한 관료들은 대부분 비(婢)를 첩(妾)으로 삼았다. 또 그 사이에 낳은 자식들을 양인으로 삼기를 원했다. 이 기사에 의하면 이러한 사정은 태종도 잘 알고 있었던 것으로 보인다. 따라서 이 제도의 변경 목적은 노비를 억제하는 것이 아니고, '재상(宰相)의 골육(骨肉)을 역사(役使)시키는 것의 미편(未便)함을 덜고, 국역(國役)을 부담할 양민을 늘리는 데 있는 것'이라 할 수 있다. 이영훈 (2018)은 이 점을 간과했다.

### 3) 변계량의 말을 아름답게 여겼다는 것에 대해

변계량은, "살인이 비록 중한 죄이긴 하나 노비를 죽이는 일이 어찌 그리 무거울 것인가."라는 주자(朱子)의 말을 인용하기까지 하였다. 그랬더니 세종이 그 말을 아름답게 여겼다고 하였다.[이영훈(2018), 58~59쪽]

이영훈이 인용한 위 실록 기사만 보면 세종은 마치, '노비를 죽이는 일이 어찌 그리 무거울 것인가.'라는 주자의 말을 '아름답게 여긴 것'처럼 보인다. 그러나 그의 주장은 사실과 다르다. 이영훈은 세종이 '아름답게 여긴' 말을 착각한 것이다. 다시 말해 이영훈은 실록의 기사를 잘못 읽은 것이다. 세종 8년(1426) 12월 8일의 기사를 보자.

형조에서 주인이 노비를 죽인 것을 아뢴 일로 인하여 임금이 그것을 금하는 법을 더욱 엄하게 하려 하니, 변계량이 아뢰기를, "정치를 하는 체통은 명분보다 더 큰 것이 없는데, 주인과 종의 존비(尊卑)에도 거기에 또한 명분이 들어 있는 것입니다. 무릇 법을 세우는 데는 마땅히 윗사람을 높이고 아랫사람을 억누르도록 해야 하는데, 이제 이 법을 신명(申明)하고 보면, 저 무지한 노비들이 반드시 말하기를, '주인이 비록 형벌을 잘못 쓰더라도 결국 죄는 반드시 얻을 것이다.' 하여, 도리어 마음대로 횡역(橫逆)을 행할 것이니, 나쁜 폐단은 이루 다 말할 수 없을 것입니다. 주자도 말하기를, '살인은 비록 중하지만 노비를 죽이는 것과 같은 것이 어찌 경하지 않다 하겠는가.' 하였습니다. 이제 만일 형벌을 잘못 써 죽게 한 자가 있다면, 비록 법을 세우지 않더라도 율(律)에 따라 논죄(論罪)하는 것이 또한 무엇이 어렵겠습니까." 하니, 임금이 아름답게 여겨 받아들였다.

여기서, 세종이 아름답게 여긴 것은, '살인은 비록 중하지만 노비를 죽이는 것과 같은 것이 어찌 경하지 않다 하겠는가.'라는 주자의 말이 아니다. 앞말에 이어지는 변계량의 다음의 말, 즉 '이제 만일 형벌을 잘못 써 죽게 한 자가 있다면, 비록 법을 세우지 않더라도 율(律)에 따라 논죄(論罪)하는 것이 또한 무엇이 어렵겠습니까.'이다. 이영훈은 이 부분을 잘못 이해한 것이다. 그리고 덧붙이자면 세종은 평소 새로운 법을 세우는 것을 경계해 왔다. 신법에 대한 세종의 인식을 잘 보여주는 예가 다음의 기사이다.

임금이 허조(許稠)에게 말하기를, "앞서 좌참찬(左參贊) 최윤덕(崔閏德)이 아뢰기를, '함길도 군사들이 매우 알차지 못하니[甚不實], 청하건대, 날래고 사납고 용감한 자들을 모집하되, 평양부(平壤府)의 전례에 따라, 토관직(土官職)을 제수(除授)하여 사위(四衛)에 충군(充軍)한다면, 군사들은 비록 봉록(俸祿)이 없더라도 또한 즐겨하고 꺼리지 않을 것입니다.' 하였다. 나의 의사(意思)도 또한 그럴 것이라 생각하는데, 어떠한가[何如]." 하니,

조(稠)가 대답하기를, "매우 좋습니다[甚善]." 하였다.

임금이 말하기를, "나는 조종(祖宗)이 이루어 놓은 법[성헌(成憲)]을 지키고자 하기 때문에 새로 법[新法]을 세우는 것을 좋아하지 않는다. 그러나 예전에 곡식을 바치고 벼슬을 받는 일이 있었으니, 이 법이 예전보다 좋은 것 같다. 경(卿)은 다시 생각해 보고 의논해 아뢰라[更思議啓]." 하였다.[세종 7년 11월 29일]

또 세종과 조말생 등 사이의 신법을 세우는 일에 대한 논의도 들여다보자. 600여 년 전 당시의 어전회의에서 국정이 어떻게 펼쳐졌는지 그 일면을 볼 수 있다.

임금이 화재(火災)가 종식되지 않음과 도둑이 없어지지 않음을 걱정하여, 의정부와 육조 여러 신하를 불러 말하기를, "옛 사실을 상고하

면, 하늘에서 내리는 재난이 있고, 인간이 저지른 재난이 있다. 사람의 일이 아래에서 움직이면, 하늘의 재변이 위에서 나타나는 것은 정한 이치이다. 도둑을 방지하는 계책과 불을 끄는 방법에 대해 각각 마음을 다해 진술하라." 하니,

좌의정 이원(李原) 등이 의논하기를, "화재를 당한 집이 가옥과 살림을 모조리 태워버렸는데, 그 의복·식량과 목재·기와 등을 모두 돈으로만 사들이기 매우 어려울 것이니, 생활이 극히 딱합니다. 일반 사람들이 매매하는 것을, 연한을 정하여 잡물(雜物)을 겸용하게 하고, 경시서(京市署)에 명을 내려 물품을 가지고 매매하는 자에 대해 문제 삼지 말아야 할 것입니다." 하고,

이조참판 성엄(成揜) 등은 의논하기를, "동전(銅錢)을 사용하지 않는 자는 가산을 관청에서 몰수하므로, 살아갈 길이 없어 원한을 품어, 평화로운 분위기를 해치는 이유가 여기에 기인한 듯합니다. 이제부터는 가산이 관청에 몰수되었거나, 자신이 수군(水軍)에 보충되었거나, 왕명에 의해 장형을 받은 자를 제외하고, 다른 물품으로 매매했을 때는 액수를 계산해 동전으로 환산하여 3배를 추징하소서." 하니,

명하기를, "뒤에 알맞은 양에 따라 실시하라." 하였다.

영돈녕 유정현(柳廷顯) 등이 의논하기를, "一. 한양(漢陽)에 국도를 세운 지 지금 33년인데, 큰 재난이 오늘처럼 심한 적은 없었습니다. 이 것은 반드시 무뢰배들이 농업에 힘쓰지 않고 일부러 남의 집에 불을 질러 도둑질을 하려는 술책입니다. 금화도감(禁火都監)의 제조(提調)로 하여금 각 부(部)를 나누어 맡아, 그 구역 안에 아무런 직업이 없으면서 의식이 풍족하며, 밤이면 술을 마시고 낮에는 잠을 자는 등, 그 행동이 의심스러운 자가 있으면, 각 방(坊)의 색장(色掌)으로 하여금 잡아 올리게 하여, 그의 본적지와 근본 내력과 생활비의 출처를 차근차근 세밀히 추궁하여, 진범(眞犯)을 잡아 도둑의 무리가 저절로 줄어들게 할 것

一. 다른 곳에서 떠들어와 살면서 농업·공업 또는 돈 생길 일을 하지

않으면서 서울에서 놀고먹는 무리에 대하여는, 한성부에서 주호(主戶)와 이웃 사람으로 하여금 관가에 고발하게 하여, 그의 내력을 물어가지고 제자리에 돌아가 일에 복무하게 하며, 숨기고 고발하지 않는 자는 법에 의해 처벌할 것

一. 절도로서 세 번 이상 범죄 한 자는 자자(刺字)하고, 사(赦)를 받아 요행으로 면한 자는 죄상을 다시 심문해 경기도 밖으로 쫓아 보내고, 그가 거주하는 지방 관청에서 복무할 역(役)을 정해 주고, 사찰을 계속해 마음대로 출입을 허락하지 못하게 하며, 이상과 같은 사람을 은닉한 자는 법에 의해 논죄할 것

一. 도성 안에 못을 팔 수 있는 곳에는 파서, 물을 저장해 둘 것

一. 물을 저장하는 독은 중국의 예에 의해 다섯 집마다 1개소씩 만들어 두고, 물을 저장하는 상황을 조사할 것." 하고,

황희(黃喜) 등은 의논하기를, "고전(古典)을 상고하여, 신(神)에게 빌어 재난을 구할 것을 기양(祈禳)하되, 그 한 가지로 봄철에 기우제를 지내는 것은 옛 부터 제도가 있었으니, 상고하여 실시하소서." 하니, 명하여 이상의 7개 항목을 담당한 관원으로 하여금 마련하여 실시하게 하였다.

대제학 변계량(卞季良)은 의논하기를, "법을 세워 제도를 마련하는 것[立法創制]은 백성의 마음을 굳게 결속하여 국가의 주체를 유지하고, 영원히 정치가 잘되며 오래도록 편안한 효과를 거두기 위한 것입니다. 그러나 새로운 법[新法]이 실시되는 데 대하여, 백성이 반드시 원망하며 백성의 마음이 화(和)하지 못하면, 곧 하늘의 기후가 순조롭지 못해 재난이 생기며 괴변이 생겨 그칠 줄 모르게 됩니다. 그러므로 법을 실시하는 사람은 너무 급하게 서두르지 말고 오래 계속될 수 있기를 강구해야 합니다. 법이 아무리 지극히 잘되었을지라도 그것을 실시함에 있어 그 방법을 얻지 못하면 또한 실시될 수 없는 것입니다. 정자(程子)는 이르기를, '예로부터 정치를 마련하고 일을 실시함에 있어 안팎으로 사람의 마음이 모두 옳지 못하다고 하는 것은 결코 성공

하는 일이 없다.' 했으니, 정말 옳은 말입니다. 지금 화폐의 법을 마련한 것은 본시 백성들이 이용하기에 편리하게 하기 위한 것입니다. 그러나 법을 실시함에 있어 조항이 지나친 것은 실로 의심할 만한 것이 있습니다. 백성의 필수품으로 식량이 없이는 하루도 살 수 없는 것입니다. 근래에 흉년이 들어 식량 때문에 백성들이 허덕이는 것이 과거보다 갑절이나 곤란한데, 이제 곧 백성으로 하여금 반드시 화폐만 사용해 매매하게 하나, 백성은 옛 습관에 젖어 돈을 사용하는 것을 좋아하지 않으며, 매매할 때 자기가 사고 싶은 것을 제대로 사들이지 못하고, 각기 있는 물품을 갖고 와서, 몰래 서로 매매하여 국가의 금령을 범하는 자가 얼마든지 있습니다. 대개 한 집에는 한두 사람, 혹은 서너 사람, 혹은 다섯, 일곱 사람도 되는데, 이제 한 사람이 금령을 위반했기 때문에, 그의 가산을 전부 몰수하여 온 집안사람이 모두 굶게 되니, 이것이 그 타당치 못한 것의 한 가지이며, 더구나 70세 이상 되었거나 병이 있는 사람은 당연히 속죄(贖罪)하게 해야 하는데, 이제 벌써 그의 가산을 몰수해 놓고 또 그 속죄금(贖罪金)을 징수한다면, 금령을 위반한 사람으로서 돈 한 푼이라도 얻어 그 죄를 속(贖)하려 한들 어떻게 할 수 있겠습니까. 이것이 또 크게 타당치 못한 것의 한 가지입니다. 바라건대, 백성들로 하여금 돈이나 또는 일반 물품을 가지고 마음대로 매매하게 하여 그 생활을 영위하게 하고, 다만 속죄금을 받을 때와 관청에서 사들이는 물품은 반드시 동전(銅錢)을 사용하게 하면, 돈을 사용하는 법도 없어지지 않고, 백성의 마음도 화(和)하게 되어, 재변이 저절로 없어질 것입니다." 하니,

임금이 말하기를, "그 내용을 보니 취지는 좋다마는, 법을 세우는 것[立法]은 백성에게 미더움을 나타내는 것인데, 어찌 백성이 좋아하거나 싫어한다 하여 다시 변경하겠는가. 화폐의 법이 관청에서만 실시되고 민간에서는 실시되지 않는다면, 백성에게 미더움을 나타내는 것이 되지 못한다. 옛적에 세 발 장대[三丈之木][14]를 세워 놓고 백성에게 신용을 보인 일도 있었으니, 지금 화폐법의 실시도 그것을 그만둔다면

그만두어버리거니와, 만일 이를 사용한다면 어찌 이렇게 분분히 변경할 수 있겠는가." 하였다.[세종 8년(1426) 2월 26일]

## 5. 타당하지 않은 주장

### 1) 노비제는 '집현전 학사들이 만드는 데 큰 역할을 하였다'는 주장에 대해

이영훈(2018)은 우리나라의 노비제는 기자의 가르침에 따른 것이며, 집현전 학사들이 이 제도를 만드는 데 기여를 했다고 주장한다. 과연 그럴까. 그렇다면 그 근거는 뭘까. 이에 대해 이영훈은 자신의 주장을 뒷받침할 만한 근거를 제시하지 않고 있다. 젊은 유학자 하위지의 견해를 들어 마치 전체 집현전 학자들이 그렇다고 말할 수 있을지 모른다. 그렇다면 이것은 일반화의 오류를 범하는 일이다.

그의 주장을 반박을 하기 전에 그의 글을 먼저 살펴보자. 이영훈(2018)이 '기자(箕子)의 법'이라는 소제목에서 밝힌 내용이다.

> 부자지간도 형제지간도 갈라놓는 이 비정한 신분들은 어떠한 이데올로기로 정당화되었는가. 세종이 설립한 집현전의 학사들이 그것을 만드는 데 큰 역할을 하였다. 그들은 우리나라의 노비제는 성인 기자(箕子)의 가르침에 그 유래가 있다고 주장하였다. 2,500여 년 전에 중

---

14) 세 발 장대[三丈之木] : 중국 전국시대 진(秦)나라 대신(大臣)인 상앙(商鞅)은 진(秦)나라 효공(孝公)에게 법령을 개정할 것을 권한다. 법령의 초안을 작성하고 아직 선포하기 전에, 먼저 세 발 되는 장대를 남문(南門)에 세워 놓고, '이것을 북문(北門)에 옮겨 놓는 사람이 있으면 10금(金)을 준다.' 했으나, 백성들은 이상하게 여겨 아무도 옮기는 사람이 없었다. 다시, '50금을 준다.' 하니, 어떤 사람이 이를 옮겨 놓았으므로, 곧 50금을 주어 백성에게 신의를 보였다.

국 은(殷)나라의 기자가 동쪽으로 건너와 캄캄한 야만의 땅에 문명의 법을 전수했는데, 바로 8조금법(八條禁法)이다. 그에 따르면 도둑질한 사람을 처벌하여 노비로 삼으라고 하였다.[이영훈(2018), 43쪽]

기자(箕子)는 은(殷)나라[상(商)나라] 마지막 왕인 주(紂)의 숙부(叔父)이다. 그는 주(紂)의 폭정(暴政)에 대해 간언하다 받아들여지지 않자 미친 척하여 유폐(幽閉)되었다. 그리고 B.C.1046년 주(紂)를 멸한 주(周)나라 무왕(武王)에 의해 석방되었다.

기자의 법에 관한 기록은 『고려사(高麗史)』 지(志) 권제39 〈형법지(刑法志)〉에 나온다. 참고로 『고려사』는 태조(太祖) 4년(1395) 정도전(鄭道傳) 등에 의해 처음 편찬되었는데, 그 후 계속 수정을 거듭하여 문종 1년(1451) 8월 25일 김종서(金宗瑞) 등에 의해 마무리된다.

옛날에 기자가 조선(朝鮮)에 책봉되어 8조의 금법(禁法)을 설정하면서 도둑질 한 자를 적몰해 그 집의 노비(奴婢)로 삼았으니, 우리나라[東國]의 노비는 대체로 여기서부터 시작되었다. 사족(士族)의 집에서 대대로 전하면서 부리는 것을 사노비(私奴婢)라 하고, 관아(官衙)와 주·군(州郡)에서 부리는 것을 공노비(公奴婢)라 한다. 세월이 더욱 오래됨에 점차 번성하기에 이르렀으며, 이에 노비를 다투고 빼앗는 것을 일삼고 노비를 겸병(兼倂)하는 것이 날로 심해지는 것을 염려하여 관청을 설치하여 이를 다스리게 했으니, 그 금하고 막는 것이 매우 엄격하였다. 대체로 우리나라에 노비가 있는 것은 풍속의 교화에 크게 도움이 있었으니, 내외(內外)를 엄격히 하고 귀천(貴賤)을 구별하고, 예의(禮義)를 실천하는 것이 이로부터 말미암지 않은 것이 없기 때문이다. 고려(高麗)의 노비를 처리하는 법[聽理之法]에 취할 만한 것이 많기 때문에 〈형법지(刑法志)〉에 함께 첨부해 둔다.

『고려사』에는 기자의 팔조금법이 우리나라 노비제의 근간을 이룬 다고 밝히고 있다. 이 같은 『고려사』의 기록은 조선시대 사대부들에 의해 편찬되었다. 하지만 아무런 근거 없이 『고려사』 〈형법지〉에 실 리지는 않았을 것이다. 그런데도 이영훈(2018)은 '부자지간도 형제지 간도 갈라놓는 이 비정한 신분들은 어떠한 이데올로기로 정당화되었 는가. 세종이 설립한 집현전의 학사들이 그것을 만드는 데 큰 역할 을 하였다.'고 주장한다. 이영훈의 주장은 어디에 근거했는지 알 수 없다.

사육신(死六臣)의 한 사람인 박팽년(朴彭年)의 7대손인 박숭고(朴崇 古)가 편집한 것으로 알려진 『육선생유고(六先生遺稿)』[한국고전번역원 누리집 참조]에는 하위지(河緯地)가 책문(策問)에 답한 글이 실려 있다. [『육선생유고』에, 이 책문과 답이 어느 시기에 있었는지는 기재되지 않았는데, 필자는 세종시기에 있었던 것으로 추정한다. 하위지는 세종 17년(1435) 생원시 에 합격하고, 세종 20년(1438) 식년시(式年試) 문과에 장원급제하였다.]

다음의 내용은 위의 책문과 답에서 노비와 관련된 부분을 발췌한 것이다. 이를 살펴보면 세종의 노비에 대한 문제 인식과 젊은 유학자 의 노비에 대한 생각을 엿볼 수 있다. 세종은 노비도 하늘의 백성이므 로 대대로 천한 노역을 하는 것을 문제 삼는다. 그래서 노비의 수를 한정해야 한다는 입장을 견지한다. 이에 반해 하위지는 세종의 뜻에 반대하면서, 만약 법을 바꾸면 분란을 일으킬 소지가 크므로 노비의 수효를 한정하는 것은 불가하다는 입장이다. 먼저 세종이 내린 과거 시험문제, 즉 책문의 내용을 살펴보자.

왕이 이렇게 물으셨다[王若曰]. "[중략] 대저 전답을 두고 백성을 두는 것은 염치를 기르기 위한 것이다. 우리 동방에 노비가 있게 된 것은 어느 시대부터 비롯되었는가. 지금 사대부의 가정에 노비가 있기 때문에 처자(妻子)는 천한 일을 하는 수고로움을 면할 수 있고, 상하(上下)가 존비(尊卑)의 구분이 있어 예속(禮俗)을 이루고 있으니, 세도(世道)에 관계되는 것이 지극하다 하겠다. 그러나 노비도 역시 하늘이 내린 백성[天民]인데 대대로 천한 노역만 하는 것이 가한 일인가. 많은 경우는 수천 혹은 수백에 이르는데, 이것을 한정할 수는 없겠는가. 한(漢)나라에 노비를 한정한 제도가 있었는데, 자세한 내용을 들을 수 있겠는가. 고려의 전성기에는 법제가 완벽하게 갖추어졌는데 노비의 수를 한정한 제도가 없었는가. 혹자는 말하기를, '노비의 수를 한정하게 되면, 사람의 귀천(貴賤)이란 시기가 있는 것이고 자손의 많고 적음도 차이가 있는 데다 노비의 생육(生育)과 성쇠(盛衰)가 같지 않으므로 마침내 고르지 못하다는 탄식이 있게 될 것이니, 형편상 수를 한정하기 어렵다.' 하는데, 어떤 방법으로 처리를 해야 하겠는가. [중략]" 하였다.

아래는 세종이 내린 책문에 대한 하위지의 답이다.

대답하기를, "[중략] 신(臣)이 삼가 성책을 읽어 보고 운운하신 물음에 대하여 다음과 같이 말씀드리겠습니다. 하늘이 백성을 내리실 때비록 양천(良賤)의 구분은 없었지만, 윗사람이 아랫사람을 부리는 데있어 반드시 존비(尊卑)의 차등이 있게 마련입니다. 대개 대부(大夫)는걸어 다닐 수 없으며, 부인(婦人)은 외유(外遊)를 해서는 안 됩니다. 자신이 조정의 반열에 있으면서 처자로 하여금 천한 일을 하게 한다면어떻게 예의(禮義)를 바탕으로 하는 풍속을 이룩할 수 있겠습니까. 그러므로 『주례(周禮)』에, '죄가 있는 자는 노비로 만들어 천한 일을 하게하였다.' 했으니, 노비법(奴婢法)을 만든 것은 유래가 있었던 것입니다.
우리 동방이 기자(箕子)가 천운(天運)을 받은 이후로 예의(禮義)의아름다움이 천하에 알려지게 된 것은, 중국 법을 적용해 오랑캐의 풍속을 변화시켜서일 뿐만 아니라 역시 양천을 구별하고 노예를 두어 상하의 신분을 정해 대부(大夫)의 가문으로 하여금 모두 존비의 구분이 있도록 하였기 때문입니다. 가주(家主)와 노비의 제도가 일단 결정되고부터 주인이 노비 대하기를 마치 임금이 신하를 보듯이 하며, 노비가 주인 섬기기를 마치 신하가 임금을 섬기듯이 하였습니다. 그렇다면 노비가 비록 하늘의 백성이기는 하지만, 진실로 천(賤)한 신분을 바꾸어 양인의 신분으로 만들어 주인과 더불어 대등하게 할 수는 없습니다. 다만 다 같은 선비의 집인데 그 많고 적음에 차이가 있는 것이 개탄스러운 일입니다. 마땅히 한계를 세워 균등하게 하여 다과(多寡)에 현격한 차이가 없게 해야 합니다. 그러나 귀천은 때가 있는 것이고 자손의 많고 적음도 동일하지 않은 데다 노비의 생육과 성쇠가 역시 다르니, 균일하게 하려 한다면 아마도 끝내 균일해지지 않는 것에 대한 탄식을 면하지 못할 것입니다.

신(臣)이 듣건대, 군자는 정치를 할 때 예전대로 두는 것을 귀하게 여기고, 고치는 것을 신중하게 한다고 하였습니다. 이는 새로 만든 법이 완벽하게 좋은 법이 되지 못하면 예전대로 두는 것만 못하기 때문입니다. 한(漢)나라는 그 수효를 30구(口)로 기준을 삼았고, 고려의 전성기에도 역시 인원을 제한한 법이 있었으니, 폐단을 혁신하여 서운함이 없게 하는 것이 마땅한 일입니다마는, 한갓 분란한 문제만 일으켜 후세에 전할 수 없는 것이라면 그것을 완벽하게 좋은 법이라고 볼 수 없습니다. 더구나 여러 대 동안 전해 오는 노비를 하루아침에 빼앗아 남에게 준다면 어찌 보통 사람의 정리상 편할 수 있겠습니까. 수효를 한정하는 제도는 진실로 다시 복구해서는 안 된다고 봅니다. 신(臣)이 생각건대, 노비가 지나치게 많은 사람은 노비가 전혀 없는 일족(一族)에게 나누어 주게 하여 친친(親親)의 인(仁)을 돈독하게 하고, 또 겸병(兼倂)하는 문을 막아 노비가 많은 자로 하여금 매매를 가탁하여 남에게서 취해 자기 소유로 하는 일이 없게 한다면 비록 수효를 정하는 법이 없더라도 점차로 균등해질 수 있을 것입니다. [중략]" 하였다.

하위지의 논지는 한마디로 노비에 대한 기존의 틀을 유지해야 한다는 것이다. 노비의 수를 한정해야 한다는 세종의 과거 제도로의 복귀를 반대한 것이다. 이는 당시의 사회상황을 반영한 것이라고 할 수 있다.

설혹 이영훈(2018)이 하위지 한 사람의 견해를 들어 '세종이 설립한 집현전의 학사들이 그것을 만드는 데 큰 역할을 하였다.'고 주장할 수도 있다. 그러나 하위지는 수십여 명에 달했던 집현전 학사 중 한 사람에 불과하다. 아무래도 무리가 따른다.

또 엄밀히 따져, 노비제는 기자가 창안한 것이 아님은 역사적 사실을 통해 알 수 있다. 『고려사』〈형법지〉 기록과 하위지의 답변에서 본 것과 같이 고려와 조선 초기에는 기자를 성인의 반열로 높이는 경향이 있었다. 기자는 은(殷)나라를 멸한 주(周)나라[B.C.1046~ B.C.771] 무왕과 같은 시기의 인물이다. 그러나 노비제는 기자가 창안한 것이 아니다. 약 3,000년 전 인물인 주나라 주공(周公) 단(旦)[무왕(武王)의 동생]이 지었다고 전해지는 『주례(周禮)』의 〈추관사구(秋官司寇)〉를 보면, '도적을 토벌해 잡힌 자들을 죄예(罪隸)'라 했고, '남쪽 이민족인 남만(南蠻)을 정벌해 잡은 포로를 만예(蠻隸)라 했다.' 하였다. 이 얘기는 주나라 초기에 이미 노예가 제도화되었다는 뜻이다. 이를 받아들인다면 노예는 주나라에서 새롭게 만든 것이 아니라 그에 앞서 하(夏)나라와 은나라 시기에도 이미 노예가 있었을 것으로 짐작하게 한다. B.C.2000년경 아리안(Aryan)족이 인도로 이동한 후 B.C.1300년경부터 발생하기 시작한 카스트(caste)제도는 오늘날에도 그 흔적이 남아 있다.

## 2) '세종이 백성들의 법적 권리를 위축시키고 노비의 권리를 박탈했다'는 주장에 대해

이영훈(2018)은 '세종, 노비의 권리를 박탈하다'라는 소제목에서 위와 같이 주장한다. 세종은 아전과 백성이 상관을, 노비가 주인을 고소하지 못하도록 하는 법을 논쟁도 없이 그대로 받아들였다고 주장하면서 그 결과로 인해 일반 백성들의 법적 권리를 위축시켰다고 한다. 그렇기 때문에 세종이 일반 백성의 권리를 민주적으로 신장했다는 통설적 이해는 잘못되었다는 결론을 내린다.

그러나 이 법의 제정 과정을 추적해보면 이영훈의 주장이 왜 타당하지 않는지 알 수 있다. 또 이 법이 제정되고 나서 일어난 일련의 보완과정을 따라가보면 그가 제기한 주장이 왜 문제가 많은지 발견할 수 있다. 먼저 이영훈(2018)의 주장부터 보자.

　　1420년 9월 예조판서 허조(許稠)는 노비가 주인을 고소할 경우 이를 수리하지 말고 참형에 처해야 한다고 주장하였다. 허조는 중국 당(唐)나라 태종(太宗)이 노(奴)가 주인을 고소할 경우 설령 그 내용이 반역에 관한 것이라도 이를 수리하지 않고, 노(奴)를 참해버린 고사를 그 근거로 제시하였다. 이 같은 허조의 주장에 세종은 동의하였다. 당일의 『왕조실록』을 보면 그를 둘러싼 어떠한 찬반 논쟁도 없었다. 세종은 신하들의 과격한 요구를 순순히 수용했을 뿐이다. 이후 노처(奴妻)와 비부(婢夫)도 이 법의 적용 대상이 되는 것으로 해석되었다. 다시 말해 양인 신분인 노처와 비부도 배우자의 주인을 고소할 경우 목이 잘리게 되었다.
　　당일 허조는 군현(郡縣)의 아전과 백성이 수령이나 감사를 고소하는 일도 살인죄나 반역죄가 아닌 이상 불문에 부치고 고소한 사람을 처벌해야 한다고 주장하여 세종의 승인을 받았다. 이 법으로 일반 백성이 전통적으로 지녀온 법적 권리가 크게 위축되었다. 세종이 일반 백성의 권리를 민주적으로 신장했다는 통설적 이해는 크게 잘못된 것이다. 역사학자들은 흔히들 이 법을 가리켜 부민고소금지법(部民告訴禁止法)이라 부르고 있다. 그런데 노비가 주인을 고소할 수 없다는 법에 대해서는 크게 주목을 하지 않은 가운데 별 이름을 붙이지 않았다. 이에 나는 그 법을 노비고소금지법(奴婢告訴禁止法)이라 부르겠다.[이영훈(2018), 53~54쪽]

이영훈(2018)은 허조의 주장에 대해 어떠한 찬반 논쟁도 없었고, 세종이 순순히 수용하여 동의하고 승낙했다고 한다. 세종이 허조의 주장을 동의하고 승낙한 이유는 무엇일까. 실록의 기사를 통해 그 이유를 확인해 보자.

임금이 인정전에 나아가 조회 받고, 또 편전(便殿)에 나아가 정사를 보았다. 허조(許稠)가 간절히 청[切請]하기를, "전날에 상서하였던 바, 부민(部民)이 그 고을 관장(官長)의 범죄를 고하지 못하게 하여, 풍속을 두텁게 하는 법을 마련하소서." 하니,

임금이 말하기를, "내가 다시 참고해 보고자 함은, 이미 이루어진 법을 마음대로 함부로 고칠 수 없기 때문이다." 하였다.

여러 의논이 분운(紛紜)[15]했는데, 이수(李隨) 홀로 말하기를, "고치는 것은 불가합니다. 만일 부민이 탐오(貪汚)한 관리의 잘못을 고해 하소연하지 못한다면, 방자한 행동이 기탄없어 그 해(害)가 백성에게 미칠 것은 필연한 것입니다." 하였다.[세종 1년(1419) 6월 21일]

위 기사에 의하면 허조가 부민이 그 고을 관장의 범죄를 고하지 못

---

15) 분운(紛紜) : 여러 사람의 의논이 일치하지 않고 이러니저러니 하여 시끄럽고 떠들썩함.

하게 하여, 풍속을 두텁게 하는 법(法)을 제정하기를 이미 청했음을 알 수 있다. 그런데 세종이 결정하지 않자 이날 다시 청했고, 세종은, '이미 이루어진 법을 감히 마음대로 고칠 수 없다.'며 보류한다. 그러자 허조는 이듬해 9월 태종에게 이 법의 제정을 촉구하는 건의를 한다. 그리고 마침내 윤허를 얻는다. 아래의 기사를 보자.

상왕이 장차 낙천정에 거둥하려고 송계원평(松溪院坪)16)에 이르러 유정현·박은·이원·허조·원숙을 불러 석실(石室)의 제도17)를 의논하기를, [중략]

조(稠)가 나아가 아뢰기를, "근래에 주·현(州縣)의 아전이나 백성들이 그의 수령(守令)의 범(犯)한 것을 고하는 자가 흔히 있으니, 풍속(風俗)이 박하고 악해지는 것이 이렇게 심할 수 없어서, 신(臣)이 일찍이 통분하게 여겼습니다. 앞서 옛날 일을 인용하여 글을 올려 진청(陳請)했으나, 그 사이에 이의(異議)가 있어 윤허하심을 받지 못했습니다. 만약 이를 막고 금하지 않으면 장차 아내는 그 남편을 배반할 것이고, 아들은 그 아비를 배반할 것이며, 노비(奴婢)는 그 주인을 모해할 것이니, 이것을 당옥(堂屋)에 비한다면, 들보와 기둥은 군부(君父)이요, 창문과 지게문[戶]은 신자(臣子)인 것입니다. 차라리 창호(窓戶)를 상할지언정 어찌 동량을 보호하지 않겠습니까. 만일 윤허하심을 얻게 되면 신(臣)은 죽어도 뉘우침이 없겠습니다." 하고,

사모를 벗고 머리로 땅을 부딪치며 아뢰기를, "신(臣)이 일찍부터 통분하게 여겼던 것을 오늘에야 계달(啓達)하게 된 것입니다." 하였다.

---

16) 송계원평(松溪院坪) : 원(院)은 조선시대 여행자를 위한 숙박시설이다. 송계원(松溪院)은 현재의 구리시 인근에 있던 원(院)으로 보인다.
17) 석실(石室)의 제도 : 이해 7월 10일 세종의 어머니 원경왕후(元敬王后)가 훙(薨)했으므로 석실의 제도를 의논한 것이다. 따라서 이때는 세종이 모상(母喪)을 당하고 두 달이 채 되지 않은 시기이다.

상왕이 말하기를, "일찍이 분하게 여긴 것을 어찌 이제야 아뢰는가. 이것은 경(卿)의 과실이다." 하니,

조(稠)가 말하기를, "가운데서 이의가 있어 감히 상계(上啓)하지 못했습니다." 하였다. [후략] [세종 2년(1420) 9월 4일]

허조가 세종에게 법 제정을 청한 후 1년이 지나도록 입법이 되지 않자, 이날 상왕인 태종에게 직접 청한 것이다. 태종이 말하기를, '일찍이 분하게 여긴 것을 어찌 이제야 아뢰는가. 이것은 경(卿)의 과실이다.' 하니, 허조가 대답하기를, '가운데서 이의가 있어 감히 상계하지 못했습니다.'라고 대답한다. 이는 영의정 유정현 등 재상들을 포함한 일부 대신들의 반대와 세종이 입법을 계속 보류한 것을 함께 말한 것으로 보인다. 허조가 태종에게 청하고, 10여 일 후인 2년(1420) 9월 13일 다시 세종에게 청해 승인을 받아 입법이 확정된다. 그 후 이 법은 세종 4년(1422) 2월 3일 형조의 청으로 1차 개정된다.

그런데 앞의 2월 3일 기사 끝에, '일찍이 [허조가] 태상왕에게 아뢰기를, "신(臣)은 늙었으니 만약 윤허(允許)를 얻게 된다면, 신(臣)은 죽더라도 눈을 감겠습니다." 하며, 인하여 눈물을 흘리니, 태상왕이 그말에 감동하여 즉시 그대로 따랐다.'고 하였다. 따라서 허조는 이미 세종 2년 9월 4일 태종으로부터 입법을 승인을 받은 것이다. 그로부터 열흘 뒤의 9월 13일자 기사를 자세히 보자.

예조판서 허조 등이 아뢰기를, "가만히 생각하면, 천하나 국가는 인륜이 있는 곳이라, 임금과 신하의 상하 구분이 각각 없을 수 없는 것이니, 조금이라도 능멸하게 여기는 마음이 있을 수 없는 법인데, 근자에 와서는 아래에 있는 사람으로 윗사람의 일을 엿보다가 조그마한 틈이라도 있는 것을 알게 되면, 그럴듯하게 만들어 하소연하며, 윗사

람을 업신여기는 마음을 함부로 하는 일이 자주 있으니, 이와 같은 풍조는 단연히 자라지 못하게 할 것입니다. 옛 사람의 말에, '별[星]만 한 불이라도 온 들을 태운다.' 했으니, 만약 이대로 두어 금하지 않으면, 이 풍조의 폐단은 임금이라도 신하를 둘 수 없게 되고, 아비라도 자식을 거느릴 수 없는 지경에 이를 것입니다. 그러므로 이를 방지하여 금할 수 있는 한두 가지의 천근(淺近)한 방안을 뒤에 차례대로 적어 올립니다.

一. 당(唐)나라 태종(太宗)이 말하기를, '요새 종[奴]으로서, 상전이 반역한 것을 고발한 자가 있는데, 대개 모반한다는 것은 혼자서는 할 수 없는 것이다. 발각되지 않을 것을 걱정할 것이 무엇이 있기에, 반드시 종이 이것을 고발해야 하겠는가. 이제부터는 종이 상전을 고발하면 받지도 말고 그대로 목 베라.' 했으니, 원하건대, 이제부터는 종이 상전을 고발하는 자가 있으면 받지 말고 그대로 참(斬)하소서.

一. 주문공(朱文公)[주희(朱熹)]이 효종(孝宗)에게 말하기를, '원하건대, 폐하께서는 정사를 맡은 벼슬아치거나 옥을 맡은 벼슬아치에게 깊이 일깨워 주소서. 대저 옥사나 송사가 있을 때는 반드시 먼저 그 족속인가 비속인가, 윗사람인가 아랫사람인가[尊卑上下], 어른인가 어린이인가, 가까운 사이인가 먼 사이인가[長幼親疏]를 따진 뒤에, 그 곡직(曲直)에 관한 말을 들을 것이니, 만일 아랫사람으로서 웃어른에게 대항하거나, 낮은 자리에 있는 사람으로서 높은 자리에 있는 사람을 능멸해 여기는 것이라면 비록 옳다 하더라도 그 옳은 것을 인정하지 말 것이며, 더욱이 옳지 못한 일이라면 죄를 보통 사람의 경우보다 더 중하게 할 것입니다.' 하였습니다.

전조(前朝)의 풍속은 이 뜻을 받아들여, 백성으로 수령을 능멸해 여기거나 반항하면 반드시 이를 몰아냈고, 심지어는 그 집까지 물웅덩이로 만들고야 만 것이니, 원하건대, 이제부터는 부리(府吏)나 서도(胥徒)로서 그 관리(官吏)와 품관(品官)을 고발하거나, 이민(吏民)으로 그 고을의 수령과 감사를 고발하는 자가 있으면, 비록 죄의 사실이 있다

하더라도 종사(宗社)의 안위(安危)에 관한 것이거나, 불법으로 살인한 것이 아니라면, 위에 있는 사람을 논할 것도 없고, 만약에 사실이 아니라면, 아래에 있는 자의 받는 죄는 보통 사람의 죄보다 더 중하게 해야 할 것입니다." 하니, 그대로 따랐다.[세종 2년(1420) 9월 13일]

태종이 허조의 청을 승인했다는 사실은 여러 경로로 세종에게 알려졌을 것이다. 허조는 세종에게 입법할 것을 다시 청한다. 이 상황에서 세종은 부왕(父王) 태종이 이미 승인한 내용이므로 아무런 이의 없이 허조의 청을 승인한다. 그럴 수밖에 없는 것이 부왕의 결정에 이의를 제기할 수 없었기 때문이다. 이 법은 당시 상왕이면서 최고 지도자인 태종이 승인한 것이므로, '당일의 『왕조실록』을 보면 그를 둘러싼 어떠한 찬반 논쟁도 없었다. 세종은 신하들의 과격한 요구를 순순히 수용했을 뿐이다.'는 이영훈(2018)의 주장은 태종의 사전 승인이 있었음을 놓친 것으로 보인다.

따라서 '이 법으로 일반 백성이 전통적으로 지녀온 법적 권리가 크게 위축'되었고, '세종이 일반 백성의 권리를 민주적으로 신장했다는 통설적 이해는 크게 잘못된 것이다.'라는 이영훈의 주장은 적절하지 않다.

이때 임금의 자리에 있었던 세종에게는 아무런 실권이 없었다. 실록에 따르면 이 시기에 세종은 견습군주로서 매번 '상왕께 아뢰겠다'는 말을 자주 한다. 비록 임금의 자리에 있었지만 주요 사안은 부왕인 태종에게 보고하고 그 결정에 따랐던 것이다.

태종도 세종이 즉위한 1418년 8월 10일에 좌의정 박은에게 자신이 섭정할 뜻을 직접 밝힌 바 있다.

주상이 장년이 되기 전에는 군사(軍事)는 내가 친히 청단(聽斷)할 것이다. 또 나라에서 결단하기 어려운 일은 의정부·육조로 하여금 의논하게 하여 각각 가부(可否)를 진달하게 하여 시행하게 하고, 나도 마땅히 가부에 한 사람으로 참여하는 것이 가(可)하다."

태종은 세종을 임금으로 세웠지만, 국정을 모두 세종에게 맡긴 것이 아니었다. 태종은 세종이 즉위하고 약 4개월 뒤인 12월에 세종의 장인 심온이 군권(軍權)을 세종에게 돌리려 했다는 이유로 자진하게 했던 예에서도 이 점을 확인할 수 있다.

또 이 시기는 세종이 모상(母喪)을 당한 지 불과 2개월 쯤 지난 시점이었다. 다른 사람도 아니고 어머니상을 당한 것임을 감안할 때 경황이 없었을 것이라고 짐작할 수 있다.

그렇다 해도 한 나라의 지존이자 국왕(國王)의 자리에 있는 세종의 책임이 전혀 없다고 말할 수는 없다. 다만 이 법의 실질적인 입법은 허조의 요청과 태종의 승인에 의해 이루어졌다는 것을 간과해서는 안 된다는 것이다.

여하튼 이 법은 우여곡절 끝에 제정된다. 그 후 27여 년이 흐른 뒤에 세종은 이 법에 대해 아래와 같이 술회한다. 이를 통해 이 법의 제정 동기에 대한 세종의 인식을 엿볼 수 있다.

우의정 하연·우찬성 김종서·좌참찬 정갑손을 부르고, 세자에게 명하여 전지하기를, "부민이 고소함을 금한 것[部民告訴之禁]은 허조가 태종 때 건의해 시행하여 지금까지 준용(遵用)하고 있지마는, 그러나 폐단이 발생한 까닭으로 행대(行臺)를 나누어 보내 백성의 고통을 묻게 했다. 조(稠)도 역시 말하기를, '만약 성상(聖上)께서 관원을 보내 특별히 이를 물으신다면 백성들에게 상세히 알리고 숨김이 없게 함이 옳겠습니다.' 하였다. 근일에 경(卿) 등이 행대를 보내기를 청하고, 집현전에서도 이를 말하니 어찌 들은 바가 없이 그렇겠는가. 나도 또한 들은 바가 있다. 그러나 생각해 보건대, 무지한 백성이 소장(訴狀)을 올렸는데 혹시 잘못 따라서 이를 죄준다면, 이것은 백성들로 하여금 말하게 하고 도로 죄를 주는 것이다." 하니, [후략] [세종 29년 (1447) 2월 1일]

세종은 비록 이 법을 따르고 있지만 이 법이 지닌 한계를 이미 알고 있었다. 그래서 감찰을 보내 백성의 고통을 해소하려고 노력하는 한편으로 백성들이 자신의 원억함을 풀어달라고 소장을 올린 것에 대해 죄를 주는 것은 문제라고 지적한다.

세종의 이 같은 인식은 꽤 오래되었다. 세종 4년 태종이 운명하고 약 1년 뒤 이 법의 부작용을 염려하여 왕지(王旨)를 내린 것에서 이 점을 알 수 있다. 왕지의 내용은 부패한 관리들의 횡포로 인해 백성들이 억울한 처지에 놓이지 않도록 조치하여 백성들이 본업을 즐겁게 영위하도록 해주라는 것이다.

왕지(王旨)하기를, "백성은 나라의 근본이니, 근본이 튼튼해야만 나라가 평안하게 된다. 내가 박덕(薄德)한 사람으로서 외람되이[도(叨)] 생민(生民)의 주(主)가 되었으니, 오직 이 백성을 기르고 무수(撫綏)하는 방법만이 마음속에 간절하여, 백성에게 친근한 관원을 신중히 선택하고 출척(黜陟)하는 법을 거듭 단속하였는데도, 오히려 듣고 보는 바가 미치지 못함이 있을까 염려된다. 이에 헌부에 명하여 풍문(風聞)을 듣고 규탄(糾彈)하여 순량(循良)한 관리를 얻어 함께 백성을 다스리기를 희망한다. 다만 부민(部民)이 적발하여 고하는 것은 존비(尊卑)의 명분에 어긋난 점이 있다. 지난번에 조정의 의논에 따라 이 법을 만들어 금방(禁防)한 것은 수재(守宰)를 중히 여기고 풍속을 후하게 하려는 것이었다. 그러나 사방의 광대함과 주·군(州郡)이 많음에, 또 어찌 탐욕 많고 잔혹(殘酷)한 관리가 법만 믿고 위엄을 세워 거리낌이 없이 제멋대로 행하여 백성을 파리하게 하고 나라를 병들게 하는 자가 없지 않으랴. 한·당(漢唐)의 제도를 상고해 보면, 이미 감사(監司)를 두어 군국(郡國)을 독찰(督察)하게 하고, 또 때때로 조사(朝使)를 나누어 보내 천하를 돌아다니면서 관리의 치적(治績)과 백성의 폐해 되는 것을 두루 방문(訪問)하게 하였다. 지금 옛날의 것을 모방하여, 조관(朝官)에게 명하여 주·군을 조사하러 다니고, 이려(里閭)에 출입하면서 모든 수령들의 탐오하고 가혹한 형벌을 쓴 것 등의 일을 모두 적발하게 하여, 일체(一切) 민간의 기한(飢寒)과 곤고(困苦)와 원통함을 머금고 억울한 일을 당한 사람에게 스스로 진술함을 허가하고자 한다[許以自陳]. 인하여 사신(使臣)으로 하여금 풍문(風聞)을 아뢰면, 내가 장차 상세히 따져 물어서 만약에 그 실상을 얻는다면 법으로 엄격히 다스리고 종신토록 서용(敍用)하지 않을 것이니, 관리는 깨우쳐서 반성하는 마음으로 관가의 일을 문란하게 하지 못하게 하고, 백성들이 적발하여 아뢰는 기풍이 없음으로써, 또한 원통하고 억울한 처지를 면하게 하여, 전리(田里)로 하여금 근심하고 탄식하는 소리가 영구히 끊어져 각기 생생하는 즐거움을 이루도록 할 것이다[使田里永絶愁嘆之聲 各遂生生之樂]. 그대들 이조에서는 이 같은 지극한 심정을 본받아 중앙과 지방에 효유(曉諭)하라." 하였다.[세종 5년(1423) 7월 3일]

한편, 이 법은 부민이 그 관장을 고소하는 것을 금하는 조항과 노비가 주인을 고소하는 것을 금하는 두 개의 조항으로 이루어졌다. 그러나 큰 틀에서 보면 부민고소금지조(部民告訴禁止條)에 노비고소금지조(奴婢告訴禁止條)가 들어가 있다고 볼 수 있다. 노비가 상전을, 아전이나 백성이 상관을 상대로 고소하지 못하도록 했다는 점에서 동일선상에 놓여 있다고 볼 수 있기 때문이다. 그러나 우리는 이 두 조항을 나누어 살펴볼 것이다.

이 법이 제정된 후에도 세종은 계속 보완을 추진한다. 그렇게 한 이유는 백성들의 억울하고 원통한 정을 펴 주는 것이 정치하는 바른 도리라고 보았기 때문이다. 먼저 부민고소금지조(部民告訴禁止條)의 보완 과정을 시간 순서대로 살펴보자.

> 임금이 말하기를, "아랫사람이 윗사람을 고소하는 것을 금할 것 같으면 사람들이 억울하고 원통한 정을 펼 곳이 없을 것이니, 개중에 그 자신의 박절한 사정 같은 것은 이를 받아들여 처리해 주고, 만일 관리를 고소하는 따위의 것은 듣지 않는 것이 어떤가." 하니,
>
> 신상과 하연 등은 대답하기를, "성상의 하교가 진실로 옳습니다." 하고,
>
> 허조는 말하기를, "부민들의 고소를 금하는 것은 그것이 풍속을 파괴하는 까닭입니다. 만약 그 단서를 열어 놓으면 사람들이 앞을 다투어 고소하게 되어, 점차 풍속이 박하고 악하게 될 것입니다." 하였다.
>
> 임금이 말하기를, "억울하고 원통한 정을 펴 주지 않는 것이 어찌 정치하는 도리가 되겠는가[冤抑不伸 豈爲政之道乎]. 수령이 부민의 전답을 오판(誤判)한 것을, 부민이 그 오판을 정소(呈訴)하고, 개정을 청구하는 것 같은 것이야 어찌 고소라고만 하겠는가. 사실 자기의 부득이한 일이라 할 것이다. 만약 이를 받아들여 다스린다면 수령의 오판한 죄는 어찌 처리하겠는가. 죄의 명목이 이미 성립되었는데도 그 죄를 다스리지 않으면 사람을 징계할 수 없을 것이요, 만일 그 죄를 다스린다면 이는 고소를 허용하는 것이 될 것이니, 다시 신중히 논의하여 전날 수교(受敎)의 조문을 보완하라." 하였다.[세종 13년(1431년) 1월 19일]

세종의 보완 지시가 떨어지자 의정부와 육조 대신들은 논의를 진행한다. 그 기간은 약 3년 동안 계속 이어진다. 이렇게 장기간 논의가

계속된 것은, 이 법이 백성들에게 끼칠 영향이 컸기 때문이었다. 이같은 장기간의 토론은 공법 제정과 수령육기제 논쟁에서도 마찬가지였다. 이윽고 세종은 이 법을 처음 발의한 허조와 마지막으로 그 보완 방향을 논의한 후 최종 결정을 내린다.

> [전략] 임금이 또 말하기를, "근래에 북쪽의 정벌로 인해 서북의 백성들은 피로함이 심하므로, 이번에 오는 사신을 봉영(逢迎)하기 위한 군인의 출동이나, 지공(支供)과 접대 등의 여러 가지 일은 전일에 경(卿)들과 함께 여럿이 의논해 전례보다 감경(減輕)했으나, 만약 또 감경해야 할 일이 있다면 경(卿) 등은 진술하라." 하니,
>
> 맹사성과 신상 등은 아뢰기를, "연향(宴享)에 대한 일은 전일에 감하기로 의논한 것으로 충분합니다." 하고,
>
> 허조는 아뢰기를, "부민의 원억(冤抑)을 호소하는 소장을 수리해, 관리의 오판(誤判)한 것을 처단하게 하는 것은 존비(尊卑)의 구분(區分)을 상실할까 두렵습니다. 원하건대, 전일 소신이 헌책(獻策)한 것에 따르게 하소서." 하였다.
>
> 임금이 말하기를, "고금천하(古今天下)에 어찌 약소(弱小)한 백성은 원억함도 말하지 못하게 해야 하는 이치가 있을 수 있겠는가. 경(卿)의 뜻은 좋지만, 정사로서 실시하기에는 정당하지 않다." 하였다.
>
> 조(稠)가 물러가니, 임금이 안숭선에게 말하기를, "조(稠)는 고집불통(固執不通)이야." 하였다.
>
> 숭선(崇善)이 아뢰기를, "정치하는 도리는 아래 백성의 심정이 위에 통하게 하는 것입니다. 《서경(書經)》에 말하기를, '필부필부(匹夫匹婦)가 그 뜻을 펴지 못하고 자진(自盡)하게 되면, 남의 임금 된 자는 더불어 그 공(功)을 이룰 사람이 없을 것이다.' 했습니다. 천하에 어찌 원억함을 호소하는 소송을 수리하지 않는 정치가 있겠습니까." 하니,
>
> 임금이 웃으며 말하기를, "그대 말이 내 마음에 꼭 맞는다[爾言正合

予意]. 이제부터 수리해 처리하게 하고, 그 소장 때문에 관리에게 죄주는 일이 없게 한다면 거의 두 가지가 다 원만할 것이다. 이것으로 전지(傳旨)를 내리게 하라." 하였다.[세종 15년(1433) 10월 23일]

그리고 다음날인 10월 24일, 세종은 다음과 같이 이 법의 시행을 명한다. 세종 2년에 제정된 이후 장장 13여 년을 끌어온 긴 토론을 마치고 마침내 법 개정에 이른다.

지금부터는 다만 자기의 원억을 호소하는 소장을 수리해 바른 대로 판결하여 줄 뿐이고, 관리의 오판을 처벌하는 일은 없게 하여, 존비(尊卑)의 분수를 보전하게 하라. 그 밖의 아랫사람이 윗사람을 고소하는 것을 금지하는 일은 일체 《육전(六典)》의 규정에 의거해 시행하라.

끝까지 법 개정을 반대했던 허조조차 이 절충안을 받아들인다. 그러면서 중(中)을 얻을 수 있을 것으로 내다봤다.

"신(臣)이 원한 바는 원억을 호소하는 소장을 수리하지 말아 상하의 구분을 전일(專一)하게 하고자 한 것입니다. 그러나 두 번 아뢰어도 윤허(允許)를 얻지 못했으니 어찌할 수 없습니다. 이 교지를 반포하신다면 거의 중(中)을 얻을 수 있겠습니다."

그러나 우여곡절 끝에 법 개정을 이루어냈지만 이것이 끝이 아니었다. 시행하는 과정에서 계속 문제가 발생한다. 세종은 다시 보완 지시를 내린다. 아래의 의정부 보고는 세종의 지시에 따른 것이다.

의정부에서 아뢰기를, "《속전(續典)》에, '부리(府吏)와 서도(胥徒)가 그 관원(官員)을 고발하고, 품관(品官)과 이민(吏民)이 그 감사와 수령을 고발한 것은, 사직(社稷)의 안위(安危)와 법을 어기고 사람을 죽인 일에 관계된 것이 아니면 고발을 받지 말게 하고, 그 자기가 원통함을 고소한 것은 고발장을 받아 주어 고쳐 분간(分揀)하되, 만약 일이 이미 시행되었으면 지난 일을 고치지 못하게 하고, 보복하고자 하여 원통하고 억울하다고 일컬으면서 고소한 것은 받지 못하게 한다.' 했으며, 정통 8년[1443년, 세종 25년]의 교지(敎旨)에는, '자기가 원통함을 호소한 것은 바른 대로 따라 분간하되, 관리(官吏)는 좌죄(坐罪)하지 말게 하여 존비(尊卑)의 분수(分數)를 온전하게 한다.' 하였습니다. 그러나 자기의 원통함을 호소한 것도 개정(改正)할 만한 일은 노비와 전지를 잘못 판결한 것만이 아니라, 부역(賦役)이 균등하지 못하고 세금 징수가 과중하며, 환곡(還穀)의 출납이 증가되고 감손되는 등의 일은 비록 이것이 백성들의 공통의 걱정이지마는, 또한 이것은 한 사람의 사사로운 원통한 일이니 모두 다 들어서 심리하게 함이 옳겠습니다. 무지한 인민들이 고소를 금지시키는 일에 젖어 있고, 또 관리가 파면되지 않고 그전대로 임무를 수행하고 있으니, 고소한 일이 비록 작더라도 침해(侵害)를 당하는 일은 반드시 크게 되므로, 백성들이 모두 입을 다물고 말하지 않아 원통하고 억울한 일을 펴지 못하게 되고, 유사(攸司)는 교지(敎旨)의 본뜻은 살피지 않고 비록 원통함을 호소한 것이 바른 대로 고칠 만한 일이 있더라도, 관할 구역의 백성이 고발하는 일이라고 지칭(指稱)하면서 또한 들어 심리하지 않고 도리어 죄벌(罪罰)을 가하여, 마침내 좋은 법의 뜻을 매몰(埋沒)하게 하여 백성의 사정이 위에 통하지 못해 교활한 관리만 날로 살찌게 되고, 백성의 생계(生計)가 날로 피폐하게 되어 그 폐해가 아주 심합니다. 지금부터는 일체 개정(改正)하여 자기의 원통하고 억울한 일을 모두 진소(陳訴)하여 추핵(推劾)하게 하고, 개정할 즈음에는 가벼운 일 외에 그 탐욕을 부려 백성을 잔해(殘害)시킨 일이 발각된다면, 신분이 낮은 사람의 고발로써 비록 태(笞)·장(杖)을 가하지 않더라도, 그 죄의 경하고 중한 데에 따라 즉시 파출시켜 백성을 편안하게 하소서." 하니, 그대로 따랐다.[세종 29년(1447) 2월 21일]

이 법의 보완이 필요하다는 데에 원칙적으로 공감한 세종은 의정부의 건의를 그대로 받아들인다. 그 배경에는 백성들이 억울한 일을 진달하도록 하여 관리들의 횡포에서 벗어나 편안하게 살기를 바라는 세종의 간절한 마음이 담겨 있음은 두말할 필요가 없을 것이다.

다음은 노비고소금지조(奴婢告訴禁止條)의 보완 과정을 살펴보자. 세종은 세종 16년 6월 8일 형조에 보완 지시를 내린다.

형조에 전지하기를, "《속형전(續刑典)》에, '노비로서 가장을 고발한 자는 그 고소장을 받지 말고 처교(處絞)하라.'는 법이 서 있으되, 본 주인으로서 함부로 노비를 죽인 자는 고발을 당하는 조목[門目]이 없는 까닭으로, 꺼리는 바 없이 마음대로 때려죽이니 매우 불가하다. 또한 왕법에도 어긋나니, 이제부터는 영락 13년(1415)의 왕지(王旨)에 의해 다시 의논하여 아뢰라." 하였다.[세종 16년(1434) 6월 8일]

20일이 지난 뒤 형조에서 보완 방안을 만들어 올린다. 세종은 그대로 받아들인다.

형조에서 아뢰기를, "잔인하고 포학한 무리들이 한결같이 노비를 고소하지 않고 함부로 때려죽이는데, 금후로는 비록 죄가 있는 노비라 할지라도 만일 법에 따라 형벌을 주게 하지 않고 제 마음대로 그릇 형벌을 하는 자[任情枉刑者]는 삼절린(三切隣)과 오가장(五家長)이 즉시 모여 이것을 금하고, 만일 법을 어기고 마구 형벌하여 죽임에 이르면 삼절린과 오가장이 관령(管領)에게 달려가 고발하되, 외방(外方)은 감고(監考)·이정(理正)·이장(里長)이 고하여 검사 증험하고, 전보(傳報)하면 법사에서 추핵하여 과죄할 것이고, 삼절린·관령·이정·이장 등이 주의하여 고찰하지 아니하거나, 때려죽인 뒤에 실정을 알고도 숨겨 준 정상이 나타나면, 본인 자신과 삼절린·색장(色掌)을 추고(推考)하여 중한 죄로 논하게 하소서. 7 노비들이 넌지시 삼질린과 색장을 사주해 고발한 자는 한결같이 노비가 가장을 고발한 죄[奴婢告家長罪]의 예에 의해 시행하소서." 하니, 그대로 따랐다.[세종 16년(1434) 6월 27일]

이 법은 처음 제정된 지 약 40년 후인 1461년(세조 7), 세조에 의해 반포된 『경국대전(經國大典)』〈형전(刑典)〉에 아래와 같이 「고존장(告尊長)」과 「소원(訴冤)」 두 개의 조항으로 나뉘어 실린다.

### 「고존장(告尊長)」

자손(子孫)·처첩(妻妾)·노비(奴婢)로서 부모(父母)·가장(家長)의 비행(非行)을 고발하는 자는 모반(謀叛)·역반(逆反)을 제외하고는 교형에 처한다. 노처(奴妻)·비부(婢夫)로서 가장의 비행을 신고하는 자는 장(杖) 100, 유(流) 3천 리에 처한다.

옛 노비(奴婢)·고공(雇工)으로서 구(舊) 가장(家長)을 구타(毆打)·욕설[매리(罵詈)]·고발하는 자는 가장을 구타·욕설·고발한 율(律)에서 각 2등을 감하여 논죄한다.

무릇 하관(下官)으로서 한 등급이 높은 관원[차등관(差等官)]을 욕설한 자는 남을 욕설한 본율(本律)에 1등을 더하고, 두 등급의 경우는 또 1등을 더하며, 이렇게 번갈아 더하여 장 100에서 그친다. 공(工)·상(商)·천예(賤隸)는 관직의 유무를 막론하고 각기 또 1등을 더한다.

아래는 세종 때 '노비가 주인을 고발하는 것을 금한 법'과 위 「고존장(告尊長)」의 차이를 표로 나타낸 것이다.

| 세종 때의 법 | 「고존장(告尊長)」 |
|---|---|
| 노비가 주인을 고발한 자는 그 고발을 받지 말고, 무고율(誣告律)에 의거하여 교형(絞刑)에 처한다. | 자손(子孫)·처첩(妻妾)·노비(奴婢)로서 부모(父母)·가장(家長)의 비행(非行)을 고발하는 자는 모반(謀叛)·역반(逆反)을 제외하고는 교형에 처한다. |

위의 내용을 비교해보면 다음과 같은 차이를 알 수 있다. 이는 세종 이후 문종조(文宗朝)·단종조(端宗朝)를 지나는 동안 이 법에 대한 인식이 크게 변화했음을 반영한 것이다. 그 바뀐 내용은 아래와 같다.

1. 세종 때의 법에는 '노비가 주인을 고발한 자'로 한정했으나, 「고존장」에서는 '자손(子孫)·처첩(妻妾)·노비(奴婢)로 부모(父母)·가장(家長)의 비행(非行)을 고발하는 자'로 확대했는데, 이는 강상(綱常)을 중하게 여긴 그 시대의 가치관을 반영해, 노비에게, '부모·가장의 비행을 고발한 자손·처첩'과 같은 기준을 적용한 것으로 보인다.

2. 세종 때는 고발의 내용을 제한하지 않았다. 그러나 「고존장」에서는 '부모(父母)·가장(家長)의 비행(非行)'으로 한정하고, '모반(謀叛)과 역반(逆反)'을 제외했다.

## 「소원(訴冤)」

원통(冤痛)하고 억울(抑鬱)한 일[원억(冤抑)]을 호소하는 자는, 서울은 주장관(主掌官)에게 올리고, 지방은 관찰사에게 올린다. 그렇게 한 뒤에도 원억이 있으며, 사헌부에 고하고, 그리하고도 원억이 있으면 신문고(申聞鼓)를 친다.

신문고는 의금부의 당직청에 있다. 무릇 올려진 말[상언(上言)]은 당직원이 사헌부의 퇴장(退狀)[18]을 살펴보고 나서 받아서 왕에게 아뢴다. 의금부·사헌부에서 처리한 것은 퇴장을 살피지 아니한다.

무릇 올려진 말은 왕의 하회(下回)[계하(啓下)[19]]가 있은 지 5일 내에 해당 관사의 회계(回啓)[20]가 있어야 한다. 만일 기한을 넘기게 되면, 바로 회계하지 못한 사연을 갖추어 아뢰어야 한다.

종묘(宗廟)·사직(社稷) 및 비법살인(非法殺人)에 관계되는 것 외에는, 이전(吏典)·복예(僕隷)로서 그 관원을 고소하는 자, 품관(品官)·이(吏)·민(民)으로서 그 관찰사·수령을 고소하는 자는 모두 받아들이지 아니하고, 장(杖) 100, 도(徒) 3년에 처한다.

품관(品官)·이(吏)·민(民)은 향리에서 내쫓는다[출향(黜鄉)].

타인을 몰래 사주(使嗾)하여[음주(陰嗾)] 소장을 내게 한 자도 죄가 역시 이와 같다. 자기의 원통한 일을 호소하는[자기소원(自己訴冤)] 자는 모두 들어주어 심리하되[청리(聽理)], 무고(誣告)한 자는 장(杖) 100, 유(流) 3천 리에 처한다.

품관(品官)·이(吏)·민(民)은 역시 향리에서 내쫓는다.

아래는 세종 때 '부리(府吏) 등이 관리(官吏) 등을 고발하는 것을 금한 법'과 위의 「소원」과의 차이를 비교한 것이다.

---

18) 퇴장(退狀) : 정소장(呈訴狀)을 살펴보고 물린[견퇴(見退)] 것. 형육(刑戮)·재산상속(財産相續) 등에 관련되는 소송에서 종심(終審)에 불복하는 자가 제출한 소장을 사헌부에서 조사하여 보고, 수리할 만한 이유가 없다고 판단하여 그 소장에 사헌부의 관인을 찍어 제소자(提訴者)에게 되돌려 준 것을 말한다.
19) 계하(啓下) : 계문(啓聞)에 대한 왕의 답이나 의견으로 내려진 것.
20) 회계(回啓) : 왕의 계하(啓下)를 받고 그것에 답하여 올리는 계문.

| 세종 때의 법 | 「소원」 |
|---|---|
| 부리(府吏)·서도(胥徒)가 관리(官吏)와 품관(品官)을 고발하고, 이민(吏民)이 그 감사(監司)와 수령(守令)을 고발한 자는 종사에 관계되는 일과 법을 어기고 사람을 죽인 일이 아니면 이를 받지 말고 장 100, 유(流) 3천 리의 형벌에 처한다. | 원통(冤痛)하고 억울(抑鬱)한 일[원억(冤抑)]을 호소하는 자는, 서울은 주장관(主掌官)에게 올리고, 지방은 관찰사에게 올린다. 그렇게 한 뒤에도 원억이 있으며, 사헌부에 고하고, 그리하고도 원억이 있으면 신문고(申聞鼓)를 친다. 종묘(宗廟)·사직(社稷) 및 비법살인(非法殺人)에 관계되는 것 외에는, 이전(吏典)·복예(僕隸)로서 그 관원을 고소하는 자, 품관(品官)·이(吏)·민(民)으로서 그 관찰사·수령을 고소하는 자는 모두 받아들이지 아니하고, 장 100, 도(徒) 3년에 처한다. |

위의 내용을 비교해 보면 아래와 같은 차이를 발견할 수 있다. 「소원」에서는 백성들이 자신들의 '원통하고 억울한 일'을 호소할 수 있게 했다. 이는 태종 2년(1402) 1월 26일 신문고를 설치하며 내린 교지에, '대체로 원억(冤抑)을 펴지 못해 호소하고자 하는 사람으로, 서울 안에서는 주무 관청에, 외방에서는 수령(守令)·감사(監司)에게 글을 올리되, 따져 다스리지 않으면 사헌부에 올리고, 사헌부에서도 따져 다스리지 않으면, 바로 와 북을 치라.'고 한 정신을 이은 것이라 할 수 있다. 따라서 태종 때 만들어진 '원억을 펼 수 있는 길'을 『경국대전』에서 법으로 다시 규정한 것으로 보인다. 또 다음과 같은 실록 기사를 보면 노비도 신문고를 쳤음을 알 수 있다.

사비(私婢) 자재(自在)가 광화문(光化門)의 종을 치고 자기의 원억(冤抑)한 일을 호소하므로 승정원에서 그 까닭을 물으니 대답하기를, "의금부 당직원(當直員)이 금하기 때문에 종을 쳤습니다." 하였다.

임금이 말하기를, "신문고(申聞鼓)를 설치한 것은 사람들이 마음대로 칠 수 있게 하여, 아래 백성들의 사정이 위에 통할 수 있게 하려는

것이다. 무슨 까닭에 금했는가. 만약 진술한 말이 사실이 아니라면 죄
는 그 사람에게 있는 것이니, 북을 관리(管理)하는 관리에게 무슨 상관
이 있겠는가. 이와 같이 금지당한 사람이 반드시 여러 사람일 것이니,
그 의금부 당직원을 헌부(憲府)에 내려 국문하라." 하였다.

드디어 김중성(金仲誠)과 유미(柳渼)의 의금부 직사(職事)를 파(罷)
했다.[세종 10년(1428) 5월 24일]

가장 짧게 잡아도 태종 2년(1402) 1월 26일 이후에는 비록 노비라 해
도 자기의 원억한 사연이 있으면 신문고를 쳐 호소할 수 있었던 것이
다. 또 같은 내용을 세조 7년에 《경국대전》〈형전〉에 규정했다는 것
과 위 기사를 보면 당연히 세종 때도 태종의 교지가 유효하게 적용되
었음을 짐작할 수 있다.

위에서 보았듯이 부민고소금지조(部民告訴禁止條)와 노비고소금지
조(奴婢告訴禁止條)는 세종 2년에 입법되었다. 그리고 13여 년이라는
긴 논의를 거쳐 우여곡절 끝에 개정되었다. 그럼에도 문제가 계속되
자 보완에 보완을 거듭하는 과정을 거쳤다. 그리고 마침내 《경국대
전》에 실린다.

그럼에도 이영훈(2018)은 이 법, 즉 두 조문에 의해 일반 백성이 전
통적으로 지녀온 법적 권리가 크게 위축되었고, 그렇기 때문에 세종
이 일반 백성의 권리를 민주적으로 신장했다는 통설적 이해는 크게
잘못되었다고 주장한다. 과연 이영훈의 주장은 합리적일까. 다른 것
은 차치하고라도 세종이 법조문 등의 시행에 따른 문제점을 보완하기
위해 꾸준히 노력을 기울여 왔음을 인정한다면 그 같은 주장은 하지
못할 것이다.

## 3) 이영훈이 중요하게 여기지 않은 『세종실록』의 노비 관련 기사

『세종실록』에는 노비와 관련된 기사가 많다. 특히 노비 휴가와 관련된 내용은 많이 알려진 기사이다. 그런데 이영훈(2018)은 194쪽에서 한영우(1997)의 『다시 찾은 우리 역사』에 나오는 근거를 들어 노비휴가 제도가 서민정책의 근거가 되는지 의문을 제기하고 있다. 노비를 양산한 종모법 등에 비해 중요하지 않다는 것이다. 과연 노비휴가 제도를 그렇게 가볍게 볼 수 있을까. 관련 기사를 통해 한번 따져보자.

> 형조에 전지하기를, "경외공처(京外公處)의 비자(婢子)가 아이를 낳으면 휴가 100일21)을 주고, 이를 일정한 규정[항식(恒式)]으로 삼으라." 하였다.22)[세종 8년(1426) 4월 17일]

> 임금이 대언(代言) 등에게 말하기를, "옛적에 공처(公處) 노비에 대하여 아이를 낳을 때는 반드시 출산하고 나서 7일 이후에 복무하게 하였다. 이것은 아이를 버려두고 복무하면 어린 아이가 해롭게 될까봐 염려한 것인데, 일찍이 100일간의 휴가를 더 주게 하였다. 그러나 산기에 임박해 복무하다가 몸이 지치면 곧 미처 집에까지 가기 전에 아이를 낳는 경우가 있다. 만일 산기에 임하여 1개월간의 복무를 면제해 주면 어떻겠는가. 가령 그가 속인다 할지라도 1개월까지야 넘을 수 있겠는가. 그러니 상정소(詳定所)에 명하여 이에 대한 법을 제정하게 하라." 하였다. [후략] [세종 12년(1430) 10월 19일]

---

21) 휴가 100일 : 세종 12년(1430) 10월 19일 기사를 참작하면, 그 이전에는 비자(婢子)가 아이를 낳은 후 7일의 휴가를 준 것으로 해석된다.

22) 현행 근로기준법 제74조(임산부의 보호)는, '①사용자는 임신 중의 여성에게 출산 전과 출산 후를 통하여 90일[한 번에 둘 이상 자녀를 임신한 경우에는 120일]의 출산 전후 휴가를 주어야 한다. 이 경우 휴가 기간의 배정은 출산 후에 45일[한 번에 둘 이상 자녀를 임신한 경우에는 60일] 이상이 되어야 한다.'고 규정했다.〈개정 2012.2.1. 2014.1.21.〉

승정원에서 아뢰기를, "노인으로서 천한 자[賤者]는 양로연(養老宴)23)에 나오지 말게 하소서." 하니,

임금이 말하기를, "양로(養老)하는 까닭은 그 늙은이를 귀하게 여기는 것이고, 그 높고 낮음을 헤아리는 것이 아니다. 비록 더할 나위 없이 천한 사람이라도 모두 들어와 참예하게 하고, 그 장죄(贓罪)를 범해 죄를 입어 자자(刺字)한 자는 참예하지 못하게 하라." 하였다.[세종 14년(1432) 8월 17일]

형조에 전교하기를, "경외(京外) 여종[婢子]이 아이를 배어 산삭(産朔)에 임한 자와 산후(産後) 100일 안에 있는 자는 사역(使役)을 시키지 말라 함은 일찍이 법으로 세웠으나, 그 남편에게는 전연 휴가를 주지 않고 그전대로 구실을 하게 하여 산모를 구호할 수 없게 되니, 한갓 부부(夫婦)가 서로 구원(救援)하는 뜻에 어긋날 뿐 아니라, 이 때문에 혹 목숨을 잃는 일까지 있어 진실로 가엾다 할 것이다. 이제부터는 사역인(使役人)의 아내가 아이를 낳으면 그 남편도 만 30일 뒤에 구실을 하게 하라.24)" 하였다.[세종 16년(1434) 4월 26일]

위에서 언급한 실록 기사를 살펴보면, 평소 세종이 노비에 대해 어떠한 인식을 갖고 있었는지를 짐작할 수 있다. 세종은 노비도 하늘을

---

23) 양로연(養老宴) : 14년 8월 26일 세종이 근정전에서 양로연을 베풀었는데, 80세 이상 노인으로 과거 우의정이었던 유관(柳寬)과 서인(庶人)·천예(賤隸)[노비]에 이르기까지 109명이 참석하였다. 8월 28일에는 중궁(中宮)이 사정전에서 노부(老婦)들에게 양로연을 베풀었는데, 2품 이상의 노부들과 공천(公賤)·사천(私賤)의 부녀를 포함해 198명이었다.

24) 남편도 만 30일 뒤에 구실을 하게 하라. : 현행 남녀고용평등과 일·가정 양립 지원에 관한 법률[약칭 : 남녀고용평등법] 제18조의 2(배우자 출산휴가)는, '①사업주는 근로자가 배우자의 출산을 이유로 휴가를 청구하는 경우에 5일의 범위에서 3일 이상의 휴가를 주어야 한다. 이 경우 사용한 휴가기간 중 최초 3일은 유급으로 한다.〈개정 2012. 2. 1.〉②제1항에 따른 휴가는 근로자의 배우자가 출산한 날부터 30일이 지나면 청구할 수 없다.'고 규정하였다.

대신해 군주가 보살펴야 할 천민(天民) 즉 하늘의 백성으로 여겼다.


## 6. 맺음말

지금까지 우리는 이영훈(2018)이 제기한 노비 관련 주장의 문제점을 실록 기사를 중심으로 살펴보았다. 한마디로 이영훈의 주장은 사실과 다른 부분이 적지 않고, 게다가 잘못된 해석, 근거 없는 문제제기가 많았음을 다시금 확인할 수 있었다. 아마도 이영훈은 세종을 깎아내리기로 작정한 사람처럼 주관적이고 편협한 역사관을 여실히 보여주었다.

오늘의 가치관으로 600년 전 시대의 가치관을 비교하고 평가하는 것은 어려운 일이다. 또 적합하지도 않다. 그러나 역사를 평가하고 비판하여 미래의 교훈으로 삼는 것은 소중하고 필요한 일이다.

세종시대의 노비제도에 대해 이영훈(2018)처럼 비판적인 입장에서 따져보고 분석하는 작업은 반길만한 일이다. 하지만 비판에 앞서 알아두어야 할 원칙이 있다. 무엇보다 철저하고 정확한 사료에 바탕을 두어야 한다는 것이다. 그렇지 않으면 '비판이 아니라 근거 없는 비난'으로 여겨질 수 있다.

우리는 10여 년 동안 『세종실록』을 읽고 토론하고 공부해왔다. 그런 입장에서 세종이 노비 양산을 제도화하고, 노비를 억압했다는 이영훈의 주장에 단연코 동의할 수 없다.

이 글을 쓰는 필자의 판단도 당연히 비판의 대상이 되고, 새로운 근거와 해석에 의해 부정될 수 있다. 또 그렇게 되어야 한다. 이러한 과정을 통해 세종시대를 깊이 있게 재조명할 수 있다면 정말 바라고 환영하는 바이다.

이 글은 어느 특정인을 비난하기 위한 목적으로 쓰이지 않았다. 다만 세종에 대한 잘못된 해석과 평가가 널리 퍼져, 그것이 사실인 양 호도되어 세상 사람들이 받아들이는 것은 두렵고 괴로운 일이다. 역사적 안목을 가진 많은 분들의 새로운 해석과 판단을 기대한다.

| 김기섭 |

# 훈민정음 한자음 발음기호 창제설은 허구다

## 1. 머리말

이영훈(2018)은 세종이 만백성의 성군이 아니라는 핵심 근거 중의 하나로 세종의 훈민정음 창제 목적은 만백성의 의사소통을 위한 것이 아니라 단지 한자음 발음기호로 만들었다고 주장한다. 그래서 기존의 한자 모르는 백성들을 위해 만들었다는 것은 환상이요 반과학이라고 한다. 결론부터 말하면 이영훈(2018)의 주장이 환상이요 반과학이다. 이영훈(2018)의 글에서 주장하는 훈민정음 창제 동기와 목적은 사실이 아니다.

이영훈(2018)은 정광(2015), 정다함(2013)[1]과 같이 저자의 의도에 맞는 논저만 인용하였을 뿐 "김슬옹 엮음(2015), 『훈민정음(언문한글) 논저·자료 문헌 목록』, 역락"에서 집약된 수많은 훈민정음 연구의 중요 논저를 외면하였다.

---

1) 정광(2015), 『한글의 발명』, 김영사.
　　정다함(2013), 「"中國(듕귁)"과 "國之語音(나랏말씀)"의 사이」, 『比較文學』 60, 韓國比較文學會, 255-280쪽.
　　정다함(2013)은 이보다 앞서 "정다함(2009), 「麗末鮮初의 동아시아 질서와 朝鮮에서의 漢語, 漢吏文, 訓民正音」, 『韓國史學報』 36, 고려사학회, 269-305쪽."에서 같은 취지를 발표한 바 있다.

이영훈이 핵심 근거로 차용한 두 문헌들은 훈민정음 창제의 부차적 동기(한자음 적기)를 주된 동기요 핵심 동기로 설정한 논저들로, 정광(2015)에 대해서는 김슬옹(2017)[2]에서 비판한 바 있다.

훈민정음 창제 배경이나 동기에 대한 이러한 잘못된 해석이나 판단은 이영훈만의 문제는 아니다. 의외로 이런 주장에 동조하는 사람들이 많다. 따라서 이 글은 오직 이영훈(2018) 글만을 겨냥한 반론이 아니라 이런 문제 전반에 관한 비판임을 밝혀 둔다.

한자음 발음기호설의 뿌리는 이숭녕(1976)이다. 정광(2015)은 이숭녕의 후학으로 한자음 발음기호설을 확대한 것이다. 이숭녕(1976: 49-50)에서 "세종이 훈민정음을 지어 국민에게 깐다는 것도 컸지만, 그 한글을 발음 부호로 삼아 한자음의 개혁을 기도한 것에 몇 배 더 정열을 기울인 것임이 사실이다."라고 했고 이는 명나라 주원장의 『홍무정운』을 통한 한자음 바로잡기를 흉내 낸 것에 지나지 않고 결국 한자음 개신 작업은 실패로 돌아갔다고 보았다. 세종이 중국 운서의 한자음 달기나 『동국정운』 등을 통해 한자음 개신과 표준화를 시도한 것은 맞지만 이숭녕(1976), 정광(2015)에서 이를 주목적으로 본 것은 역사 왜곡이며 세종의 훈민정음 창제 정신을 내려깎는 것이다.

물론 세종이 훈민정음의 창제의 부차적 목적으로 한자음 표준음화를 시도한 것은 그 나름대로 큰 의미가 있고 중국이 천 년 이상을 적지 못한 한자 발음을 적고 우리나라 중심으로 표준음 제정에 성공한 것은 큰 의미가 있다. 그것은 말소리를 바르게 적고자 하는 원대한 훈민정음 꿈을 이루는 과정에서 설정된 부차적 목적인 것이다.

---

2) 김슬옹(2017), 『한글혁명』, 살림터, 55-74쪽.

## 2. 이영훈(2018)의 핵심 요지

이영훈(2018)은 머리말에서 "환상은 그 자체로 반과학이다. 환상은 직시되어야 하며, 적절한 대안과 더불어 극복되어야 한다."라고 적고 있다. 이런 취지 아래 동영상 강의 10개를 제작하여 유튜브에 올렸고, 그 첫 강의가 '세종 과연 성군이었나'였다. 이영훈(2018)은 동영상 강의 내용을 더 자세하게 풀어쓴 것이다.

이영훈도 "오늘날 대다수의 한국인이 세종을 성군으로 받드는 가장 큰 이유는 뭐라 해도 그의 훈민정음 창제에 있다고 하겠다."[이영훈 (2018), 171쪽]라고 얘기했듯이, 우리가 세종을 성군으로 기리는 핵심 업적은 '훈민정음 창제·반포'다. 그런데 훈민정음은 양반 사대부들의 한자음 적기 문제를 해결하기 위해 만든 것이니 양반들의 성군일 수는 있어도 만백성의 성군은 아니라는 것이 이영훈의 주장이다.

이영훈은 아예 첫 소제목을 '백성에게 바른 한자음을 가르치다'라고 출발하고 있다. 한자음은 한자를 아는 양반들 중심의 문제이니 결국 훈민정음은 양반들을 위해 만들었다는 것이다. 결국 세종은 양반을 위한 성군이지 하층민 중심의 만백성의 성군이 아니라고 한다. 따라서 이영훈 스스로 정리한 일반인들의 다음과 같은 통설은 잘못되었다고 한다.

> 1443년 세종은 어리석은 백성에게 쉽고 편리하게 사용할 수 있는 문자가 없음을 안타깝게 여겨 당신이 손수 세계적으로 뛰어난 표음문자인 훈민정음을, 즉 오늘날의 한글을 만들었다. 세종의 한글 창제는 그의 지극한 애민정치의 소산이었다. 또한 세종의 한글 창제는 중국과 구분되는 조선 독자의 정체성, 곧 민족주의의 발로였다. 조선 왕조는 그때부터 세계사적으로 근세라 할 만한 문명의 고양기를 맞이하였다. 마침 이 글을 쓰고 있는 중에 연례의 한글날을 맞았다. 문재인 대통령

은 한국의 민주주의는 세종의 한글 창제부터라고 칭송하였다.[이영훈
(2018), 171쪽]

이와 같은 통설을 부정하는 근거로 이영훈은 정광(2015)에 전적으로
의존하고 있다. 이영훈(2018, 171~172)에서 받아들인 정광(2015)의 논지
는 다음과 같다.

(1) 세종이 독자의 문자를 개발하게 된 계기는 동시대 조선의 한자 발
음과 중국의 그것이 너무 달라 양국 간 문자와 언어의 소통에서 많은
문제가 발생하였고 세종은 동시대 북경어 중심의 한자 발음을 정확히
표기할 목적에서 발음기호를 창제하였다.
(2) 훈민정음은 백성에게 가르칠[訓民] 바른 음[正音]을 표기한 기호로
여기서의 바른 음은 동시대 북경어의 한자 발음이었다.
(3) 훈민정음은 하층 서민이 쉽고 편리하게 쓸 수 있도록 개발된 문자
가 아니라 한자를 사용하는 지배계층들이 동시대 중국의 기준에서 정
확한 중국어를 구사하고 훌륭한 외교문서를 작성하고 아름다운 시문
을 지을 수 있도록 개발된 발음기호였다.
(4) 세종은 그 발음기호 43자를 가지고 맨 먼저 『고금운회(古今韻會)』와
『홍무정운(洪武正韻)』이라는 중국의 운서를 번역하기 시작하였다. 뒤이
어 조선의 한자 발음을 중국식으로 표준화하는 『동국정운(東國正韻)』이
란 운서를 편찬하였다. 다시 말해 세종은 당대 조선의 한자음을 중국식으
로 개조하는 엄청난 작업을 벌인 셈이다. 이 거대한 문화사업은 성공하지
못하였다. 1448년에 편찬된 『동국정운』은 음운의 체계에서 당대 조선의
언어생활과 너무나 동떨어졌으며, 이에 결국 폐기되고 말았다.
(5) 훈민정음이 표음문자로 생존한 것은 변음토착(變音吐着)에 성공한
덕분이었다. 세종의 차녀인 정의공주(貞懿公主)가 그 일에 공로가 컸다.
변음이란 기존의 이두처럼 한자의 뜻을 빌려 표기하던 것을 버리고 직접

소리나는 대로 표기함을 말한다. 예컨대 무엇이다의 '이다'는 이두로 '시여(是如)'라고 썼는데, 이제 그 음을 바꾸어 '이다'로 쓰는 것이다. 토착은 조선어에 고유한 토를 마찬가지 방식으로 다는 것을 말한다. 그렇게 한문 밖의 일상의 조선어도 표기할 수 있음이 확인되자 훈민정음은 더 이상 발음기호가 아니라 표음문자로 바뀌어 보급되어 갔는데, 그것을 가리켜서는 언문(諺文)이라 하였다.[이영훈(2018), 173~175쪽)]

여기서 두 가지 핵심 쟁점은 첫째, 훈민정음은 누구를 위해 만든 것인가이고 둘째 쟁점은 과연 한자음 발음기호로 창제, 공표했는가이다.


## 3. 핵심 쟁점에 대한 반론

### 1) 창제 대상에 대한 문제점

이영훈(2018)의 논지대로라면 세종은 훈민정음을 양반들을 위해 만든 셈이 된다. 한자음을 적기 위한 것이라면 그건 한자 문식력을 갖고 있고 한자 문식력이 중요한 계층은 양반밖에 없기 때문이다. 정다함(2013)에서도 강조한, 중국어 발음 문제와 중국과의 외교 문서로 인한 문제는 전적으로 양반 계층, 그것도 관리로 일하는 사대부들만의 문제이기 때문이다.

그런데 훈민정음 창제의 1차적 동기는 한자 모르는 백성들을 위해 만들었다고 세종이 직접 『훈민정음』 해례본에서 서문으로 써 놓았는데 그런 근거로 보면 이영훈의 주장은 세종 창제를 인정하면서 세종의 말을 인정하지 않고 있는 셈이다.

세종 서문에서 "이런 까닭으로 글 모르는 백성이 말하고자 하는 바가 있어도 끝내 제 뜻을 펴지 못하는 사람이 많다.(故愚民有所欲言, 而終不得伸其情者多矣. [정음1ㄱ:3-4_어제서문])"라고 한자를 몰라 생기는 언어 문제를 해결하기 위해 훈민정음을 만들었다고 밝히고 있다. 물론 문자라는 것이 소통이 돼야 하므로 최종적으로는 모든 백성들을 위한 문자임을 분명히 하고 있다. 곧 세종 서문에서 "내가 이것을 가엾게 여겨 새로 스물여덟 글자를 만드니, 모든 사람들로 하여금 쉽게 익혀서 날마다 쓰는 데 편안하게 하고자 할 따름이니라.(予爲此憫然, 新制二十八字, 欲使人人易習, 便於日用耳. [정음1ㄱ:5-6_어제서문])"라고 하여 '모든 사람(人人)'을 대상으로 설정했다. 또한 '정인지서(序)'에서 "드디어 임금께서 상세한 풀이를 더하여 모든 사람을 깨우치도록 명하시었다.(遂命詳加解釋, 以喩諸人. [정음해례28ㄱ:8-28ㄴ:1_정인지서])"라고 하여 1차적인 정음 사용 주체로 양반 사대부를 제외한 하층민을 대상으로 하였으나, 교화 차원에서 계층 간의 소통이 중요하므로 모든 신분을 아우르는 대상으로 설정한 것이다. 의사소통은 쌍방향성을 전제로 하므로 상호 주체로 구성될 수 있는 문자여야 하는데, 세종은 이러한 목표를 분명히 한 것이다.

〈표 1〉에서 보듯 훈민정음 창제 전에는 한자를 모르는 평민과 천민은 문자 생활 자체가 불가능하였다. 반포 후에는 언문을 통해 그 가능성을 열어 놓은 것이다.

〈표 1〉 조선시대 신분제 따른 문자생활(훈민정음 창제 전)

| 신분 | | 남성 | 여성 |
|---|---|---|---|
| 지배층 | 양반<br>(여성 제외) | 한문 사용,<br>특별한 경우 이두 사용 | 문자 모름, 문자생활 안 됨<br>*배울 수도 없고 실제 사용도 안 됨 |
| | 중인<br>(여성 제외) | 이두 사용,<br>특별한 경우 한문 사용 가능 | |
| 피지배층 | 평민 | 문자 모름, 문자생활 안 됨<br>*배울 수는 있으나 실제로는 거의 불가능 | |
| | 천민 | 문자 모름, 문자생활 안 됨<br>*배울 수도 없고 실제 사용도 안 됨 | |

그렇다면 하층민의 문맹 문제가 핵심 창제 동기라면 왜 훈민정음 반포 후에 이들을 위한 책을 안 펴냈느냐는 반론을 편다. 이 문제에 대해서는 반포 전후의 사건의 흐름을 보면 그 진실을 알 수 있다.

세종이 한글 창제(1443) 후에 제일 먼저 한 일은 최만리 등 7인의 갑자상소에 나온다.

이제 넓게 여러 사람의 의논을 들어보지도 않고 갑자기 10여 명의 서리들에게 가르쳐 익히게 하며 또 옛날 사람들이 이미 만들어 놓은 운서(한자 발음 사전)를 경솔하게 고치고, 언문을 억지로 갖다 붙이고 기능공 수십 명을 모아 판각을 새겨 급하게 널리 반포하려 하시니, 이 세상 후대 사람들의 공정한 의논으로 보아 어떻겠습니까?

今不博採群議, 驟令吏輩十餘人訓習, 又輕改古人已成之韻書, 附會無稽之諺文, 聚工匠數十人刻之, 劇欲廣布, 其於天下後世公議何如?[최만리 외 6인 갑자상소]

바로 하급 관리 교육이었다. 이것이 의미하는 것은 명약관화하다. 대민 업무를 맡고 있는 서리들을 가르쳐 훈민정음을 실용화시키고 하층민들에게 보급하려는 정책이었다. 반포 후에 하급 관리 과거 시험에 도입하는 맥락과 같다. 그런데도 운서 편찬에 방점을 두고 한자음 발음 기호로 만들었다고 보는 것은 이치에 맞지 않는다.

운서 편찬이 제일 먼저 이루어졌다고 해서 그것이 마치 최종 목적이요 주목적으로 몰아가는 것은, 통학용으로 산 자전거를 사자마자 기분이 좋아 유원지에 놀러갔다고 유원지 놀이용으로 샀다고 주장하는 것과 같다.

## 2) 한자음 발음기호설의 문제점

훈민정음 창제 핵심 동기가 한자음 발음 적기라는 이른바 '한자음 발음기호설'은 관련 핵심 문헌(훈민정음 해례본, 실록)과 창제 전후 맥락으로 보아 성립할 수 없는 견해다. 이를 세 가지 측면에서 짚어보자.

첫째, 한자음 발음 기호설은 말과 글의 불일치 또는 한자 빌려쓰기 언어 모순에 대한 오랜 역사와 인식을 무시하고 있다. 해례본의 '정인지서'는 한자를 변용해서 말과 글의 불일치를 줄이고자 했던 노력조차 얼마나 심각한 모순인지를 "이두를 사용하는 것은 몹시 속되고 근거가 일정하지 않을 뿐만 아니라 실제 언어사용에서는 그 만분의 일도 소통하지 못한다.(非但鄙陋無稽而已, 至於言語之間, 則不能達其萬一焉. [정음해례27ㄴ:2-4_정인지서])"라고 극명하게 그 모순을 지적하고 있다. 세종이 어느 날 느닷없이 훈민정음을 창제한 것이 아니라 이런 긴 세월 동안의 말과 글의 불일치에 대한 오랜 인식과 이를 극복하고자 하는 의지에서 비롯된 것임을 알 수 있다. 세종 서문에서 우리말과 중국말이 다르다는 것도 바로 이런 언어모순을 전제로 하거나 그것을 지적하는 것이다.

여기에 한자음을 적기 위해 만들었다는 얘기는 아예 없다. 물론 『동국정운』 등의 다른 문헌을 통해서 볼 때 한자음 적기도 여러 목적 가운데 하나임은 분명하다. 그러나 세종 서문이 그런 문헌 증거보다 더 강력한 것임은 두말할 필요가 없다. 한글을 창제한 사람이 창제 동기와 목표, 목적을 이렇게 명백하게 밝혀 놓았는데도 다른 부차적인 자료 등을 근거로 주된 것과 부차적인 것을 바꿔 놓은 저의를 이해할 수 없다. 서문 내용을 분석적으로 정리한 〈표 2〉를 보면 이 점은 더욱 명백해진다.

〈표 2〉『훈민정음』해례본의 세종 서문에 나타난 창제 동기와 목적

| 갈래 | 동기 | 목표 | 목적 |
|---|---|---|---|
| 언어<br>문화 | 입말과 글말이 다름, 조선말에 맞는 글자가 필요하다. | 28자<br>창제 | 누구나 쉽게 배워 편하게 쓰게 하기 위해서다. |
| | 한자는 하층민의 의사소통 도구 구실 못하고 있다. | | |
| 정치<br>사회 | 문자마저 대국을 그대로 좇을 필요는 없다. | | 우매한 백성들을 깨우치고(교화) 그들의 사회적 의사소통을 돕기 위해서다. |
| | 한자를 모르는 백성들의 불편함과 억울함이 매우 크다. | | |

(김슬옹, 2017: 59)

핵심 창제 동기는 입말(한국어)과 글말(한문, 한자)의 다름에서 오는 모순이었으며, 그 모순의 정점에 한자를 모르는 백성들이 있었다.

둘째는 세종 서문에 나오는 핵심 동기와 목표에 대한 역사적 진정성이 창제 17년 전인 1426년 기록부터 나온다는 점이다.

세종은 무려 17년 전부터 이런 문제를 가지고 고민했고 그 과정이 고스란히『세종실록』에 실려 있으므로 세종 서문의 진정성은 그런 기록으로 충분히 입증된다. 그 기록을 보기 좋게 표로 보이면 다음과 같다.

〈표 3〉훈민정음 창제하기까지의 문자에 대한 세종의 생각 모음

| 때 | 기록 |
|---|---|
| 1426년 | 임금이 말하기를, "사람의 법은 함께 써야 하는 것인데, 지금은 옛날과 같지 않기 때문에 부득이 가까운 법률문을 준용하여 시행하는 것이다. 그러나 법률문이란 것이 한문과 이두로 복잡하게 쓰여 있어서 비록 문신이라 하더라도 모두 알기가 어려운데, 하물며 법률을 배우는 생도이겠는가. 이제부터는 문신 중에 정통한 자를 가려서 따로 훈도관을 두어『당률소의(唐律疏義)』·『지정조격(至正條格)』·『대명률(大明律)』 등의 글을 강습시키는 것이 옳을 것이니, 이조로 하여금 정부에 의논하도록 하라." 하였다. (上曰: "人法竝用, 今不如古, 故不得已以律文比附施行, 而律文雜以漢吏之文, 雖文臣, 難以悉知, 况律學生徒乎? 自今 |

| | |
|---|---|
| | 擇文臣之精通者, 別置訓導官, 如『唐律疏義』, 『至正條格』, 『大明律』等書, 講習可也. 其令吏曹議諸政府."_세종 8년(1426) 10월 27일 |
| 1428년 | 임금이 직제학(直提學) 설순(偰循)에게 이르기를, "이제 세상 풍속이 몹시 나빠져 심지어는 자식이 자식 노릇을 하지 않는 자도 있으니, 『효행록』을 간행하여 이로써 어리석은 백성들을 깨우쳐 주려고 생각한다. 이것은 비록 폐단을 구제하는 급무가 아니지만, 그러나 실로 교화하는 데 가장 먼저 해야 할 것이니, 전에 편찬한 24인의 효행에다가 또 20여 인의 효행을 더 넣고, 고려시대 및 삼국시대의 사람으로 효행이 특이한 자도 또한 모두 수집하여 한 책을 편찬해 이부도록 하되, 집현전에서 이를 주관하라."(至是, 上謂直提學偰循曰: "今俗薄惡, 至有子不子者, 思欲刊行『孝行錄』, 以曉愚民. 此雖非救弊之急務, 然實是敎化所先, 宜因舊撰二十四孝, 又增二十餘孝. 前朝及三國時 孝行特異者, 亦皆(褱)[裒]集, 撰成一書, 集賢殿其主之._세종 10년(1428) 10월 3일) |
| 1432년 | 비록 세상 이치를 아는 사람이라 할지라도, 법률문에 의거하여 판단을 내린 뒤에야 죄의 경중을 알게 되거늘, 하물며 어리석은 백성이야 어찌 저지른 죄가 크고 작음을 알아서 스스로 고치겠는가. 비록 백성들로 하여금 다 법률문을 알게 할 수는 없을지나, 따로이 큰 죄의 조항만이라도 뽑아 적고, 이를 이두문으로 번역하여서 민간에게 반포하여 보여, 어리석은 지아비와 지어미들로 하여금 범죄를 피할 줄 알게 함이 어떻겠는가. (上謂左右曰: "雖識理之人, 必待按律, 然後知罪之輕重, 況愚民何知所犯之大小, 而自改乎? 雖不能使民盡知律文, 別抄大罪條科, 譯以吏文, 頒示民間, 使愚夫愚婦知避何如?"_세종 14년(1432) 11월 7일) |
| 1434년 | 오히려 어리석은 백성들이 아직도 쉽게 깨달아 알지 못할까 염려하여, 그림을 붙이고 이름하여 『삼강행실(三綱行實)』이라 하고, 인쇄하여 널리 펴서 거리에서 노는 아이들과 골목 안 여염집 부녀들까지도 모두 쉽게 알기를 바라노니, 펴 보고 읽는 가운데에 느껴 깨달음이 있게 되면, 인도하여 도와주고 열어 지도하는 방법에 있어서 도움됨이 조금이나마 없지 않을 것이다. 다만 백성들이 문자를 알지 못하여 책을 비록 나누어 주었을지라도, 남이 가르쳐 주지 아니하면 역시 어찌 그 뜻을 알아서 감동하고 착한 마음을 일으킬 수 있으리오. 내가 『주례(周禮)』를 보니, '외사(外史, 벼슬이름)는 책 이름을 사방에 펴 알리는 일을 주관하여 사방의 사람들로 하여금 책의 글자를 알게 하고 책을 능히 읽을 수 있게 한다.' 하였으므로, 이제 이것을 만들어 서울과 외방에 힘써 회유(誨諭)의 방술[術]을 다하노라. (尙慮愚夫愚婦未易通曉, 付以圖形, 名曰『三綱行實』, 鋟梓廣布. 庶幾街童巷婦, 皆得易知, 披閱諷誦之間, 有所感發, 則其於誘掖開導之方, 不無小補. 第以民庶不識文字, |

| | |
|---|---|
| | 書雖頒降, 人不訓示, 則又安能知其義而興起乎? 子觀『周禮』, 外史掌達書名于四方, 使四方知書之文字, 得能讀之. 今可(做)[倣]此, 令中外務盡誨諭之術._세종 16년(1434) 4월 27일 |
| 1442년 | 경상도와 전라도 관찰사에게 교지를 내리기를, "홍무(洪武) 13년 9월에 왜구가 떼를 지어 육지로 올라와 우리의 경계를 침략하였을 때에, 우리 태조께서 군대를 정비하여 이끌고서 바로 운봉(雲峯)에 이르러 한 번에 소탕하였으니, 그 훌륭한 공과 위대한 업적은 후세에까지 전하지 아니할 수 없는 것이다. 그러므로 그때의 군마의 수효와 적을 제어한 방책과 접전한 수와 적을 함락시킨 광경 등을 반드시 본 사람이 있을 것이니, 경은 도내 여러 고을에 흩어져 살고 있는 늙은이들에게 널리 다니며 방문)하여 상세히 기록하여 아뢰라." 하였다. 이때에 임금이 바야흐로 『용비어천가(龍飛御天歌)』를 짓고자 하여 이러한 전지를 내린 것이었다. (傳旨慶尙、全羅道觀察使: 洪武十三年庚申九月, 倭寇成群下陸, 侵掠其界. 我太祖整率部伍, 直到雲峯, 一擧掃除, 神功偉烈, 不可不傳於後世也. 其軍馬之數、制敵之策、接戰次數、陷敵施爲, 必有及見之人, 卿於道內諸郡散居故老之人, 廣行訪問, 詳書以啓.時上方欲撰『龍飛御天歌』, 故乃下此傳旨._세종 24년(1442) 3월 1일) |
| 1443년 | 이 달에 임금께서 친히 언문 스물여덟 자를 만들었다. 이 글자는 고전을 모방한 것이로되, 초성자·중성자·종성자로 나누어지지만, 이 셋을 합쳐야 글자(음절)가 이루어진다. 무릇 중국 한자말이나 우리나라 말이나 모두 능히 쓸 수 있으니, 글자가 비록 간결하지만 요점을 잘 드러내고 요리조리 끝없이 바꾸어 쓸 수 있으니, 이를 『훈민정음』이라 일컬었다. (是月, 上親制諺文二十八字, 其字倣古篆, 分爲初中終聲, 合之然後乃成字, 凡干文字及本國俚語, 皆可得而書, 字雖簡要, 轉換無窮, 是謂訓民正音._세종 25년(1443) 12월 30일) |
| 1444년 | 내(세종)가 만일 언문으로 『삼강행실』을 번역하여 민간에 반포하면 어리석은 남녀가 모두 쉽게 깨달아서 충신·효자·열녀가 반드시 무리로 나올 것이다. ("子若以諺文譯『三綱行實』, 頒諸民間, 則愚夫愚婦, 皆得易曉, 忠臣孝子烈女, 必輩出矣."_세종 26년(1444) 2월 20일) |

첫 번째 1426년 기록은 훈민정음 창제 17년 전의 기록이고 두 번째 1432년 기록은 창제 11년 전 기록이다. 이미 17년 전부터 세종은 하층민과의 소통 문제에서 한문과 한자를 변형한 이두문의 효율성 문제를 고민하고 있음을 알 수 있다.

여기서 주목할 것은 세종이 처음에는 새로운 문자를 만들기보다 한자보다 상대적으로 쉽다고 생각한 이두를 통해 백성 교화 문제를 해결하려고 생각했다는 점이다. 그러나 이두 또한 한자라는 문자 자체의 한계를 그대로 갖고 있는 것이므로 쉽게 포기하고 아예 새로운 문자를 구상하게 된 것이다. 다시 말하면 세종은 한자가 서당에 갈 수조차 없는 많은 하층민들에게는 '그림의 떡'임을 잘 알고 있었던 것이다.

이와 더불어 한글 창제 대략 두 달쯤 뒤에 최만리 등 7인이 올린 갑자상소문을 보면 창제 핵심 동기의 진정성을 확인할 수 있다. 최만리와의 논쟁과정에서 세종이 정창손에게 한 말인 "내가 만일 언문으로 삼강행실을 번역하여 민간에 반포하면 어리석은 남녀가 모두 쉽게 깨달아서 충신·효자·열녀가 반드시 무리로 나올 것이다."[3]라고 했는데 여기에도 세종의 하층민과의 소통, 교화 문제가 중요했음을 알 수 있다.

> 전하께서 말씀하시길 "사형 집행에 대한 법 판결문을 이두문자로 쓴다면, 글 뜻을 알지 못하는 어리석은 백성이 한 글자의 착오로도 원통함을 당할 수도 있으나, 이제 그 말을 언문으로 직접 써서 읽어 듣게 하면, 비록 지극히 어리석은 사람일지라도 모두 다 쉽게 알아들어서 억울함을 품을 자가 없을 것이다."라고 하오나 예로부터 중국은 말과 글이 같아도 죄인을 심문하거나 심의를 해주는 사이에 억울하게 원한을 품는 사람들이 아주 많습니다. 가령 우리나라로 말하더라도 옥에 갇혀 있는 죄수로서 이두를 아는 자가 직접 공술문을 읽고서 그것이 거짓인 줄을 알면서도 매를 견디지 못하여 거짓말로 자복하는 자가 많사옵니다. 이런 경우는 공술문의 뜻을 알지 못해서 억울한 죄를 뒤집

---

3) 세종 26년(1444) 2월 20일자, 번역은 온라인 조선왕조실록 번역을 쉽게 수정 보완함.

어쓰는 것이 아니라는 것을 명백하게 알 수 있습니다. 만약 그렇다면 비록 언문을 쓴다 할지라도 이와 다를 것이 무엇이겠습니까? 여기에서 범죄사건을 공평히 처결하고 못하는 것은 법을 맡은 관리가 어떤가에 달려 있으며 말과 글이 같고 같지 않은 데 달려 있는 것이 아니라는 것을 알 수 있습니다. 그런데도 언문을 사용해야 처결 문건을 공평하게 할 수 있다는 데 대해서는 신 등은 그것이 옳다고 보지 않사옵니다.

若曰如刑殺獄辭, 以吏讀文字書之, 則不知文理之愚民, 一字之差, 容或致冤. 今以諺文直書其言, 讀使聽之, 則雖至愚之人, 悉皆易曉而無抱屈者, 然自古中國言與文同, 獄訟之間, 冤枉甚多. 借以我國言之, 獄囚之解吏讀者, 親讀招辭, 知其誣而不勝棰楚, 多有枉服者, 是非不知招辭之文意而被冤也明矣. 若然則雖用諺文, 何異於此? 是知刑獄之平不平, 在於獄吏之如何, 而不在於言與文之同不同也. 欲以諺文而平獄辭, 臣等未見其可也.[세종 26년(1444) 2월 20일]

갑자상소의 이 기록은 『세종실록』에는 별도의 사건 기사로 없는 기록이라 더욱 큰 의미를 갖는다. 바로 세종은 문자생활의 극명한 모순인 한자 문제를 재판 문제로 말한 것이다. 이에 대하여 최만리 등은 중국의 말과 글의 일치를 근거로 한자의 문제가 아닌 관리의 문제로 반박하고 있다. 중국인들은 한자가 모국어이지만 한자가 어려워 문맹이 많다는 측면에서는 우리나라와 차이가 없는데도 이를 반박 근거로 삼고 있다. 결국 세종은 하층민과의 소통 문제가 매우 중요한 창제 동기임을 밝히고 이 내용은 세종 서문에도 반영되어 있는 것이다.

이렇게 실제 언어생활에서 한자와 한문을 모름으로써 생기는 인권 문제가 새 문자 창제의 핵심 동기가 되는 맥락은 필자가 김슬옹(2017: 66~75)에서 자세히 밝힌 바 있음으로 표 인용으로 대신한다.

〈표 4〉하층민의 문자 소통 문제에 대한 기록 모음(김슬옹, 2017: 67)

| 기록 | 출처 |
|---|---|
| 사형 집행에 대한 법 판결문을 이두문자로 쓴다면, 글의 뜻을 알지 못하는 어리석은 백성이 한 글자의 착오로도 원통함을 당할 수도 있으나, 이제 그 말을 언문으로 직접 써서 읽어 듣게 하면, 비록 지극히 어리석은 사람일지라도 모두 다 쉽게 알아들어서 억울함을 품을 자가 없을 것이다. | 최만리 외 6인 갑자 상소(1444)에서 인용한 세종 말 |
| 한문을 배우는 이는 그 뜻을 깨닫기가 어려움을 걱정하고, 범죄 사건을 다루는 관리는 자세한 사정을 이해하기가 어려운 것을 근심했다. | 『훈민성음』(1446) 해례본 정인지서 |
| 어리석은 백성이 말하고자 하는 바가 있어도 마침내 제 뜻을 펴지 못하는 사람이 많으니라. | 『훈민정음』(1446) 세종 서문 |

세종이 한자음 표기 문제를 중요하게 여긴 것은 그것이 주된 목표라서가 아니었다. 당대의 모든 말소리를 정확히 적고 한자음을 아예 비슷하게라도 적을 수 없는 중화의 모순을 해결하기 위해 우리식 표준음을 적기 위한 전략이었다.

물론 당시에는 한자음을 적기 위한 목적도 매우 중요했을 것이다. 그러나 그것은 모든 소리를 적기 위한 다양한 목적 중의 하나였고 부차적인 것이었으니, 그것을 마치 주된 목적으로 주장하는 것은 옳지 않다. 한자음 발음기호설의 핵심 근거 문헌인 《동국정운》에서도 다음과 같이 말하고 있다.

더구나 글자가 만들어지지 못했을 때는 성인의 도가 천지에 의탁했고, 글자가 만들어진 뒤에는 성인의 도가 서책에 실리었으니, 성인의 도를 연구하려면 마땅히 글의 뜻을 먼저 알아야 하고, 글의 뜻을 알기 위한 요령은 마땅히 성운(聲韻)부터 알아야 하니, 성운은 곧 도를 배우는 시작인지라, 또한 어찌 쉽게 능통할 수 있으랴. 이것이 우리 성상께서 성운에 마음을 두시고 고금을 참작하시어 지침을 만드셔서 억만대

의 모든 후생들을 길 열어 주신 까닭이다. 성운은 곧 도를 배우는 시작
인지라, 또한 어찌 쉽게 능통할 수 있으랴. 이것이 우리 성상께서 성운
에 마음을 두시고 고금을 참작하시어 지침을 만드셔서 억만대의 모든
후생들을 길 열어 주신 까닭이다. (況乎書契未作, 聖人之道, 寓於天地;
書契旣作, 聖人之道, 載諸方策! 欲究聖人之道, 當先文義; 欲知文義之
要, 當自聲韻. 聲韻, 乃學道之權輿也, 而亦豈易能哉! 我聖上所以留心
聲韻, 斟酌古今, 作爲指南, 以開億載之群蒙者也.)

여기서 책을 통한 교화가 먼저이고 그 책의 뜻을 알기 위해 발음이
중요하다고 강조하고 있다.

셋째는 이영훈(2018)이 전적으로 기대고 있는 정광(2015) 주장의 문제
다. 정광(2015: 17)은 "개정된 한자음이야말로 백성들에게 가르쳐야 하
는 바른 한자음, 즉 훈민정음이었으며 이것의 발음기호로 한글을 제정
한 것으로 본다."라고 보았다. 이는 해례본 세종 서문의 "國之語音, 異
乎中國, 與文字不相流通."를 "우리나라의 발음이 중국과 달라서 문자
가 서로 통하지 않는다.(정광, 2015: 16)"라고 번역했기 때문이다.

어제 서문 첫 문장은 정인지 서문과 최만리 외 갑자상소에도 나오
지만 중국말과 우리말이 다른데, 중국말 적는 한자를 빌려 적다 보니
제대로 적을 수 없고, 거기다가 아예 한자 모르는 백성들은 기본 소통
조차 되지 않아 훈민정음을 만들었다는 것이 이 문장으로 표현된 것
이다. 사실 훈민정음은 한자음보다 토박이말 발음을 적는 것이 더 중
요한 것이다. 그래서 훈민정음 해례본의 용자례에서 예로 든 낱말 123
개(조사 포함 125개)는 모두 토박이말이다.

<표 5> 해례본의 분야별 낱말 수

| 갈래 | | 낱말 수 (조사 제외) | 토박이말 | 조사 | |
|---|---|---|---|---|---|
| 종성해 | | 5 | **빗곶**(배꽃), **엿**(여우), **갗**(가죽), **·옷**(옷), **실**(실) <br> ***엿·의갗** | 1 | **·의** |
| 합자해 | | 24 | **싸**(땅), **짝**(외짝), **뽐**(틈), **혀**(입속의 혀), **혀**(당김), **괴·여**(내가 남을 사랑한다), **괴·여**(남에게서 내가 사랑받는다), **소·다**(무엇을 뒤집어 쏟아), **쏘·다**(무엇을 쏘다), **과**(거문고 줄을 받치는 기둥), **화**(횃불), **흙**(흙), **낛**(낚시), **둛·뻬**(닭때, 유시), **사룸**(사람), **활**(활), **돌**(돌), **갈**(칼), **긷**(기둥), **녑**(옆구리), **낟**(곡식), **·깁**(비단), **·몯**(못), **입**(입) | 1 | **ㅣ** |
| 용 자 례 | 초 성 자 | 34 | **·감**(감), **·골**(갈대), **우·케**(찧지 않은 벼), **콩**(콩), **러울**(너구리), **서에**(성에), **뒤**(띠), **담**(담), **고·티**(고치), **두텁**(두꺼비), **노로**(노루), **납**(원숭이), **볼**(팔), **벌**(벌), **·파**(파), **·풀**(파리), **·뫼**(산), **·마**(마), **사·뷩**(새우), **드·뵈**(뒤웅박), **·자**(자), **죠·히**(종이), **·체**(체), **·채**(채찍), **·손**(손), **·셤**(섬), **·부헝**(부엉이), **·힘**(힘줄), **·비육**(병아리), **·부얌**(뱀), **무뤼**(우박), **어름**(얼음), **아수**(아우), **·너△1**(너새) |  | |
| | 중 성 자 | 44 | **·톡**(턱), **·풋**(팥), **두리**(다리), **·그래**(가래), **·믈**(물), **발·측**(발꿈치, 발의 뒤축), **그력**(기러기), **드·레**(두레박), **깃**(둥지), **·밀**(밀랍), **·피**(피), **·키**(키), **·논**(논), **·톱**(톱), **호·미**(호미), **벼·로**(벼루), **밥**(밥), **·낟**(낫), **이·아**(잉아), **사·숨**(사슴), **·숫**(숯), **·울**(울타리), **누·에**(누에), **구·리**(구리), **브업**(부엌), **·널**(널판), **·서·리**(서리), **버들**(버들), **종**(종, 노비), **·고욤**(고욤), **·쇼**(소), **삽됴**(삽주), **남샹**(남생이), **약**(거북의 일종), **다야**(손대야), **쟈감**(메밀껍질), **율믜**(율무), **죽**(밥주걱), **슈·룹**(우산), **쥬련**(수건), **·엿**(엿), **·뎔**(절), **·벼**(벼), **·져비**(제비) | 94 | |
| | 종 성 자 | 16 | **닥**(닥나무), **독**(독), **굼벙**(굼벵이), **올창**(올챙이), **·갇**(갓), **·싣**(신나무), **·신**(신), **·반되**(반디), **섭**(섶나무), **·굽**(발굽), **·범**(범), **·쇰**(샘), **·잣**(잣), **·못**(못), **·돌**(달), **·별**(별) | | |
| 합계 | | 123(조사 제외) * 조사 포함: 125 <br> * 123: 용자례: 94, 종성해 5, 합자해 24 | | 2 | |

정광 교수도 『한글의 발명(김영사)』을 펴내기 전에 발표한 논문에서는 해례본에서 고유어 사용의 의미를 정확히 인지하고 있다.

그렇다고 訓民正音이 한자 학습이나 중국어 교육만을 위한 發音記號로 제정된 것은 아니다. 解例本 『훈민정음』의 用字例에서는 모든 신문자의 使用例를 고유어에서 가져왔다. 따라서 原本으로 알려진 해례본 『훈민정음』에서는 적어도 신문자가 고유어, 『東國正韻』의 한자음, 중국어음을 모두 표시할 수 있도록 고안한 것임을 말해준다.[4]

여기서 정광(2005)은 아예 훈민정음 발음 기호설을 부정하고 해례본 고유어 중심 설명방식과 동국정운을 통해 고유어든 한자음이든 모두 표기할 수 있는 훈민정음 제정 핵심을 정확히 짚고 있다. 아마도 이러한 소신이 어떤 이유에서인지 바뀐 것이다.

세종은 한자음이나 토박이말이나 다 천지자연의 소리이므로 차별할 필요가 없고, 한자음이든 토박이말이든 정확히 적기 위해 정음 문자를 만든 것이다. 이 점은 다음과 같이 해례본 설명에서도 구체적인 예와 함께 여러 번 나온다.

> (1) 또 반혓소리인 ㄹ은 마땅히 토박이말에나 쓸 것이며 한자말에는 쓸 수 없다. (且半舌之ㄹ, 當用於諺, 而不可用於文.[정음해례19ㄱ:1-2_종성해])
>
> (2) 여섯 소리(ㄱㅇㄷㄴㅂㅁ)는 한자말과 토박이말에 함께 쓰이되 ㅅ와 ㄹ은 토박이말의 '옷'과 '실' 종성으로만 쓰이네. (六聲通乎文與諺 戌閭用於諺衣絲 [정음해례20ㄱ:2-3_종성해_결시])

---

4) 정광(2005), 「成三問의 학문과 조선전기의 譯學」, 『논문집』 5호, 국제고려학회 서울지회, 주석 11번.

(3) **ㄹ**은 토박이말 종성 표기에는 마땅하나 한자말 표기에는 마땅치 않으니 **ㄷ** 소리가 가벼워져서 **ㄹ** 소리가 된 것은 곧 일반 관습이네. (閭宜於諺不宜文 斗輕爲閭是俗習 [정음해례20ㄱ:8-20ㄴ:1_종성해_결시])

(4) <u>토박이말 입성</u>은 정함이 없으나 평·상·거성처럼 점찍고 <u>한자 말의 입성은 거성과 비슷하네.</u> (語入無定亦加點 文之入則似去聲 [정음해례24ㄱ:3-4_합자해_결시])

그리고 당대 지식인들은 한자음을 몰라도 한자 필담으로 중국 지식 인들과 맘껏 소통했다. 한자음이 문제가 되는 것은 외교 문서나 독해 에서 어떻게 읽느냐에 따라 뜻이 달라지는 경우뿐이다. 그런데 이런 문제가 보편적인 것은 아니다. 예를 들어 '復'를 '복'으로 읽으면 '되돌 린다'는 뜻이고 '부'로 읽으면 '다시'라는 뜻이다. 그리고 발음은 몰라 도 문맥을 통해 뜻을 정확히 파악할 수 있다. 한글이 없었던 삼국, 고 려 시대에도 늘 그렇게 한문으로 소통해왔다.

또한 한자와 토박이말, 또는 우리말과 한자음을 직접 결부시켜 그 관계를 밝힌 결정적인 기록은 다음과 같다.

(1) 만약 언문을 시행한다면 관리될 자들이 오로지 언문만을 배우고 학문하는 한자를 살피지 않아 하급 관리는 둘로 나누어질 것이옵니다. 진실로 관리된 자가 언문을 배워 출세한다면, 후진들이 모두 이러한 것을 보고 생각하기를, 27자의 언문으로도 족히 출세할 수 있다고 할 것이오니, 무엇 때문에 고생스럽게 성리학을 파고들겠느냐고 하겠사 옵니까. 이렇게 되면 수십 년 후에는 한자를 아는 자가 반드시 적어져 서, 비록 언문으로써 능히 사무를 본다 할지라도 성현의 글을 알지 못 하고 배우지 않아 무식쟁이 되어 세상 이치의 옳고 그름에 어두울 것 이오니, 언문에만 능숙한들 장차 무엇에 쓸 것이옵니까.

若行**諺文**, 則爲吏者專習**諺文**, 不顧學問文字, 吏員歧而爲二. 苟爲吏者以諺文而宦達, 則後進皆見其如此也, 以爲: "二十七字諺文, 足以立身於世, 何須苦心勞思, 窮性理之學哉?" 如此則數十年之後, 知文字者必少. 雖能以諺文而施於吏事, 不知聖賢之文字, 則不學墻面, 昧於事理之是非, 徒工於諺文, 將何用哉? [갑자상소]

(2) 무릇 우리말 소리는 가볍고 얕으며, 중국 말소리는 무겁고 깊은데, 지금 만든 훈민정음은 우리말 소리를 바탕으로 해서 만든 것이라, 만일에 한자음을 나타내는데 쓰려면 반드시 변화시켜서 써야만 곧 제대로 쓰일 수 있다.

大低 本國之音 輕而淺 中國之音 重而深 今訓民正音 出於本國之音 若用於漢音 則必變而通之 [신숙주 외, 《사성통고》 범례(최세진(1517)) 의 "사성통해" 하권 수록본]

(1)은 최만리 등 7인 상소문으로 언문이 반포되면 하급 관리들은 언문 쓰는 자와 한문 쓰는 자로 나뉠 것임을 걱정하고 있다.

(2)는 신숙주가 대표 집필했다고 하는 《사성통고》 범례이다. 책 자체는 전하지 않고 최세진이 1517년(중종 12)에 편찬한 상·하 2권 2책(또는 1책)의 《사성통해》에 전한다. 신숙주는 《훈민정음》 해례본 공저자이며 《동국정운》 등 한자음 운서 관련 책 등을 대표 집필한 당시의 훈민정음 관련 최고의 학자였다. 이런 신숙주가 훈민정음은 애초에 한자음 발음기호로 만든 것이 아니라 우리말을 바탕으로 만들었음을 밝히고 있다.

15세기 우리말은 한자어 외의 소수 외래어를 제외하면 한자어와 순우리말로 구성된다. 곧 어원 중심의 분류다. 그런데 이것이 말로 할 때는 아무 문제가 안 된다. 양반이나 평민이나 한자어든 토박이말이든 구별 안 하고 써 왔다. 이를테면 양반이든 천민이든 "우리 나랏말이 중국말과 달라."라고 말했을 것이다. 그런데 이 말을 한자로 온전히 적는 것은 불가능하다. 그래서 양반들은 중국식 문장인 한문 번역문으로 "國之語音 異乎中國之語音"이라고 썼다. 이런 한문에서는 유일하게 한자어인 '중국'만이 한자로 살아남고 나머지 순우리말은 아예 적을 수 없으니 사라져 버리고 관념 속에만 남게 된다.

핵심 엘리트 사대부들이었던 사관은 1443년 12월 30일자에 세종이 왜 28자를 만들었는지를 이렇게 적고 있다.

> 이 달에 임금께서 친히 언문 스물여덟 자를 만들었다. 이 글자는 고전을 모방한 것이로되, 초성자·중성자·종성자로 나누어지지만, 이 셋을 합쳐야 글자(음절)가 이루어진다. 무릇 중국 한자말이나 우리나라 말이나 모두 능히 쓸 수 있으니, 글자가 비록 간결하지만 요점을 잘 드러내고 요리조리 끝없이 바꾸어 쓸 수 있으니, 이를 『훈민정음』이라 일컬었다.
> 是月, 上親制諺文二十八字, 其字倣古篆, 分爲初中終聲, 合之然後乃成字, 凡于文字及本國俚語, 皆可得而書, 字雖簡要, 轉換無窮, 是謂『訓民正音』 [세종실록, 세종 25년(1443) 12월 30일]

여기서 "무릇 한자에 관한 것과 우리말에 관한 것을 모두 쓸 수 있고,"라고 하여 한자어 발음이든 토박이말 발음이든 모두 쓸 수 있다고 밝혔다. 여기서의 '本國俚語'는 우리말 또는 토박이말을 가리킨다. 이영훈(2018)이 핵심 근거 문헌으로 인용하고 있는 정다함(2013: 267)에서는 이를 한자음으로 오독하여 훈민정음 한자음 발음기호설의 핵심 근거로 삼고 있다.

명과 조선의 교화가 동시에 모두 관철되려면 결국 같은 한자이지만 그 발음은 두 가지가 필요했고, 中華의 표준한자음을 잘 익히고 동시에 朝鮮의 표준한자음도 역시 잘 정립해서 익히는 두 가지 목표를 동시에 달성하기 위해 결국 보이지 않는 漢字의 두 소리를 눈에 보이도록 해 주는 표음문자라는 장치가 고안된 것이다. 이러한 맥락에서 訓民正音의 만들어졌음을 처음으로 알리는 세종 25년(1443) 실록의 사료가, 애시당초 이 새로운 표음문자가 "文字(漢字: 필자)"와 "本國里語"를 모두 얻어 쓸 수 있다고, 즉 "文字"와 "本國里語"의 보이지 않는 발음을 눈으로 읽을 수 있도록 표기할 수 있다고 밝히고 있다는 점은 매우 시사적이다.[정다함(2013), 267쪽]

이처럼 '文字'를 중화의 표준한자음 '本國里語'를 조선의 표준한자음으로 보고 있다. '표준-'의 잣대를 근거가 전혀 없는데도 중국과 조선의 '표준한자음'을 대비시킨 것도 이상하지만 '本國里語'를 조선의 한자음으로 한정한 것은 명백한 오독이다.

이것이 오독임을 보여주는 핵심 근거는 바로 《훈민정음》(1446) 해례본에 있다. 바로 훈민정음 창제 핵심 동기와 취지를 자세하게 풀어놓은 '정인지서'에서 한자를 중국에서 빌려 온 문자로 규정하고 우리말을 한자를 빌어 적으려는 이두의 극한의 언어 모순을 매우 중요하게 언급하고 있다는 사실이다.

옛날 신라의 설총이 이두를 처음 만들어서 관청과 민간에서 지금도 쓰고 있다, 그러나 모두 한자를 빌려 쓰는 것이어서 매끄럽지도 못하고 막혀서 답답하다. 이두를 사용하는 것은 몹시 속되고 근거가 일정하지 않을 뿐만 아니라 실제 언어사용에서는 그 만분의 일도 소통하지 못한다. 昔新羅薛聰, 始作吏讀, 官府民間,至今行之. 然皆假字而用, 或澁或窒. 非但鄙陋無稽而已, 至於言語之間, 則不能達其萬一焉.[정음해례27ㄱ:8-27

ㄴ:2-4_정인지서]

한자를 변형하여 우리말을 적으려고 만든 이두의 모순을 "매끄럽지도 못하고 막혀서 답답하다", "이두 사용은 속되고 근거가 일정하지 못하다.", "만분의 일도 소통하지 못한다."라고 무려 세 가지 중요 모순을 강조하고 있는 것이다. 우리말의 전면 표기, 문장 단위의 입말 표기를 전제로 훈민정음을 창제했음을 보여주고 있는 것이다.

정다함의 훈민정음 창제 동기에 대한 오인과 역사 사실에 대한 오독의 밑바닥에는 강만길(1977)의 「한글 창제의 역사적 의미」(『창작과 비평』 44, 창작과비평사)[5]"논지에 대한 긍정 평가에서 드러난다.

강만길(1977)의 기본 논지는 역사에 대한 과학적 인식과 민중사관이라는 명목 아래 훈민정음 세종 친제설과 애민주의 등을 잘못된 영웅사관 또는 편협한 민족주의로 평가한 것이다. 이런 강만길(1977)의 논지에 대해 정다함(2009)에서 "보기 드물게 통치권력과 관련된 언어의 본질에 주목한 것은 강만길이었다.[정다함(2009: 271쪽, 주석 2번)]"라고 평가했는데 해례본에서의 세종 서문과 '정인지서'에서 지적한 언어모순에 대한 인식과 해결 전략이 한자음 문제해결보다 앞서는 언어의 본질이라는 것이다.

해례본의 논거들은 훈민정음이 한자음 발음기호 수준에서 만들지 않았다는 핵심 근거가 된다. 한자음 적기는 훈민정음 창제의 다목적 가운데 부차적인 목적일 뿐이다.[6]

---

5) 강만길(1977)은 이우성(1976), 「朝鮮王朝의 訓民政策과 正音의 機能」(『진단학보』 42, 진단학회, 182~186쪽)을 발전시킨 것이다.

6) 훈민정음 다목적 창제론은 강신항(1987/2003 : 15)을 비롯한 훈민정음 연구자들의 일반론이다.

글쓴이는 김슬옹(2009)을 재수록한 김슬옹(2011: 47)에서 창제 동기와 목표, 배경과 목적을 정치사회 측면과 언어문화 측면에서 〈표 6〉과 같이 정리한 바 있다.

〈표 6〉 훈민정음 창제 동기와 목표, 목적(보완 재구성)

| 구분 | | 동기 | 목표 | 목적 |
|------|------|------|------|------|
| 언어 문화 | 주요 | 한문과 이두를 통한 소통 한계와 한자 모르는 백성 문제 | 기본 28자 쉬운 문자 창제 | 하층민에게 정책 알리기와 소통 문제 해결 |
| | 부차 | 한자음 문제 | | 표준 한자음 정리 |
| 정치 사회 | 주요 | 교화 정책의 효율성 문제 대두 | 교화 도구 창제 | 교화 |
| | 부차 | 왕조 초기의 안정화 문제 | | 왕조의 정당성 홍보 |

곧 한글 창제의 주된 동기와 목적은 한자를 모르는 하층민의 교화에 있었고 한자음 적기는 부차적인 목적이었다. 이에 대한 가장 명백한 근거는 훈민정음 해례본에서, 세종이 직접 저술한 세종(어제) 서문에 나와 있다.

넷째, 훈민정음 반포 후《동국정운》과 같은 운서 편찬을 근거로 한자음 발음기호로 만들었다고 보는 견해의 잘못이다. 사실 훈민정음 반포 후 최초 문헌은 동국정운이 아니고 용비어천가이다. 용비어천가는 2장, 30장, 67장, 68장은 순우리말이고 나머지 장들은 국한문 혼용문이다. 국한문 혼용문은 한자를 한자음으로 적지 않고 그대로 한자로 적은 것이며 순우리말은 당연히 훈민정음으로 적었으니 한자음 표기 목적과는 거리가 멀다.

　　[제2장]　불휘 기픈 남ᄀᆫ ᄇᆞᄅᆞ매 아니뮐씨 곶됴코 여름 하ᄂᆞ니 ᄉᆡ미
　　　　　　기픈 므른 ᄀᆞᄆᆞ래 아니그츨씨 내히 이러 바ᄅᆞ래 가ᄂᆞ니
　　[제30장]　뒤헤는 모딘 도죽 알ᄑᆡᆫ 어드븐 길헤 업던 번게를 하ᄂᆞᆯ히

볼기시니 뒤혜는 모딘 즁싱 알픠ᄂ 기픈 모새 열본 어르믈
하ᄂᆞᆯ히 구티시니
[제67장]　가ᄅᆞᆷ ᄀᆞ색 자거늘 밀므리 사ᄋᆞ리로ᄃᆡ 나거ᅀᅡ ᄌᆞ므니이다
섬 안해 자싫제 한비 사ᄋᆞ리로ᄃᆡ 뷔어ᅀᅡ 자므니이다
[제68장]　가ᄅᆞᆷ ᄀᆞ 아니 말이샤 밀므를 마ᄀᆞ시니 하ᄂᆞᆯ히 부러 ᄂᆞ믈 뵈
시니 한비를아니그치샤 날므를 외오시니 하ᄂᆞᆯ히 부러 우릴
뵈시니
[제1장]　海東六龍이 ᄂᆞᄅᆞ샤 일마다 天福이시니 古聖이 同符ᄒᆞ시니


# 4. 맺음말

훈민정음 창제의 핵심 동기로서 한자음 발음기호설의 주요 문제는
다음과 같다.

첫째, 훈민정음 발음기호설은 1차적인 훈민정음 창제 대상을 양반
으로 보는 모순이 있다. 이는 창제자인 세종이 직접 1차 대상이 한자
모르는 백성임을 밝혔으므로 모순이다.

둘째, 세종은 한자음이든 순우리말이든 우리말을 제대로 적기 위해
만들었는데 이영훈은 이를 무시하고 있다. 15세기 말이든 지금의 말
이든 우리말은 토박이말과 한자말로 이루어졌다는 것은 기본 상식인
데, 이를 무시하고 마치 한자음만을 적기 위한 것처럼 주장하고 있다.
우리 겨레는 한자로 제대로 적는 것이 불가능한 조사와 어미가 발달
되어 우리말을 적기 위해 한자를 변형한 이두, 향찰 표기법을 만들었
지만 실패하고 이를 근본적으로 해결하기 위해 훈민정음을 만들었다.
이런 맥락이 훈민정음 해례본과 세종실록에 구체적으로 나오는데도
이를 무시하고 있다.

셋째, 한글 창제에 관해 논하려면 마땅히 그 출발점이 되어야 할『훈민정음』해례본을 기본 문헌으로 삼아야 한다. 해례본에는 세종이 훈민정음을 창제한 이유와 목적이 세종과 8인의 사대부들의 입을 통해 자세하고 정확하게 명시되어 있다.

넷째, 훈민정음의 창제 핵심 동기는 한자를 모르는 백성의 문해력이었으므로 한자음 적기는 부차적인 목적 가운데 하나임을 말해주는 논저들이 무수히 많은데도 일체 무시하고 참고하지 않았다.

| 김슬옹 |

# 진정한 성군은 어떤 의미인가

## 1. 머리말

이영훈(2018)은 "조선의 양반들은 세종을 '해동의 요순'이라고 찬양하였다. 세종을 받드는 현상은 21세기 오늘날에도 여전하다."(8쪽)라고 하였고 또 "그가 치세 30년간 이룩한 업적은 조선 왕조 500년 기틀이 되었다. 그런데 오늘날의 우리까지, 다시 말해 대한민국 국민조차 그를 성군으로 받들어야 하는가. 그만큼 그의 업적은 오늘날에도 여전히 크고 중요한가. 과연 세종의 애민정치는 한국 민주주의의 역사적 원류를 이루는가."(20쪽)라고 말하며 세종이 성군임을 부정한다.

그는 지금이 조선시대라면 세종을 성군이라 할 수 있어도 민주주의 사상을 지닌 21세기에는 성군이 될 수 없으며 조선에서도 양반들에게만 성군이었다고 주장하고 있다. 그의 논리대로 조선시대의 성군이었던 인물을 오늘날 성군이라고 부르지 못하게 하는 것은 역사를 단절시키는 행위이다. 역사는 단절할 수 없는 흐름인 것이다. 그의 주장은 마치 중국에서 문화대혁명이 일어나 그 시점의 사상과 맞지 않는다고 유구한 역사와 지식인들의 업적을 말살시킨 행위와 비슷하다. 하지만 중국에서는 문화대혁명 시기 사라진 역사를 복원하기에 다시 힘을 쏟고 있다. 시대가 달라짐에 따라 정치 철학이 달라지는 것은 당연한 일이다. 철학이 달라졌더라도 지금의 잣대로 과거를 읽어 역사를 말살해서는 안되고, 당대의 인물은 인품과 치적을 중심으로 바르게 평가되어야 한다.

성군의 의미를 잘 새겨보면, 지금의 잣대로 보더라도, 세종은 진정한 성군이다. 세종은 스스로 공부를 게을리하지 않았고, 백성을 사랑하였으며 민족 문화를 빛낸 역사에 길이 남을 인물임을 우리는 부정할 수 없다.

이영훈은 세종의 엄청난 업적을 모두 인정하면서도, 조선시대와 민주화된 현재라는 시간적 차이를 두고 21세기 개인의 평등과 인권의 관점에서 세종이 성군이 아니라는 근거를 세종실록에서 찾아내어 세종을 성군에서 끌어내리려 했다. 하지만 그 근거조차 사실과 다른 곳이 많다.

이 글에서는 먼저 성군의 정확한 의미를 통해 이영훈(2018)에서 비판하는 근거와 논리가 잘못되었음을 입증하면서, 역사상의 한 사람을 평가할 때 반드시 중시되어야 할 선지식을 제시하여 역사적 지평에 대한 이해를 돕고, 또 자칫 오류를 범할 수 있는 원인 몇 가지를 짚어보려고 한다.

첫째, 그 사람이 성군인지 아닌지를 평가하려면 역사를 바로 읽고 세(勢)를 알고서야 가능하다. 세란 가끔 인간이 어찌할 수 없는 경우도 있기 때문이다. 예를 들면, 지금으로부터 3,500년 전 중국 주(周)나라의 무왕이 은(殷)나라를 쳤는데, 당시의 세가 은의 백성들이 주나라가 자기 나라를 쳐주기를 바랐기 때문에 쉽게 승리를 이루었다. 남의 나라를 침략했다는 사실만으로 후대 태평시대의 사람들이 무왕을, 은을 친 나쁜 왕이라고 말할 수 없는 것과 같다. 세는 당대(當代) 시기적 시세(時勢)와 위치한 지역의 세이거나 땅의 모양의 세[地勢], 국가의 운세[國勢] 등의 형세(形勢)가 있고 또 상황에 따라 전쟁 중인 세[戰勢]

인지 또 창업한 지 얼마 되지 않아 수성(守成)을 해야 하는지 혹은 이미 안정된 시기의 세인지 등의 다양한 세가 바탕이 되어야 인물을 바르게 평가할 수 있다고 본다.

세종의 경우는 시세로 보면 태종이 터를 잘 닦아 안정된 형세라고 보이나 잘 지켜내고 기반을 닦아 나라를 수성해야 하는 시기의 세(勢)였기 때문에 왕으로서 해야 할 일이 너무도 많았다. 가족 간의 세(勢)로 보면, 태종이 장자인 양녕을 폐하고 그 아우를 세자 자리에 올렸기 때문에 세종으로서는 형제간에 겪어야 하는 세(勢)에서도 마음의 짐이 되었을 것이다. 땅의 형세는 대국인 중국의 침략 위험이 도사리고 북방의 여진족들이 호시탐탐 국경을 넘나들고 있었으며 남에서는 왜구들이 노략질을 일삼고 있었으니, 나라를 지키기 위해서는 외교에 남다른 신경을 써야 하는 세(勢)였다. 특히 대국과의 외교는 국방력을 기르는 것 외에도 서로 잘 지내는 방법들을 강구해야 하였다.

둘째, 정치이념에서 정치의 주체가 누구인지를 알아야 통치자의 성군 자격 여부를 따질 수 있다. 정치 주체란 정치를 주도적으로 하는 사람이다. 민주주의에서 정치 주체는 국민이다. 국민이 뽑은 대표자가 국민을 대신해서 정치 일선에 나서게 된다. 하지만 유학의 정치 주체는 백성이 아니다. 유학의 시조인 공자사상에서 정치 주체는 군자이지만 1,500여 년 후에 생겨난 성리학에서의 정치 주체는 신진 사대부 지식인이다. 송(宋)나라 시기에는 신진 사대부가 등장하여 정치가가 사상가이고 사상가가 정치가가 되는 양상이 일어났다. 유학 사상에서의 정치 주체가 사대부였다는 사실은 조선 왕조에서 노비제도 및 기생제도와 불가분의 관계를 이룬다는 점을 간과해서는 안 된다.

셋째, 성군을 논하려면 먼저 성인의 의미를 정확히 알아야 한다. 성인은 유학이 낳은 용어이다. 유학은 성인이 되는 길을 배우는 학문이다. 그리고 유학은 반드시 성인이 다스리는 나라를 지향했다. 군주는 스스로 학문을 하여 성인의 반열에 오를 수 있을 만큼의 덕을 지니면서 그 덕으로 백성을 다스릴 것을 요구받았다. 고대에도 사상가마다 성인의 의미를 약간씩 다르게 규정하였으나 내면적인 덕을 중시하는 것은 모두 같았다. 공자나 순자, 주자는 학문을 통해서 덕이 이루어지는 것이라고 보았다. 스스로 학문을 게을리하지 않고 내면적 덕을 지닌 사람이 군주가 되어 어진 정치를 했을 때 성군이라 하였다.

넷째, 성군을 논하려면 성리학이 조선의 정치이념이 된 배경과 정치사상에 대해서도 알아야 한다. 우리나라는 고려에 이르기까지는 불교가 성행했으나 우리만의 국학이 이루어지지 않았고, 이웃나라 중국에는 성리학이 이미 굳건히 자리하고 있었다. 마침 고려 말에 많은 학자들이 중국에 가서 성리학을 공부하고 그 학맥을 이어가서 우리나라에 많은 성리학자들이 나왔다. 이때는 나라에 성리학 붐이 일었다고도 할 수 있다. 고려 말 지식인에 의해 창건된 조선은 중국의 성리학을 정치 이념으로 쓸 수밖에 없는 형세였다. 세종은 성리학에서도 조선에 맞는 국가 이념을 정착하기 위해 실용·실천적인 면을 중시하여 조선의 것으로 정착시키려고 노력하였다. 그 결과가 바로 우리의 아악을 만들고 측우기 등 우리의 과학기기를 만들고 훈민정음을 직접 창제한 것이다.

다섯째, 성리학의 예(禮)에 대해 알고 지금과 어떻게 다른지 비교한 뒤에 성군을 논해야 한다. 성리학에서는 예를 무척 중시한다. 예는 삼강오륜에서 비롯하여 관례, 상례, 제례, 혼례, 수연례, 의전례 등 각종 의례에 대한 규정이다. 세종은 이런 예를 백성들에게 가르치려고 한문에 만화를 곁들인 『삼강행실도』를 반포하게 했다. 실상은 이 예들이 너무 엄격하고 많아서 조선 중기에는 이로 인한 예송논쟁이 도를 넘어 당파싸움으로 번졌을 정도이다.

삼강(三綱)의 예는 상하 구조적이어서 분명한 신분제도와 종법제도가 내재해 있었다. 때문에 양반의 계층이 생기고 노비제도가 자연스럽게 형성되어 있었으며 종법제도로 적서의 차별과 남녀의 상하구조가 분명했다. 필자는 여성이지만 조선의 여성차별에 대해 알리기는 하여도 비판하지는 않는다. 남녀의 차별은 당시의 독특한 문화이고 사상이기 때문에 단지 다르고 특이함을 알릴 따름이다. 결국 이러한 상하 구조적 사유가 중국에서는 백성들이 받아들이기 힘들다는 점을 들어 명나라 중기에 예가 약화되고 실질을 숭상하는 학문이 등장하고 중기 이후부터는 정치에 실학사상이 전면에 나서게 되었다.

하지만 조선은 500여 년 동안 성리학을 고수하였기에 예를 교육의 근본으로 삼았다. 대한민국이 서고 민주주의가 정치이념이 된 지 이제 겨우 70여 년이 지났다. 때문에 예로써 교육된 아버지 세대와 인권을 중시하고 개인의 평등이 바탕이 되는 사유에서 자란 젊은이들이 이 땅에 함께 살고 있어서, 세대 간에 종종 갈등이 빚어지고 있는 것이 우리의 현실이다. 이런 실정에서 예가 삶의 한 방편인 어르신들이 예를 모르는 젊은이들을 무조건 잘못했다고 꾸짖기만 할 수 없고, 민주의 잣대로서 어르신들의 사고를 틀렸다고 할 수 없다. 마땅히 서로의 다름을 인정하고 당시의 상황이 그럴 수밖에 없음을 고려하여 이해하고 서로 조화롭게 지낼 방안을 잘 모색해야 한다. 현실적으로 볼 때, 민주주의 아래에서도 사회에서 역할을 조직화하여야 하고 개개인은 민주화해야 한다고 생각된다. 그런데 세종 시기의 성리학적 예에 대한 사유를 배제하고 민주주의 평등의 잣대로, 세종의 백성 사랑을 도외시한 채 성군이 아니라고 하는 것은 역사상 인물을 평가하는 큰 오류라고 할 수 있다.

여섯째, 과거사를 바라보는 관점에 대한 오류가 있을 수 있다. 현재에 살고 있다는 이유로 현재의 잣대로 과거의 역사적 인물을 끌어내리거나 뒤엎는 것은 바라보는 자의 오류이다. 사실상 우리가 읽고 있는 조선왕조실록도 모두 승리자의 기록이기 때문에 역성혁명을 했든지 반역을 했든지 간에 승리자의 입장에서 적혀진 것을 토대로 볼 수밖에 없다. 지금의 시대를 살아가며 역사를 바라보는 관점은 우선 당대의 시대적 배경에 대해 알아야 한다. 어떤 일이 일어나는 원인과 그 실정을 파악하면서 그 배경을 알지 못하면 자칫 판단의 오류를 범하게 된다. 어떤 학자가 자신이 고려의 후예인 왕씨라고 조선을 거부한다면 우리는 그를 이해할 수 있겠는가? 자칫 이렇게 역사 자체를 부정하는 오류를 범할 수 있게 된다.

과거 북송 시기 악비(岳飛)의 주전파(主戰派)와 진회(秦檜)의 주화파(主和派)들 간의 경우, 후세에 한 사람은 영웅으로 남고 한 사람은 매국노로 남았으나 지금은 그들의 잘잘못을 평가하지 않고 역사적 사실만을 알리고 있다. 진시황도 분서갱유를 감행하고 백성들을 사지로 몰아 아방궁을 짓고 만리장성을 쌓은 최악의 황제로 여겼으나, 지금은 나라를 통일하고 문자와 도량형을 통일한 업적에 중점을 두어 역사적으로 중요한 인물로 재평가하고 있다. 이는 중국 정부가 정치 이념에 맞추어 그들의 과거사를 평가하였기에 역사를 바로보지 못했던 것이고 그로 인해 생긴 이해에 대한 오류가 다시금 보이기 시작한 것이다.

세종은 조선의 수성에 대한 확고한 국가관을 지니고 있었고 국가관을 굳히는 데 힘을 쏟았다. 또 세종은 백성들에게 한글을 쉽게 쓰고 익혀서 서로 뜻을 전할 수 있게 했으니 국학운동을 주도하였다고 할 수 있다. 그는 우선 나라를 잃지 않아야 했기에 이웃인 중국에 스스로 사대를 한다고 했다. 그 사대는 나라를 전쟁의 위험에서 구하고 백성들이 전쟁을 두려워하지 않게 하기 위함이었다. 그래서 세종은 국가를 위한 다양한 사업을 계획대로 추진할 수 있었다. 그는 백성을 끔찍이 아꼈으며 훌륭한 나라를 후대에 물려주어야 한다는 강한 국가관을 지니고 있었다. 어찌 세종을 성인이 아니라고 말할 수 있겠는가.

## 2. 세(勢)로 바라본 세종

세종이 정치하던 시대적 세는 당시의 정치이념이 성리학 아래에 놓일 수밖에 없는 상황이 되었고, 어려운 시기에 왕이 될 수밖에 없었던 여러 환경을 설명해준다. 또 수성의 세를 맞게 되어 오직 나라를 바로잡는 데 많은 일을 해야 했던 형세에 놓이게 되었고 지세가 대국 옆에 붙어 사대와 전쟁 중 하나를 택해야 하는 형국에 놓인 것이다.

### 1) 시세(時勢): 세종의 시대적 상황

고려 태조(918~943)는 불교를 정치 사상적 원리로 삼았지만 제6대 성종이 유학을 정치이념으로 삼아서 정치 제도를 정비하고 중앙집권적 체제를 실현하였다. 때문에 고려에 귀족문화가 발달하게 되었다. 하지만 12세기경 귀족들의 권력 독점에 불만을 품은 무인들이 난을 일으켜 유가사상 체계가 무너지고 무신정권이 들어서게 되었으며 1231년 몽골군이 침입하여 무신정권이 다시 몰락하였다.

이때 중국에는 원(元)나라(1271~1368)가 들어섰고 원은 송(宋) 후반기에 위학(僞學)이라고 배척받았던 성리학의 집주들을 과거제도의 기본서로 삼으면서 주자의 사상이 다시 수면 위로 떠오르고 성리학자들이 많아졌다. 고려 말 충선왕을 호위하여 중국을 다녀온 학자들이 성리학을 공부하고 경전을 필사하여 돌아오면서 고려에도 성리학자들이 많아졌고 그들을 중심으로 자연스럽게 신진 사대부 집단이 형성되었다.

태조가 역성혁명을 통해 조선을 개국하였고 고려 말 성리학을 공부한 급진 개혁파 신진 지식인들이 앞장서서 국왕 중심의 통치체제를 정비하였다. 조선 초기의 정국은 개국 일등 공신인 정도전과 태조의 신임을 받은 권근 등에 의해 운영되었다. 정도전은『조선경국전』등을 만들어 제도와 규범을 정비해갔다. 재상 중심의 중앙집권적 국가를 지향하였던 정도전은 1393년 의흥삼군부를 설립하여 강력한 중앙 군사체제를 갖추며 정치·군사적으로 실권을 장악했다. 정도전과 이성계는 뜻을 부합하여 조선을 건국하면서 정치이념을 성리학으로 결정했다. 정도전은 불교를 억제하고 성리학에서의 재상 중심 정치를 구현하고자 했다.

조선을 창건한 후 정도전이 모든 정책과 제도를 갖추기 위해 애쓰고 있을 때, 조선 왕조는 세자 책봉의 문제로 어려움을 겪는다. 태조의 계비인 신덕왕후 강 씨는 그의 아들 방석을 세자로 세우기 위해 정도전에게 도움을 청한다. 정도전은 태조 부부의 부탁이 있었던 데다가 건국 과정에서 공이 컸다는 이유로 성격이 과격한 이방원이 세자가 되면, 자신이 주도적으로 정책을 수행하고 새로운 정치를 펼치는 데 걸림돌이 될 수도 있다는 생각에서 방원 대신 방석을 세자로 앉히는 데 동조했다. 이 일은 훗날 이방원이 '1차 왕자의 난'을 일으키는 원인이 되고 결국 정도전은 이방원에 의해 제거된다. 이후에 다시 또 '2차 왕자의 난'을 거쳐 권력을 장악한 이방원은 권력을 마음대로 휘둘렀다. 형제들의 사병(私兵)을 거둬들여 나라의 군권을 손에 넣고는 후대 왕에게 걸림돌이 될지 모를 외척들을 모두 제거했다. 자신의 뒤를 이을 임금에게 강력한 왕권을 물려주기 위해 18년 동안 왕권을 강화하고 나라를 안정시키는 데 주력하였다.

세종은 어려서부터 학문을 좋아하여 자신의 덕을 잘 닦았으며, 이미 왕 노릇할 수 있는 기반을 갖추고 있었다. 때문에 태종은 이미 세자로 있던 양녕대군을 폐하고 열심히 학문을 하여 수신이 된 셋째 충녕대군을 세자의 자리에 앉혔다. 태종은 장자가 왕이 되어야 하는 원칙을 버리고 조선의 장래를 위해 덕을 지닌 충녕대군에게 보위를 주려고 마음먹었던 것이다. 그리고 그에게 덕치를 기대했고, 세종은 왕이 되어 부친 태종의 기대에 충실하게 부응하였다.

## 2) 수세(守勢): 지켜내야 하는 상황

선왕인 태종은 제2차 왕자의 난으로 형인 정종으로부터 왕위를 물려받아 조선을 굳건한 반석에 올리고자 하였다. 때문에 그는 다음 보위를 물려받을 아들 충녕에게 부담이 될 만하고 오명(惡名)으로 남을 수 있는 악재(惡材)들은 직접 모두 제거하였다. 정도전을 제거했고, 세자 자리에 있는 양녕을 폐위시키고, 처가인 민씨 세력을 내친 후 충녕에게 세자 자리를 넘겨준 다음, 세종 즉위년에 세종의 장인인 심온 등을 중죄로 다스려 죽음에 이르게 하였으니 세종의 즉위는 혈흔이 낭자한 가운데 시작되었다.

태종은 세종이 세자의 자리에 오르자, 두 달 만에 왕위를 물려주고 상왕으로 물러나서 군사지휘권만 자신이 지니고 나머지는 세종이 직접 통치하도록 하여 빠른 시간에 군주의 위엄을 갖출 수 있도록 했다. 세종은 어려서 왕세자 교육을 받지 않았지만, 이미 인품이나 지식에서 성인의 자질을 충분히 갖추고 있었기에 태종이 마련해준 반석 위에서 즉위하여 나라의 기틀을 확립하고 백성들이 편히 살 수 있도록 하기 위해 여러 가지 의례와 제도를 만들기 시작하였다.

세종은 태조가 나라를 세운 지 26년 만에 왕위에 오르게 된다. 건국 초기에 정도전이 조선에 필요한 정책들을 만들어 나갔으나 마무리하지 못하고 생을 마쳤기 때문에 세종은 즉위하자마자 새로이 제정해야 할 의례나 규정 등이 너무도 많았다. 또 초기에는 태종이 상왕으로 있어 모두 상왕의 재가가 필요했다. 게다가 즉위년에 장인인 심온이 사사되고, 즉위 1년에 백부인 정종이 훙사(薨死)했으며 즉위 2년에 어머니 원경왕후 민씨가 훙사하여 삼년상을 모시고 있는 도중인 즉위 4년, 다시 아버지 태종이 죽었다. 세종은 또 다시 삼년상을 치러야 했다. 어머니와 아버지가 연속하여 돌아가시는 바람에 즉위 후 7년간은 상을 치르느라 일이 손에 잡히지도 않았을 것이다.

그 후 재위 32년 그가 생을 마칠 때까지 민생을 위해 필요한 제도의 정비에 힘썼다. 태종 때까지는 혁명과 건국이 핵심이 되는 창건시기였지만 세종 시기는 정치·경제·사회·국방 등 안정이 핵심이 되는 수성의 시기였기 때문에, 세종이 가장 먼저 할 일은 민생과 국가 재정의 확충이었다. 그가 받은 과제를 성공적으로 이루기 위해, 기본 법전을 완성하고 의례를 제정하고 예악을 정비하였으며 농사를 잘 짓게 하고 백성을 교화하는 등 자신의 치세에 해야 할 일이 너무 많았다. 세종은 정치적 기반 확립과 민생의 안정을 위해서 많은 책을 읽고 정치능력과 전문적 학식, 그리고 덕을 키웠다. 그는 자신이 맡은 시기 동안 슬기롭고 지혜롭게 조선을 굳건히 지켜내야 한다는 소명의식을 지니고 있었으며 그의 생각과 행동은 늘 한결같았다. 그는 리더십을 발휘하여 조선을 반석 위에 올려놓았다. 수성의 세에 세종이 즉위한 것은 하늘이 우리에게 내려준 복이라고 여겨진다.

### 3) 지세(地勢): 국토가 대국에 붙어있는 상황

또 세종에게 있어 민생과 국가 재정의 확충 다음의 과제는 국방과 외교의 문제였다. 조선의 국토는 대국인 명나라에 붙어 있어 늘 사대를 하여야만 했다. 특히 원나라 때 고려는 국가의 명운이 걸린 큰 어려움을 겪었다. 몽골의 칭기즈칸은 무력을 앞세워 유럽과 아시아를 석권하여 역사상 유례없는 대제국을 건설하였다. 그의 손자 세조 쿠빌라이는 후계자 싸움에서 승리하여 칸의 자리에 오른 후 나라 이름을 원나라로 고치고 수도를 연경으로 하여 전 중국 국토를 다스렸다. 쿠빌라이의 치세 35년간은 원의 황금시대였으며 쿠빌라이의 정복욕은 고려와 일본으로까지 향했다. 중국을 통일한 후 그가 한 일은 우선 고려를 복속시키는 것이었고, 그 후 일본과 동남아시아로 원정군을 보냈다.

국제 정세를 신속하게 파악한 고려 25대 충렬왕은 자기의 정비를 내치고 쿠빌라이에게 딸을 달라고 청하여 막내딸 제국대장공주 홀도로게리미실과 결혼을 하여 정비로 세웠다. 그리고 관리들에게는 변발에 호복을 입게 했다. 때문에 나라 안에서 사회 전반에 몽골 풍습이 퍼지게 되었다. 충렬왕은 원나라의 부마가 된 것이며, 왕의 혼인과 함께 고려는 원과 동반자의 길을 걷게 되었다. 그래서 충렬왕 치세에 두 차례에 걸친 원나라의 일본 정벌에 함께 참여했으며, 후대의 고려 국왕들은 칭기즈칸의 직계인 쿠빌라이의 혈통을 이어받음으로써 대내외적으로 막강한 위상을 갖게 되었다.

제국대장공주는 황제의 딸답게 정사에 무심한 충렬왕을 질책하는 등 일국의 국모로서의 면모를 보였다. 또 그녀가 낳은 세자 왕원은 고려 최초의 혼혈왕자이자 쿠빌라이의 외손자로서 원나라의 황족 대접을 받았고, 장성한 뒤에는 원 황실의 계국대장공주와 혼인하면서 아버지 충렬왕을 뛰어넘는 권세를 누렸다.

이러한 고려의 역사를 두고 고려의 왕을 비방하고 수오지심(羞惡之心)이 없다고 할지 모르나 당시는 몽골의 힘이 워낙 강성했기 때문에 그들이 고려라는 소국을 치는 것은 그리 어려운 일이 아니었을 것이고, 이를 파악한 충렬왕은 나라를 구하려는 방책으로 정비까지 내치고 원의 부마가 되어 충성을 맹세하였을 것이다.

『맹자』에 따르면, 제선왕이 이웃나라와 사귀는 방법에 대해 묻자 맹자가 대답하기를, '오직 어진 자만이 대국을 가지고 소국을 섬길 수 있으며 지혜로운 자만이 소국을 가지고 대국을 섬길 수 있다'고 하였고, '소국을 가지고 대국을 섬기는 자는 천리를 두려워할 줄 아는 자'라고 했다. 고려는 소국에 속하고 원은 대국이었기 때문에 맹자의 사유에서 보면 소국이 대국을 섬기는 방법으로 황제의 사위를 자청했던 것은 지혜로운 일이었으며 천리를 두려워한 데서 비롯된 것이었다.

세종(1418~1450)의 치세 동안 명나라에는 영락제(1401~1424), 홍희제(1424~1425), 선덕제(1425~1435), 정통제(1435~1449), 경태제(1449~1457) 등 다섯 명의 황제가 있었다. 만약 명의 영락제가 더 오랫동안 정치를 했더라면 그의 폭군에 가까운 성정과 대외 팽창정책에 세종이 어떻게 대처했을까? 영락제는 이미 베트남을 정벌하여 명의 영토로 삼았고 여진족을 견제했으며 몽골을 정벌하러 다섯 차례나 원정을 나갔다. 결국 다섯 번째 원정에 나갔다가 죽고 마는데 만약 몽골을 정복했으면 다음에 조선에게도 위협이 닥쳤을 것이다. 다행히 홍희제와 선덕제가 그나마 어진 황제로 유학을 숭상하고 대외 침략을 모두 포기하고 명의 국내 정치를 바로잡는 데 힘써서 인선(仁宣)의 치를 이루었다. 때문에 세종은 조용히 사대하며 수성에 힘쓸 수 있었을 것이다. 또 정통제는 오라이트족을 치는 데 친정하여 그들에게 붙잡히게 되니 이를

'토목의 변'이라 했다. 이 또한 세종에게는 그리 나쁘지 않은 대국의 정세였다.

대국과의 외교는 군사를 길러 강토를 잘 지키면서도 서로 잘 지내는 방안을 강구해야 하는 것이었다. 조선은 대국 외에도 북방의 여진족들이 호시탐탐 침략을 일삼아서 강한 군사력이 필요했으며, 남방에서는 왜구들이 노략질을 일삼으니 항상 신경을 써야 했다. 명나라가 늘 북방과 전쟁을 했기 때문에 조선에서는 명으로부터 말 값은 받았지만 전쟁에 쓸 말을 여러 차례 보내야 했고, 또 매를 잡아 보내야 했으며, 양가 댁 젊은 여자들을 황제의 비로 보내고, 그들을 도울 시녀와 음식을 만들 여자들과 어린 고자들을 뽑아서 들여보냈다. 이렇듯 세종이 명나라를 지성으로 섬긴 것은 사실이나 마음에서 우러나서 복종했던 것이 아니라 힘이 부족했기 때문에 위민보국의 사대를 한 것이다. 이는 어찌할 수 없는 당시의 지세(地勢)였던 것이다. 백성을 아끼는 세종에게는, 이런 것들이 상당한 어려움이었지만, 나라를 지켜내기 위한 방편으로 대국을 섬기면서 그 정도의 사대는 필요하다고 여겼던 것이다.


## 3. 유학에서의 정치 주체는 누구인가

고대 유학인 공·맹·순의 정치 주체를 아는 것은 성리학의 정치 주체가 왜 신진 사대부가 되었는지를 아는 과정이고 이는 조선이 왕이나 백성 중심의 정치가 아니고 정치 주체가 사대부 양반들이었다는 점을 알려주는 과정이다. 유학은 공자로부터 시작되었으나 공자가 유학의 발단이 된 것은 오히려 한나라 무제 시기에 동중서가 공자를 우상화하였던 것과 송나라에서 신유학인 성리학이 생기면서 『사서』를 중시하면서부터이다.

### 1) 공자의 덕치와 정치 주체

『논어』의 가르침은 실용적 유학이나 한편으로는 자로 잰듯하게 반듯한 혈구(絜矩)의 도를 강조한다. 우선 자신에게 엄격하게 하여 학문을 배우고 익힌 뒤에 백성을 편안하게 하는 것[修己而安百姓]이 공자 유학에서 정치사상의 핵심이다. 흔히 유학에서 중시하는 도(道)와 덕(德)이란 무엇인가? 도는 세상에 있는 이치이다. 하늘의 이치는 천도이고 인간의 이치는 인도이며, 만물은 모두 각기 도를 지닌다. 이와 달리 덕은 도를 실천함으로써 마음속에 쌓이게 되는 것이어서 남송의 주자는 공자가 말한 '덕은 얻는 것[得]이다.'라고 주를 달았다.

덕으로 정치를 하는 것이 덕치이다. 공자는 덕치를 별자리에 비유하여 '북극성이 제자리에 머물러 있으면 뭇 별들이 그에게로 향하는 것 같다.'고 하였으니 도를 실천하는 것과 마음에서 얻는 것이 덕이기 때문에 덕으로 하는 정치 역시 세상의 이치를 터득하고 마음으로 그것을 받아들이기만 하면 된다고 설파한 것이다. 군주는 북극성처럼, 그냥 제자리에 있어도 만백성이 자기가 맡은 일을 열심히 하며 군주에게로 칭찬을 돌리게 되니, 이런 정치를 요·순의 시대에 무위의 정치[無爲之治]라고 불렀다. 군주가 직접 정치를 하지 않아도 자신이 덕을 지니고 신하들의 말을 경청하면 신하들과 소통이 원활하게 되고 그들은 감화하게 되니 민심은 군주에게로 돌아올 수밖에 없다.

공자의 '수기(修己)'와 '안백성(安百姓)'을 송대 학자들은 내성(內聖)과 외왕(外王)으로 말하였다. 내성이란 자기를 위한 학문[爲己之學]을 하는 것으로 자신의 내면의 덕을 닦아 군자가 되는 것이다. 공자는 수기란

말을 사용하였고 개인적으로 인격함양이 된 사람을 군자라 하였다. 군자는 많은 것을 광범위하게 배우고 익히고 자신을 예법에 맞게 자기의 몸가짐을 바르게 하며 의로움을 쫓는 사람이다. 군자의 상대어는 소인이다. 소인은 이익을 쫓으며 사는 사람을 일컬었다.

외왕이란 왕만을 말하는 것이 아니라 사회적으로 역할을 수행하는 계층의 사람을 말하였다. 공자의 정치사상에서 보면 덕을 지닌 군자가 정치 주체가 된다. 하지만 공자가 살던 시대에서는 군자만이 정치를 한 것이 아니고 소인도 정치 일선에 있었다. 공자는 이익을 따르고 말만 잘하는 소인배들이 정치를 하는 점에 대해 안타깝게 여겼고 공자 자신이 나서서 덕치를 실현하고자 부단히 노력했다.

공자에게 제자가 '정치란 무엇입니까?' 하니 공자가 '정치는 바로잡는 것이다.[政, 正也]'라고 대답했다. 정치는 윤리, 문화, 예악 등 제반 문제들을 바로잡는 것이다. 그리고 바로잡는 주체는 마땅히 학문을 하여 덕을 쌓은 군자가 되어야 한다고 했다. 즉, 공자는 군자에 의한 통치를 이상적인 정치로 보았던 것이다. 많은 학자들이 공자의 정치철학을 플라톤의 철인통치론(哲人統治論)에 비유한다. 두 사람은 동서를 가르는 철학자이지만 비슷한 시기에 세상에 이름을 드러냈고 정치의 주체를 공부를 많이 한 지식인에게 두었다는 공통점을 보였다. 플라톤이 정치 주체로 삼은 철인은 철학자이고, 공자가 정치 주체로 삼은 이는 덕을 지닌 지식인 계층의 군자였다.

## 2) 맹자의 왕도정치와 정치 주체

『맹자』의 정치관에서는 민본(民本)이 핵심이 된다. 백성이 근본이 된다는 의미이고, 민본정치는 바로 덕치에서 나온다. 덕치를 하려면 먼저 군주 자신이 밝은 덕을 지녀야 한다. 군주의 덕이 밝지 않으면 백성이 힘들어도 마음에 측은함이 없고 양보하는 마음이 없으니 어려운 이들을 어루만져 줄 수가 없다. 또, 시비를 제대로 가리지 못해 우왕좌왕하게 되고, 양보하는 미덕이 없으니 대신들의 말을 경청하지 아니하고, 부끄러워할 줄 모르니 자기 맘대로 행동을 할 것이다. 이런 자는 백성을 위한 정치를 할 수 있는 자질이 모자라니 군주가 되어서는 안 된다고 주장하였다.

전국시대 제나라 선왕이 맹자에게, 어떤 덕을 지녀야 왕 노릇할 수 있는지 물었다. 맹자는 '지금 왕께서 훌륭한 정치를 펴고 인(仁)을 베푸시어 천하에서 벼슬하는 자들로 하여금 모두 왕의 조정에 서고 싶어 하도록 하며, 경작하는 자들은 모두 왕의 들에서 경작하고 싶어 하도록 하며, 상인들은 모두 왕의 시장에서 상품을 저장하고 싶어 하도록 하고 여행하는 자들은 모두 왕의 길로 나아가고자 하게 한다면, 천하에 임금을 미워하는 자들이 모두 왕에게 달려가 하소연하고자 할 것이니, 이와 같다면 누가 그것을 막을 수 있겠습니까?'라고 하였다. 이처럼 덕치는 자신이 쌓은 덕으로 어진 성품을 백성들에게 그대로 베푸는 것이다.

맹자는 군주가 덕이 밝지 않으면 아무 곳이나 치달려 가서 돌아올 줄 모른다고 꼬집었다. 나쁜 짓을 하고도 나쁜 줄 몰라, 하나라 걸(桀)과 은나라의 주(紂) 임금처럼 백성의 원성을 사게 되는 것을 유연(流連)이라 하고 사냥터에서 사냥을 즐기는 것을 그쳐야 할 시점에서 그치지 않고 계속하고, 술을 즐기면서 그칠 줄 모르고 계속 마시는 행위를 유망(流亡)이라 하였다. 이처럼 유연·유망한 자는 군주가 되어서는 안 된다. 『대학』에서 그쳐야 할 시점에서 그칠 줄 아는 것, 즉 지극히 잘하는 경지에서 그칠 줄 아는 것[止於至善]이 통치자의 도인 것이다. 그래서 맹자는 '이런 자가 군주가 되면 신하가 몇 번이고 충언을 해도 듣지 않으며, 군주의 친척이 아무리 충언해도 듣지 않게 되니 군주를 바꿀 수밖에 없다.'고 하였다. 이것이 맹자의 역성혁명론이다.

맹자는 이처럼 왕이 덕을 지니는 것을 중요하게 여겼다. 왕 한 사람이 덕을 지니면 그 덕이 결국 백성들에게까지 흘러들어가 저절로 교화가 이루어져 모두가 왕을 따르게 되므로 백성을 위한 정치의 주체는 왕이 되는 것이다. 맹자는 왕이 정치 주체가 되는 왕도정치를 정치이념으로 삼았다.

### 3) 순자의 예치(禮治)와 정치 주체

순자는 인간의 사회성을 강조하였다. 인간은 반드시 집단에 소속하여 살기 때문에 집단에는 리더가 있어야 한다고 하였으며, 성왕이 리더가 되어 표준이 되는 예의(禮義)를 만들고 실천하는 역할을 해야 한다며 '예의'라는 절대적인 가치 기준을 강조했다. 때문에 그의 정치사상은 예의통치론[禮治]이다. 국가를 다스리는 각종 규범은 모두 예의에 속한다. 하지만 예의는 차이를 구분하여, 변별(辨), 직분(分), 사회집단(群)을 정해주는 것이다. 크게는 군자와 소인으로 구분되게 하였다. 순자는 "선왕은 예의를 제정하고 상하의 구별을 지어 귀천의 차등이 있게 하고 장유의 차이가 있게 했으며 지혜로움과 어리석음·능함과 무능함을 구분하여 사람들로 하여금 각자의 능력에 맞게 일을 하도록 했다." 하였으니, 이는 사회질서를 유지하고 백성들을 화목하게 하는 방법이었다. 순자가 주장하는 예의는 행위의 기준일 뿐만 아니라 직분을 정하는 기준이 되고 나라를 강대하고 굳건하게 하는 근본이 되며, 사회현상을 처리하는 규정이면서 자연현상에 대응하는 기준이 되기도 한다.

하지만 순자의 예의는 바로 규범이며, 법도를 제정하는 원칙이었기 때문에 법치와 유사성을 지닌다. 이사, 한비자 등은 예치를 법치로 재해석하여 법가 사상가가 되었다. 그들은 대륙을 통일한 진시황이 법가사상을 진나라의 정치이념으로 세우도록 하였고, 또 통치자에게 절대 권력을 부여하여 강한 군주로 만들어 주었다. 전국 말기에서 한나라 초기까지 유학자들은 순자의 제자가 대다수였다.

법치는 규정된 객관적 법에 근거하여 단죄하는 것이고, 예치는 보편적 예를 제정하고 그 예를 바탕으로 도덕적 교화를 통해 사회 질서를 유지하는 것이다. 즉, 예치가 범죄를 미연에 방지하는 것을 중점으로 다스리는 것이라면, 법치는 범죄를 지은 자에게 벌을 주는 것이라 순자는 예치를 우선으로 하면서 법치를 뒤로하는 것이 바람직하다고 보았다.

순자가 주장하는 예치사상의 주체는 지식인이다. 순자는 내성(內聖)보다 외왕(外王)을 중시하여 통치자는 통치에 대한 전문적 지식이 있는 사람이 되어야 한다고 했다. 때문에 학문을 하는 것이 외왕이 되는 지름길이었다. 즉, 인간의 본성은 다르게 태어나도 훌륭한 스승을 모시고 학문을 하여 자신을 군자의 덕을 지닌 자로 바꿀 수 있다고 본 것이다. 순자가 주장한 인위적 노력은 바로 경험지식을 말하고 있으며 실천적인 면을 중시한 것이다. 순자의 정치사상은 많은 부분이 민주주의의 사유와 비슷하다고 할 수 있다. 순자는 후천적 노력으로 신분을 바꿀 수 있고, 통치자도 될 수 있다고 주장하였기 때문에 송대 성리학에서 통치의 주체는 결국 학문적 노력으로 두각을 나타낸 신진 지식인이 되었다.

## 4. 유학에서 성군의 의미

성군의 개념은 사상을 달리하며 의미도 달라지지만, 대체로 내성과 외왕을 겸한 자를 성인이라 하고, 성인 중에서 군주에 해당되면 성군이라 하였다. 내성이란 학문을 깊게 하여 지식뿐 아니라 덕을 쌓은 자이고, 외왕은 통치 계급으로서 백성을 위해 정치 일선에서 일한 자를 말한다.

### 1) 공자의 성인관에서 본 성군

중국 철학은 유가, 불가, 도가를 핵심 사상으로 보는데, 유가의 사상은 성인(聖人)이 되는 것을 목적으로 삼고, 도가 사상은 신선(神仙)이 되는 것이고, 불가 사상은 부처(佛陀)가 되는 것이다. 유가사상에서 성인이 된다는 것은 자신의 덕을 닦아서[修己] 백성을 편안하게 하는 것이다. 공자는 자신을 수양하고 백성을 편안하게 하는 두 단계를 다 이룬 자만을 성인이라 불렀고, 스스로 성인이 되고자 하여 하(夏)나라 요왕·순왕·우왕, 은(殷)나라 탕왕, 주(周)나라 문왕·무왕과 어린 왕을 잘 보필하고 훌륭한 정치를 이루어낸 주공을 성인으로 받들고 그들을 닮으려고 노력했다.

공자는 제자들이 '스승님은 성인이십니다.'라고 하니 자신은 성인이 아니라고 대답한다. 공자는 전해져 내려오는 성인들의 저술들을 모아 편집하고 엮어서 체계적으로 서술하여 『시경』, 『주역』, 『춘추』 등을 펴냈다. 그래서 공자는 자신을 일컬어 '서술하는 자이지 만들어 내는 자가 아니다.[述而不作]'라고 하였다. 공자도 자신의 업적이나 덕은 성인이 될 만하다고 스스로 인정하였겠으나, 자신이 백성을 통치하는 자리에 있지 못했기 때문에 성인이 될 수 없다고 대답하였을 것이다.

하지만 한(漢)나라 때에 공자를 신격화하고 송(宋)나라 때 주자학이 생겨나 사서를 중시하면서 유가의 사상은 공자의 사상으로 더욱 확고하게 자리를 잡게 되었다.

공자는 내면적으로 덕을 쌓은 사람을 군자라 하고, 외면적으로 정치에 참여하여 실천한 사람을 외왕이라 하여, 이 두 가지를 다 이룬 사람을 성인이라 불렀다. 따라서 성인은 바로 이상적인 통치자를 일컫던 말이다. 이는 원칙적으로 성군(聖君)이나 성왕(聖王)을 가리키고 있으나 반드시 왕에게만 해당되지는 않는다. 주공의 경우 왕 노릇을 잠시도 한 적이 없지만 공자는 그를 성인의 반열에 올렸기 때문이다. 그래서 성인 중 군주에게만 성군 혹은 성왕이라 불렀다.

공자는 성인의 반열에 오를 수 있는 인간은 본래적으로 타고나야 한다고 하였다. 그래서 '인간이 본래부터 성인의 자질을 가지고 태어난 사람이 있는데 이들을 '생이지지자(生而知之者)'라 하였고, 학문을 통해 배우고 깨달아 군자가 된 사람도 있는데 이들을 '학이지지자(學而知之者)'라 했으며, 타고나면서 노력해도 그 경지에 이를 수 없는 사람도 있어서 이들을 '곤이학지자(困而學之者)'라고 하였으며, 타고 나지도 못했고 노력도 하지 않는 부류의 사람도 있으니 이를 '곤이불학자(困而不學者)'라 했다.

공자는 태어날 때부터 성인의 도를 알았거나, 학을 통해서 도를 알게 되었거나 모두 성인의 경지에 포함시켰으나 성인이나 성군의 경지에 이르기는 쉽지 않음을 말하고 있다. 지금까지 우리가 알고 있는 성인이나 성군도 손가락으로 꼽을 수 있을 만큼의 숫자에 불과하다. 우리가 안빈낙도(安貧樂道)를 실천했다고 알고 있는 안연도 성인이 되기 어려움을 말했다. 『논어』에 공자의 제자였던 안연(顔淵)이 스승인 공자를 가리키며 "이미 내 힘을 다했으나 여전히 높은 곳에 서 계시는구나! 비록 좇아가려 하나 말미암을 곳이 없다."라는 말로 성인의 경지에 오르기가 어려움을 토로하였다. 하지만 성인이나 성군에 대한 맹자의 견해는 완연히 달랐다.

## 2) 맹자와 순자의 성인관에서 본 성군

공자와 안연은 성인되기가 어렵다고 했지만, 맹자는 "사람은 누구나 요·순이 될 수 있다."고 하였다. 인간은 누구나 성인이 될 자질을 가지고 태어났는데, 지니고 태어난 성인의 자질을 살아가면서 욕심 때문에 놓아버리게 된다고 하였다. 그래서 놓아버린 성인의 마음을 찾아 제자리에 돌려놓기만 하면[求放心] 누구나 요·순과 같은 성인이 될 수 있다는 것이다. 이는 공자의 성인 개념과는 완연한 차이가 있다. 또 공자는 성인 중 군주에 해당되면 성군이라 했으나 맹자는 성인과 성왕을 분리해서 접근하여, 요·순과 같은 군주는 성왕에 해당하고 공자는 성인으로 일컫는다. 맹자는 공자 외에도 백이(伯夷), 이윤(伊尹), 유하혜(柳下惠) 등 네 사람을 성인이라 불렀다.

맹자는 "공자의 경우는 빨리할 때는 빨리하고 더디게 할 때는 더디게 하고 머물러 있을 때는 머물고 벼슬할 때는 벼슬을 하여 성인 가운데 시의적절한 자[聖之時者]이고, 백이는 나쁜 정치를 보지 않으며 바르지 않은 소리는 듣지 않았고 군자다운 임금이 아니면 섬기지 않았으며 충실한 백성이 아니면 쓰지 않았으며 정치가 올바르면 나아가서 벼슬을 하고 정치가 어지러우면 벼슬에서 물러났다. 그래서 그를 성인 가운데 깨끗한 자[聖之淸者]라고 하였으며, 이윤은 정치가 잘 다스려질 때 벼슬에 나아갔고 정치가 어지러우면 벼슬에서 물러났다. 또 천하의 백성들 가운데서 한 지아비와 한 지어미라도 요순의 혜택을 입지 못한 자가 있으면 마치 자기가 구렁텅이 속으로 밀어 넣은 것과 같이 생각하였으며, 천하의 중대한 책임을 자신의 임무로 여겼다. 그래서 그를 성인 가운데 자임한 자[聖之任者]라고 하고, 유하혜는 보잘 것 없는 비열한 임금을 부끄러워하지 않았고 낮은 벼슬도 사양하지 않았다. 또 임금에게 버림을 받아도 원망하지 않았고 곤궁한 처지에 놓여도 근심하지 않았기 때문에 성인 가운데 화합을 잘한 자[聖之和者]이다."라고 하였다. 맹자는 공자나 백이처럼 '수기'만 하고 '안백성'을 실행하지 않은 자에게도 성인이라 불렀으니, 성인의 개념이 공자의 사유보다 한층 확장되었다.

맹자는 타고난 선한 마음을 백성에게 미루어 정치를 하는 왕을 성왕(聖王)이라 하였다. 맹자는 당대 제후들의 부국강병 정책을 '패도(覇道)'로 규정지었고, 옛날의 성왕(聖王)들이 행하였던 존덕애민(尊德愛民) 정책, 즉 '왕도(王道)'로의 회귀를 주장하였으며, 그 왕도의 실천 덕목으로 '인(仁)'과 '의(義)'를 제시하였다. 맹자는 인과 의를 실천하며 왕도정치를 실천하는 군주를 성왕이라 불렀던 것이다.

순자의 성인관은 맹자와 달리 공자의 사상을 계승하여 객관정신을 살려서 정치에 지성주체를 앞세웠다. 그래서 순자의 정치사상은 지성주체에 의한 예의통치론[禮治]을 주장한다. 여기서 예(禮)는 국가를 경영하고 사회를 조화롭게 만드는 일체 규범을 말하며, 규범은 법을 정하는 원칙이 된다. 순자사상에서 예의 범위는 지극히 넓다. 위로는 임금이 나라를 다스리는 도에서부터 아래로 개인의 입신처세의 도, 나아가 먹고 마시고 기거하는 도에 이르기까지 예에 속하지 않는 것이 없다. 이런 규정들을 공부하여 밝게 아는 자가 통치자가 되고, 또 밝게 알아서 통치를 조화롭게 잘 하는 자를 성왕이라 하였다. 순자의 성인관은 내성보다 외왕에 치우쳤기 때문에 성인의 의미가 제왕에게로 옮겨가게 되었고, 성인은 곧 성군(聖君)을 의미하게 되었다.

공자는 내성과 외왕을 이룬 자를 성인이라 했는데, 맹자가 내성만을 중시하여 성인을 칭한 반면 순자는 외왕을 중시했던 사상가라 할 수 있다. 즉, 맹자는 성선설을 확립하여 내면을 향한 깨달음으로 인간의 정신을 고양시켜 절대정신을 삼았고, 순자는 외적 예법을 중시하여 객관정신을 확립하였다. 그래서 순자의 도덕정신은 지성주체로 요약할 수 있다. 송(宋)대에 지식인이 정치 주체가 된 것은 순자의 공헌인 것이다.

## 5. 주자의 실천 성리학과 성군의 의미

주희(朱熹)가 집대성한 성리학은 정치 분야에서는 순자 사상에서 많은 부분이 이미 실학에 가까웠다. 성리학은 고대 유가 사상에서 도덕성과 실천·실용성 두 측면을 중시하였으며, 정치 주체는 과거를 통해 등용된 신진 사대부들이었다. 그들은 모두 학문에 정진하여 사상가적 자질과 정치가적 자질을 두루 갖추었다. 신유학에서 학(學)은 개인이 도덕적인 것을 알게 되는 과정이었다. 성인이 되는 것은 학문을 게을리하지 않는 것이었으며, 이는 고대의 천명이 통치자에서 올바른 학을 수행하는 이들에게로 옮겨온 것이다. 정치에 기용된 사대부들은 일신의 영달보다 학을 수행하여 백성들을 먼저 생각하는 덕을 지닌 자들이었다. 이런 사대부 중심 정치는 세종시대에서도 이루어졌다.

### 1) 성리학의 형성

한(漢)대 이후 당(唐)대에 이르기까지 약 800년 동안 유가 사상은 세상 밖으로 사라지고 불가와 도가 사상이 백성의 마음 깊은 곳까지 스며들었다. 당(唐) 후반기가 되어 한유와 이고가 먼저 중국 민족사상을 제기하여 불교에 가려진 유가를 부흥하자고 부르짖었다. 하지만 성리학의 시작은 송학(宋學)에서부터이다. 한(漢)나라 동중서가 '어진 사람은 이익을 도모하지 않고 의로움을 바로잡으며 성공할 것을 계산하지 않고 도를 밝힌다.'고 주장하였는데, 새로운 유학을 부흥시키려던 송대의 학자들이 그 대목에 주목하여 도학을 형성하게 되면서 유학의 새로운 지평이 열리게 되었던 것이다. 성리학의 형성은 송(宋)대에 노장과 불교사상 속에서 살았던 사람들의 반성이자 자각이며 복귀의 움직임이었고 많은 학자들이 새로운 유학으로 부흥할 것을 갈망하였기 때문에 이루어진 것이다.

성리학은 북송(北宋)의 주돈이(周敦頤)가 '태극이 무극'이라 하며 우주에서의 태극론을 제시했고, 또 우주와 인간 사이에서는 성실과 진실을 뜻하는 성(誠)을 중시하였으며 인간에게는 고요함의 정(靜)을 기본 정신으로 삼았던 데에서부터 시작되었다. 그의 제자인 정호(程顥)·정이(程頤) 형제가 태극에는 천리가 있으니 이 천리가 바로 인간의 본성[性卽理]이라고 하였다. 이들 형제는 태극의 리(理)를 가지고 불교를 배척했으며 정호는 인(仁)을, 정이는 경(敬)을 중심 사상으로 삼았다. 하지만 정호와 정이의 제자이며 주희의 사숙인 양시(楊時)가 유가적 입장에서 불교를 흡수하고 불교와 조정을 꾀했다. 일본의 유학자 구스모토 마사쓰구(楠本正繼)는 '양시가 없었으면 송학은 위기에 빠졌을 것'이라고 하였을 정도로 양시의 불교 수용은 주자학이 완성되는 데에 큰 도움이 되었다. 결국 남송의 주희가 공·맹·순의 고대 유가 사상을 핵심으로 하고 정이의 리 사상과 양시가 도입한 불교 등을 모두 집대성하여 주자학을 완성시켰다.

송(宋)대의 사대부 지식인들은 성리학에서 성인의 학(學)을 취하여 배워서 성인이 되고자 하였다. 성인의 학에 대한 중요성이 송(宋)대에서 강하게 일어나기 시작하였고, 지식인들은 정치 일선에 부상하여서도 학문에 더욱 힘썼다. 성리학의 성인관은 불교의 돈오(頓悟)와 달라서 깨닫는 것이 아닐 뿐만 아니라 타고나면서 성인이었던 것도 아니다. 순자의 사상과 같이 개인의 부단한 노력으로 이치를 알아서 성인이 되는 것이다.

성리학에서 성인이 되려면 학문을 쉬지 않고 꾸준히 해야 하는데, 경전을 공부하는 도문학(道問學) 외에 존덕성(尊德性)을 기르는 '계신공구(戒愼恐懼)'와 '신독(愼獨)'을 겸해야 한다. 계신공구는 돌다리도 두드려보고 건너듯, 살얼음 위를 걸어가듯 매사를 조심하고 삼가는 것이다. 신독은 홀로 있을 때에 남이 보지 않더라도 행동을 삼가라는 것이다. 이토록 성리학은 '몸가짐과 말과 행동(視聽言動)을 조심하고 삼가라.'고 가르친다. 때문에 성리학의 공부는 지식을 쌓는 것 외에도 내성을 이루기에 충분했다.

성리학 아래에서 사대부 지식인들은 자신이 학문을 통해 수양한 것을 백성들에게 실천하기 위한 것으로 여겼기 때문에 조선의 세종처럼 학문을 중시하여 스스로 노력하며 덕을 닦지 않은 왕에게는, 지식인들이 왕권에 대한 보이지 않는 도전이고 두려운 존재가 되었다. 때문에 주희가 죽은 뒤, 성리학은 위학(偽學)으로 규정되어 탄압을 받았다. 성리학은 정부의 지원에 의해 확산된 것이 아니라, 지역 사대부층의 지지를 바탕으로 확산되어 지방의 이름을 딴 민학(閩學)으로 불렸을 뿐, 중앙정부의 정치사상으로 채택되지는 못하였다. 그런데 원나라 때에 과거제도를 시행하여 몽고족, 한족, 색목인을 두루 관리로 채용하면서, 주희의 『사서장구집주』가 과거에서 사서 시험의 주교재로 인정되었고, 성리학이 국가의 체제교학으로 추인되었다.

특히 주원장(朱元璋)이 명을 건국한 뒤에 향촌 중심의 질서를 국가체제 안으로 끌어들일 수 있는 성리학을 국가의 주도적 이념으로 표방하면서 성리학이 체제교학으로서의 위상을 다시금 확고히 지니게 되었다. 하지만 명(明)대 중기 이후부터 성리학의 위상이 다시 추락하기에 이르자, 새로이 성리학에 대한 비판과 대안이 활발히 모색되었다.

성리학은 성(性)이 바로 리(理)이기 때문에 성리학이라고 하였고, 송(宋)나라에서 완성되어 송학(宋學)이라고 하며, 이학(理學)이라고도 하고, 성인의 학으로 성학(聖學)이라고도 하며, 도를 중시하여 도학(道學)이라고도 한다. 또 정이와 주희가 만들었기 때문에 정주학 혹은 정주리학이라고도 하며, 주희가 완성하여 주자학이라 불리는 등 다양한 이름을 가지고 있다.

## 2) 성리학의 실천 · 실학적 요소

유교의 가르침은 도덕성과 실천 · 실용성이라는 양면을 가진다. 이는 내성과 외왕의 개념으로 볼 수 있으며, 공자는 내성을 중시하여 도덕을 실천 · 실용보다 우위에 놓고 순자는 외왕을 중시하여 실천 · 실용성을 보다 중요하게 여긴다. 성리학의 정치사상은 순자의 사상을 받았지만,『대학』의 내용을 중시하였다.『대학』은 덕이 근본이고 재물은 말단이라 하여 본말(本末)과 선후(先後)의 관계로 설정하였다.『대학』은 덕을 우선으로 하나 그 덕은 반드시 외왕을 이루는 데 쓰이게 되니 사실상 실천을 중시하는 학이라고 할 수 있다. 이 때문에 성리학자들이 성리학을 실학이라고 말하게 되었다.

실학이란 일반적으로 실천 · 실용성을 중시하는 학문을 의미하지만, 학자들에 따라 해석에 차이를 보인다. 대체로 명대 중기 왕정상(王廷相)을 중심으로 시작되어 청대 사상의 흐름 전체를 주도했던 기학(氣

學)만을 경세치용, 실사구시, 이용후생의 학문으로 여겨, 실학이라고 보는 견해가 많다. 하지만 성리학, 심학 등의 신유학을 실학이라고 표현하기도 하여 심학과 이학을 실학의 범주에 넣는 학자들도 있다.

성리학을 실학이라고 부르는 이유는 주자가 『대학』의 '명명덕(明明德)'과 '신민(新民)'을 중시했기 때문이다. 주자는 『대학』의 첫머리를 이루는 '대학의 도는 밝은 덕을 밝게 하는 데에 있고 백성을 새롭게 하는 데에 있으며 지극한 선에서 그칠 수 있어야 한다.'는 대목을 성리학에 도입하였다. 대학의 도는 바로 재상과 제왕이 지녀야 하는 도이다. 밝은 덕을 밝히는 것과 백성을 새롭게 하는 일, 그리고 그쳐야 할 곳을 알고 그치는 것이 나라를 이끄는 리더들의 덕목이다. 리더는 반드시 자신이 밝은 덕을 지녀야 그 지니고 있는 밝은 덕을 세상에 밝힐 수 있게 된다. 덕이 밝지 않다는 것은 천도를 알지 못해 바른 정치를 할 수 없다는 뜻이다. 천도는 우주 만물의 이치이다. 천도의 이치는 정치에서 그대로 실현되는 것이라 밝은 덕을 가진 자만이 알 수 있고, 이런 자가 리더가 되어서 자신의 덕을 세상에 펼쳐 밝게 드러내야 한다. 주자는 인간은 누구나 밝고 어리석지 않는[虛靈不昧] 명덕을 선천적으로 지니고 태어나지만 타고난 기질과 성품[氣稟]에 구속되고 인욕에 가리게 되면 때때로 어두워진다고 하였다. 즉, 리더는 기품에 구속되지 않고 인욕에 가려지지 않아야 우매한 백성들을 가르쳐 새롭게 교화시킬 수 있다.

성리학을 실학이라고 부르는 또 다른 이유는 주희가 맹자의 말을 취했기 때문이다. 맹자는 민본(民本)의 정치를 주장하면서, 반드시 백성을 부유하게 하여야 한다고 하였다. 백성들은 늘 일정한 재산이 있어야 도덕심을 지닐 수 있다고 하여 항산(恒産)과 항심(恒心)으로 설명하였다. 즉, 항상 일정한 재산이 있어야 항상 일정한 마음을 지니게 된다고 한 것이다. 그래서 정치사상은 실질적으로 백성을 잘살게 하고 백성을 새롭게 하는 것이기 때문에 실학이 된다. 다만 성리학에서 백성을 새롭게 하는 일의 실천 주체는 왕이 아니라 사대부 지식인이 된다. 때문에 송대에는 수양이 된 자만을 정치에 등용하였다.

### 3) 성리학의 정치 주체

성리학의 정치사상에서는 재상정치를 주장하고, 그 중심 역할은 신진 사대부들이 담당했다. 신진 사대부란 학문을 하여 과거에 붙고 정치에 직접 가담하며 왕과 더불어 정치를 논할 수 있는 지식인들을 일컫던 용어다. 송대의 정치는 반드시 내성을 이룬 자들에게만 정치 일선에 나아갈 기회가 주어졌던 관계로, 공자가 소인으로 분류한 일반 서민들은 능력을 지녔어도 정치에 나설 수 없었다. 신진 사대부는 공부만 하여 과거에 합격한 사람이 되는 것이 아니라 반드시 내성을 전제로 했다. 때문에 송대에는 사상가가 정치가였고 정치가는 모두 사상가였다.

성리학은 공자의 유학에 비해 내성함에 있어 더 엄격하고 분명해졌다. 북송의 정이천은 공자 사상과 같이 학문을 통한 수신을 말하면서도, 그 지평을 한층 더 넓혀서, '두루 널리 배워나가는 것[博學]뿐만 아니라 상세하게 질문하고[審問] 신중하게 생각하며[愼思] 분명하게 변별하고[明辨] 독실하게 실천하는 것[篤行] 등의 다섯 가지 중에서 한 가지라도 폐지한다면 학문이 아니다.'라고 하였다. 송나라는 과거제도를 통해 학문의 수준이 높은 지식인을 관리로 등용하였지만, 그들이 지닌 내성이 중요한 요소로 고려되었다. 그래서 정치 일선에 기용된 지식인들은 확고부동한 세력으로 자리 잡았으며 독특한 지배계급으로 급부상하였다.

송대의 지식인들은 유학 경전에 통달한 상태에서 과거시험을 거쳐 관직에 등용되었으나, 국가를 바로 세우고 백성을 위한 정치를 하려면 새로운 유학이 필요하다는 것을 절실히 느끼기 시작하였다. 백성들 사이에서 불교와 도교의 사상이 뿌리를 내리고 있었기 때문이었다. 한(漢)나라는 호족의 사회였고 육조시대는 출신 가문에 따른 귀족의 사회였다면 송(宋)나라는 사대부의 사회였다. 지니고 있는 신분보다 많은 공부를 해서 얻은 능력 위주로 위정자가 되는 사회였던 것이다. 그들이 교과서 삼아 주로 공부한 서적은 유가의 경전들이었다.

송대 성리학자들은 학문을 중시하는 것 외에도 당대에 성행하던 불교의 수양법인 정좌를 동시에 수양법으로 삼아 본연적으로 받은 천리를 잘 보전하고 인욕을 없애고자 하였다. 그 방법은 거경(居敬)과 궁리(窮理)로 함축되었다.

거경은 내적 수양법으로 항상 마음을 바르게 하고 뜻을 성실하게 하여 덕을 닦는 것이고, 궁리는 외적 수양법으로 사물의 이치를 하나하나 터득함으로써 본래의 원천적 이치에 도달하여 정확한 지식을 얻는 것이다. 이것을 일컬어 '격물치지(格物致知)'라고 하였다. 격물은 만물의 이치를 궁리하여 이치를 바로잡는 것이고 치지는 밝게 앎에 이르는 것이다. 즉, 사대부들의 수신은 이치를 밝게 통달하는 것과 마음을 바르게 하고 뜻을 진실하게 하는 것의 두 가지를 해야 했다. 주자는 이 두 과정을 겸해야 도가 밝아진다고 하여 성리학의 수양법으로 도입하였다.

전자는 불학에서 가져온 것이고 후자는 공·맹의 유학에서 취한 것이다. 이 수양은 통치자에게도 해당되는 것이었다. 당시는 학문을 깊이 연구하여 도덕 수양이 된 자들이 사상가가 되었고, 학문을 하고 도덕성을 익힌 자들이 사대부 계층에 있게 되어 정치와 사회의 리더가 될 수 있었다. 따라서 통치자가 자신을 위한 공부를 부단히 노력하지 않으면 세습이 된 왕이라 하더라도 자신의 가치를 통해 권력을 가진 자들에게 자리를 내줄 수도 있었다. 때문에 주희의 사유는 당대 제왕들이 경청은 했어도 받아들이기는 어려웠을 것이다.

송대의 지식인들은 세상의 모든 것을 자기에게로 돌려 민족 사상에 관심을 보였다. 그 근본은 선진 시대로 소급하여 공·맹의 사상을 이었으나, 그들은 시대정신의 요구에 의해서 송학을 이루었던 것이다. 그래서 송학은 사대부의 학문이며 사대부의 사상인 것이다. 송학으로 인해 사대부가 정치의 중심에 서게 되었고, 유학이 정치사상이 되어 유학자가 정치가가 되고 통치자가 되는 현상이 두드러졌다. 유학자들은 군주에게 힘을 실어주면서도 사대부의 권위를 더 우위에 놓았다. 그리고 그 사대부의 생각은 백성과 나라를 잘 다스리는 데에만 있었다. 그 몇몇 정치의 중심에 있던 사대부들이 자신에게 엄격하면서 백성을 중시하는 나라를 만들려고 힘썼던 모습을 들여다보자.

북송의 범중엄(範仲淹)은 인종(재위 1022~1063)의 간관(諫官)이었으며, 위대한 개혁가 왕안석(王安石)이 개혁을 일으키는 데 계기를 제공했던 인물이다. 어렵게 성장한 범중엄은 출세한 뒤에 부귀를 누릴 수 있었는데도 지독할 정도로 검소한 생활을 하면서 자나깨나 백성만을 생각했다고 한다. 그의 새로운 비전은 솔선하는 사(士)를 등용하는 것이었다. 그는 송대의 사대부 풍을 형성시킨 장본인으로, 육경과 역경에 통달하였고, 항상 감사하는 마음으로 천하를 논하며, 자신을 돌아보지 않았다고 한다. 그가 지은 〈악양루기〉에 나오는 '먼저 천하의 근심을 염려한 다음에 천하의 즐거움을 즐긴다.[先天下之憂而憂, 後天下之樂而樂]'는 구절은 후대의 많은 정치인과 문인, 무인들이 귀감으로 여겨온 천하의 명구로 알려져 있다.

또 송대 지식인 구양수는 『정통론(正統論)』이라는 저서에서 '천하의 올바름에 의거해 살며 천하를 하나로 통합하는 것이 정통이다.'라며, 오행설에 근거한 학문은 한대 학자들의 사견이며 성인을 비난하고 학문을 왜곡시키는 것이라고 주장하였다. 그는 고문가들을 선호했으며 과거시험 개혁안에 있어 범중엄과 생각이 같았다.

이때 왕안석은, 인간에게는 공통적인 무엇인가가 있어서 성공적인 국가정책은 반드시 조화를 이루는 것이라고 여겼다. 그뿐만 아니라, 국가의 변혁을 위해 정책을 만들 능력 있는 사(士)를 키워 낼 학교 시스템을 건립해야 한다고 주장하였다. 학을 자기 수양의 핵심이자 좋은 사회를 만드는 기초로 여긴 것이다.

이들처럼 송대의 학자들은 스스로 사회 전반에 대해 책임을 통감하고 모두 자기의 일로 돌려 앞장서서 정치를 바로잡고 사상의 체계를 확립하고자 하였다. 특히 왕안석은 개혁을 주장하여 신법을 마련하였다. 그는 실천과 실행을 주장했던 인물이고 그의 개혁안이 성공했다면 중국의 성리학은 좀 다른 방향으로 만들어졌을 것이다. 하지만 구양수, 소식과 같은 구법당 지식인들이 정치의 핵심에 부각되어 개혁정치는 사라지고 실천보다 자신을 수양하는 쪽으로 더 치우치고 예치를 중시하는 정치체계가 형성되었다. 그리고 구법당의 신진 사대부들이 바로 정치의 주체가 되었다. 후대 사람들이 그들을 신진 사대부라고 불렀고 그들이 송대의 정치 주체가 되었다. 이들의 사유가 바탕이 되어 성리학의 정치사상 틀이 마련되었다. 또 송대에는 정치적인 것이 더 이상 도덕적 권위보다 앞설 수 없었고 국가의 안위는 도덕성에 달려있다고 한 학자도 있었다. 세종의 재위기간에도 이들과 똑같이 국가의 일을 자신의 일보다 먼저 생각한 신진 사대부들이 있었으니, 황희, 맹사성, 신개, 허조, 변계량, 정인지, 성삼문, 신숙주,

최윤덕, 김종서, 윤회, 이수 등과 박연, 이예, 장영실, 이순지, 김담 같은 자들이다.

### 4) 성리학의 성인관

성리학은 성인이 되고자 하고 하늘을 본받고자 하는 학문이다. 성리학은 삶의 자세를 제시해 주었고 사회와 정치에 질서와 안정을 가져다주는 이념체계를 확립하였다. 그래서 송대 사대부들은 성인 되는 것을 삶의 목적으로 삼았다.

당나라 말기 한유는 '고대의 성인은 예악 등을 만든 사람이라는 의미와 인의도덕의 체현자, 혹은 완벽한 인격체로서의 면모를 지닌 사람이었다.'라고 했으나 북송의 주돈이는 '선비는 현인이 되고자 하고 현인은 성인이 되고자 하고 성인은 하늘을 본받고자 한다.'고 하였으며, 역시 북송의 정이천은 '도를 완전히 체득한 자가 성인이다.'라고 하였으며 또 '사람들은 마음에 어두움이 있는데, 성인은 학문으로 세상의 이치를 깨달아 통하니 환하게 밝다.'고 하였다. 주희는 '성인은 자기가 성인이라는 것을 알지 못하지만, 마음의 천리(天理)를 즐거워하고 천명(天命)을 아는 것이 평상적인 것이고, 세상을 걱정하는 마음은 일을 맞닿은 후에 드러나는 것이다.' 하였다. 이렇듯 성인관이 '완벽한 인격체'에서 '이념적 성인'으로 바뀐 것이다.

이념적 성인이란 범중엄이 행한 '선우후락(先憂後樂)'의 정신을 지닌 사람이며, 현실적이고 적극적인 자이다. 성리학에서 성인이 할 일은 군주를 바로잡아 잘못된 정치를 개선하고 사회에 만연한 사회풍속을 교화하는 데 있었기 때문에 성인은 총명해야 하고, 덕을 지니고 있어야 했으며, 어디에도 능하지 않는 곳이 없으며, 어떤 일도 잘 해내는 자였다. 그래서 위정자들은 덕을 지니면서도 뛰어난 정치능력을 지녀야 한다고 여겼다.

특히 "성인은 학을 통해 성취될 수 있다."는 믿음을 바탕으로 하는 주희의 성인관은 유가의 도를 잇는다는 도통론(道統論)과 연계하였다. 그래서 성리학은 개인의 도덕 수양과 경세를 위한 치인(治人)의 두 가지를 동시에 달성하는 것이 목표인 공부론에 의해 실천적으로 완성된다. 특히 주희는 객관사물에 실재하는 도리를 궁구하고[格物] 또 앎에 이르는[致知] 경지를 중시하였다. 그는 돈오(頓悟)와 같이 깨치는 방법론을 경계하였으며, 지속적인 공부를 통해 아래에서 차근차근 밟아 올라가는 '하학이상달(下學而上達)' 공부법을 제시하였다. 공부를 하되 과거시험을 위한 공부는 '위인지학(爲人之學)'이라 하여 지양하였고, 자기의 내성을 위한 공부를 '위기지학(爲己之學)'이라 하여 강조하였다. 다음의 글은 주희 후대 사람이 주희를 성인으로 칭하며 적어놓은 것으로, 주희는 사람들의 말을 귀담아 경청하고 예(禮)를 집대성하여 성인으로 불리게 되었음을 짐작케 한다.

'주자 선생은 몸소 도통을 자임하여 서적을 널리 보아서 선진 시대의 고서들은 이미 고증과 색인을 부가하였고 역대의 역사 기록과 나라의 전장(典章)과 고금의 유생과 학자들의 저작을 두루 보지 않음이 없었다. 그리고 선유들의 말들을 편집하고 자신의 뜻으로 판단하고 나누어서 구분하니 문장이 통하고 글자의 뜻이 순조로워 신묘하게 성인 본래의 가르침을 얻었다. 그래서 척도와 균형이 정해지고 이로써 경서를 궁리하고 여러 역사서를 정정하였다. 성인이 다시 나와도 이 말을 바꾸지 못할 것이다. 공자 이래로 박문(博聞)과 약례(約禮) 양쪽에 지극함에 이른 자는 주자 한 사람일 것이다.

주희는 박문과 약례로서 성인으로 추앙되었다. 세종 역시 주자처럼 경전을 두루 보지 않음이 없었고 생활 태도와 학문하는 태도는 주자의 박문·약례와 다를 바 없으니, 성인의 자질을 모두 갖춘 것이다.

## 5) 성군의 길 – 군도(君道)와 치도(治道)

북송의 정자(程子)는 주나라 성왕(成王)이 가장 군주의 도[君道]를 지닌 왕이었다고 평한다. 성왕이 덕을 지닐 수 있었던 것은 주공(周公)을 신하로 둔 덕분이었다. 주공은 조카인 성왕을 어려서부터 보필하며 바른말을 듣게 하고 좌우에 바른 사람들만을 두게 하였다. 어진 사대부를 접견하게 했고 내시나 환관들과는 시간을 적게 보내게 했다. 덕이 있는 선비를 시강관으로 일하게 하여 늘 물음에 대비하게 했다. 주공이 성왕에게 이러한 군도를 심어주었기 때문에 성왕이 덕을 지닌 군주의 표본이 될 수 있었다.

통치의 도[治道]를 잘 실행했던 모델은 주공이었다. 주공은 제왕이 되지 못하였지만 다스리는 도리를 안 통치자였다. 그는 예악전장제도를 마련하여 예악을 정비했고, 형벌을 정하여 백성들의 질서를 잡되 덕을 숭상하였으며, 백성들에게 교화를 밝혀서 좋은 풍속으로 삼았다. 북송의 정호(程顥)는 치도에 대해 '군주는 먼저 자신의 마음을 바로잡고 조정을 바로잡은 후에 백관을 바로잡아야 한다.'고 하였다. 남송의 주희(朱熹)는 치도에 대한 새로운 표본을 제시하며, '통치자의 마음이 바르지 않으면 천하의 모든 일이 바르지 않게 될 것임을 강조했다. 또 맹자의 사유를 받아들여, 통치자도 모든 인간들과 같이 본연의 천리를 지녔고 도덕적·지적 잠재력을 지녔으나 욕망에 노출되어 있고 사적 이기심과 편견에 이끌릴 수 있기 때문에 늘 학문하는 데에 힘써야 한다고 하였다. 성리학에서 강조하는 경전 공부는 마음을 변화시켜서 나쁜 마음이 끼어드는 것을 막기 위한 수단이었다.

주희는 '통치자라면 반드시 대학을 공부해야 한다.'고 하였는데,『대학』은 군도와 치도를 함께 설명하고 있다. 수신의 과정인 '격물치지(格物致知)·성의(誠意)·정심(正心)·수신(修身)'은 군도의 덕목이고, '제가(齊家)·치국(治國)·평천하(平天下)'는 치도의 덕목이다. 격물치지는 리(理)를 아는 것이고, '성의, 정심, 수신'의 방법으로 자신을 수양하는[修己] 것과 '제가, 치국, 평천하'로 남을 다스리는[治人] 것은 모두가 리(理)이며, 이 리가 바로 도(道)이다.

『대학』은 성학(聖學)의 기본서이며, 한 개인이 수신하여 천하 사람들에게 덕이 두루 미치게 하는 방법론을 담고 있다. 주희는 '고대인들은 타인을 가르치고 변화시켰지만 후대에는 정심과 성의를 다하여 스스로를 변화시켜야 한다.'며, 통치자들도 정치적 능력뿐만 아니라 도덕적 권위를 지니도록 끊임없이 학문을 해야 한다고 주장하였다. 주희는 자기 자신을 위한 학문인 위기지학(爲己之學)을 충실히 이행하는 것이 바로 제왕의 학이라고 하였다.

군도는 위기지학으로 자신의 덕을 닦음이고, 치도는 안으로 예악의 제정, 종묘의 일, 종법에 관한 일, 봉건, 시법, 학교, 인재등용, 백성구제, 법령과 형벌의 제정, 상벌 등의 제도를 구비하고, 밖으로 다른 나라들과 관계를 돈독히 하는 것이 모두 해당된다. 이를 잘 행할 수 있어야 제왕으로서 치도를 지녔다 할 수 있고, 만약 그렇지 않으면 맹자가 말한 역성혁명도 가능해졌다. 때문에 이를 지키기 힘들다고 여긴 송대 군주들이 주희의 학문을 거짓된 학[僞學]으로 치부해 버렸던 것이다. 하지만 사대부들은 주희의 학문을 중시하였고, 통치자에게 정치적 역할뿐만 아니라 도덕적 권위를 지키기 위해 경연을 통해 학문을 하는 것이 필요하다는 것을 주장하며 주희가 죽은 뒤에도 통치자와 사대부 모두 진덕수의『대학연의』를 치도의 기본서로 정하여 공부했다. 세종 역시 군도와 치도를 갖추기 위해 자주『대학연의』를 경연장에서 논했으며 익힌 학문을 성실히 실천하였던 군주였다.


## 6. 조선 성리학의 이해

고려 말기에는 여러 학자들이 원나라에서 성리학을 공부하고 돌아와 제자들에게 전수하였고, 그로 인해 많은 성리학자가 등장하였다. 그들 중 정도전은 조선의 개국을 주도하며 성리학을 조선의 정치 이념으로 삼았으며, 이후 500여 년 동안 조선 왕조는 성리학을 중심으로 학문과 정치가 하나가 되었다. 조선의 성리학은 서양의 과학과 문물을 받아들이지 못해 근대화가 늦어진 원인이 되기도 하였고, 당파싸움으로 사화를 일으킨 원인이 되기도 했지만, 조선이 500여 년을 이어올 수 있었던 것은 성리학의 힘이었다.

### 1) 조선 성리학의 등장

성리학은 송나라에서 완성된 학문이지만 송나라에서보다 몽고족인 쿠빌라이가 원을 세우고 관리를 채용하기 위한 과거에서 주자의『사서집주』를 주교재로 채택하게 되면서 성리학이 원나라 정치사상으로 정착되었다. 당시 원의 쿠빌라이는 동쪽으로 세력을 뻗치고자 하여 우선 고려부터 자기들의 지배하에 두고자 하였다. 그래서 원이 들어서자 고려의 충렬왕이 쿠빌라이의 딸과 혼인을 추진하여 충선왕은 쿠빌라이의 외손자가 되고, 고려는 원의 부마국이 되었다.

충선왕은 4살 때 처음 부모와 함께 어머니 나라에 가게 되었고 그후 관리와 학자들을 대동하고 다시 원나라를 찾게 되었다. 이 때문에 많은 학자들이 중국에서 성리학을 직접 접하게 되었다. 충선왕은 원에서 벼슬도 하고 지식인들과 학문을 논하기를 좋아하였다. 그는 결국 아들에게 왕위를 물려주고 원에 머물면서 성리학자이자 문인화가이며 서예가로 유명한 조맹부 등과 학문적 교류를 즐겼다. 물론 중국 성리학은 고려 중기에 승려나 재야의 학자들이 접하고 공부했을 수도 있으나, 공식적으로는 고려 후기 충선왕 때부터 성리학이 들어와 사대부 계층에 전파된 것으로 본다.

고려 후기 안향(安珦)이 권준, 백이정과 함께 충선왕을 호종하여 원나라 연경에 가게 되었고, 그곳에서 『주자전서』를 얻어 필사해왔다. 안향은 그곳에서 주자학을 접하고 돌아온 후 주자와 공자의 초상을 벽에 걸어두었을 뿐 아니라 주희의 호인 회암(晦庵)에서 회(晦)자를 따다 자신의 호를 회헌(晦軒)이라 지었을 만큼 주희를 경모하였다. 또 충선왕을 안향과 같이 호종하였던 권보(權溥)의 아들 권준이 『주자사서집주』를 구입하여 돌아오자 권보가 그 책을 간행하자고 건의하였다. 권보는 안향 문하에서 성리학을 배운 후 원나라에 가서 10년간 머물면서 성리학을 더 깊이 배우고 돌아와 이제현(李齊賢)에게 제일 먼저 주자학을 전수하였는데, 후에 이제현의 장인이 되었다. 안향과 권보 두 사람은 조선에 주자학을 정착시키게 된 시원이라고 할 수 있다. 또 익재 이제현의 사돈인 백이정(白頤正) 역시 원나라에 머무는 동안 성리학을 배우고 귀국한 뒤 치암 박충좌와 익재 이제현, 담암 백문보 등에게 그가 배운 성리학을 가르쳤다. 성리학은 고려 말기 안향에서 시작하여 백이정·권보·우탁(禹倬) 등에 의하여 보급되고 이제현에서 이곡(李穀)으로 또 아들인 목은 이색(李穡)으로 계승되어 조선에 수용되었다는 것이 일반적 견해이다.

안향의 건의로 충렬왕 30년(1304)에 국학에 섬학전을 설치하고 공자와 70제자의 상을 그리게 하였다. 건물과 그림들이 완성단계에 이르자 제기, 악기, 육경, 제자사기 등을 사들였으며 그해 대성전을 준공하였다. 이렇게 안향과 권보의 도통은 백이정을 거쳐 이제현으로 이어지면서 고려 말 성리학의 주요 계보가 그려지게 되었는데 아쉽게도 좀 더 자세한 내용은 전해지지 않는다. 안향이나 백이정의 경우, 중국에서 성리학을 배워 고려에 전했다는 기록만 있고 그들의 성리학적 사상을 엿볼 수 있는 저서가 남아있지 않다. 다만 이제현의 『익재난고』, 『역옹패설』이라는 비중 있는 유고(遺稿)만이 남아 있다.

## 2) 조선 성리학의 발전

익재 이제현은 군주가 유학의 말씀을 이어 널리 백성을 교육하고 자신은 육예를 존중하여 자신을 닦아서 밝은 덕을 백성들에게 밝히는 것이 바로 실학이라고 하였다. 문장이나 훈고에 치중하는 유학보다 학습과 실천을 중시하는 유학이 더 우월하며 그것이 성리학의 핵심이라고 본 것이다.

이제현 역시 충선왕이 원에 머물며 학자들과 교류할 때 함께 하여 성리학의 식견을 쌓을 기회를 가졌다. 고려로 돌아와서는 문생들과 관계를 맺으며 성리학을 전파하였는데, 성리학 중에서 실천적 정치사상을 적극 받아들여 결국 공민왕의 반원정책과 개혁정책에 관여하며 정치적 주도권을 잡았다.

고려 말 성리학 수용기로부터 이제현은 실학이라는 말을 쓰기 시작했다. 이제현의 『역옹패설』에 "지금 전하께서 진실로 학교·상·서 등의 교육기관은 널리 정비하고 육예를 존중하며 오교를 밝혀서 선왕의 도를 천명하시면 누가 유학을 등지고 부처를 따를 것이며, 실학을 버리고 글귀를 익히겠습니까?"라는 글이 있다. 조선 초 성리학 역시 이제현이 학교를 설치하고 육예를 존중하여 선왕의 도를 천명하는 것에서 그 맥을 이어가게 되었다.

그 후 이곡과 이색 부자가 그 맥을 잇는 중심에 있게 된다. 이색은 자신의 스승인 이제현의 묘지명을 썼다. 묘지명에서 '명성은 도성 안에 넘쳤고 몸은 해동에 살았는데, 도덕의 으뜸이요 문장의 종주였다. 학문의 높기는 북두칠성, 태산과 같음이 한유와 같고 광풍제월의 기상은 주돈이와 같다.'라고 적었다.

목은 이색이 이렇듯 높이 대접한 스승 이제현의 성리학은 이색을 통해 체계적으로 정리되었다. 이색은 고려 말 대표적 사대부이고 성리학자이며 정치가였다. 그는 성리학으로 높은 수준의 공부를 하였기 때문에 자연계의 모든 현상, 제도, 인간행위는 모두 리(理)의 발현으로 보았다. 즉, '솔개가 날고 물고기가 뛰는 것은 리의 작용이다.'라고 하며 태극론, 심성론, 수양론, 정치사상 등의 체계를 정립하였다.

그의 수양론과 정치사상을 보면, 수양은 성(誠)과 경(敬)을 중시하고 선(善)을 본연적이고 보편적인 것으로 제시하였다. 수양의 방법 중 하나는 역행(力行)이다. 역행은 끊임없이 힘쓰는 것이다. 『주역』에서는 역행을 스스로 강건하여 쉬지 않는 것[自强不息]이라고 했으며, 역행하는 방법이 바로 진실되고 순수하게 덕에 달하는 것을 뜻하는 성(誠)이다. 또 그 둘은 『중용』의 계신공구(戒愼恐懼)와 신독(愼獨)을 수양의 방법으로 삼는다. 계신공구는 천리를 보존하는 것이고 신독은 홀로 있을 때에도 인욕을 막는 것이다. 천리를 보존하고 인욕을 막는 것이 모두 지극한 경지에 이르면 성인의 학이 완성된다. 수양은 이 두 방법으로 본연의 선함과 밝은 덕을 가리고 있는 물욕을 제거하는 것이 본래적 선(善)으로 회복되는 것이고 천인합일 되는 것임을 논하였다. 이러한 공부를 했기 때문에 그는 어떠한 권력을 준다고 해도 욕심 부리지 않았고 폭력에도 굴하지 않게 되었다. 그는 공양왕 즉위 직후 이성계 일파의 탄핵을 받아 여러 차례 투옥되었어도 굴하지 않았으며 그들이 조정에 나와 협조하기를 원했으나 정치에 욕심 부리지 않고 끝까지 고사하며 고려에 절의를 지켰다.

성리학은 그와 학문을 같이 했던 권근, 길재, 정몽주와 정도전 등의 학자들에게 이어져 결국 조선 신진 사대부의 사상적 기반이 되었으며 조선 건국의 정치 이념이 되었다. 사대부들은 특히 성리학의 실천적 기능을 강조하였다. 특히 정도전은 맹자의 '천명이 곧 민심이다'라는 맹자의 왕도정치 근본정신을 정치사상의 핵심으로 택하여 고려 말기 군주의 문제점을 들어 역성혁명을 감행하고, 조선을 개국한 후에 실천 성리학을 바탕으로 재상정치를 구현한다.

성리학자인 정몽주는 정도전과 함께 고려 말 신진사대부의 양대 산맥으로 정치·사회개혁에 같이 참여해 왔다. 하지만 정몽주는 고려 왕조만은 끝까지 지키려 했기 때문에 고려를 무너뜨리고 새 나라를 건설하자는 정도전 등의 주장에 반대하다가 이성계의 아들 이방원이 보낸 자객에게 철퇴를 맞고 쓰러져 죽고 말았다. 결국 조선의 이념정치는 정도전의 설계에 따라 이루어져 세종에게로 이어진다.

## 3) 조선 성리학과 예치(禮治)

성리학은 덕치를 핵심으로 하나 예치를 겸하여 중시하였다. 조선은 건국과 동시에 예를 국가 통치 수단으로 활용하여, 사대부에서 백성에 이르기까지 예를 구현하기 위한 법제를 마련하였다. 조선 초에는 주례(周禮)가 국가이념으로 강조되면서, 육전(六典)과 오례(五禮)가 국가 전반에 크게 영향을 미쳤다. 개국 초에 정도전이 『조선경국전』을 지었는데, 그 내용은 신하가 할 일로서, 치(治), 부(賦), 예(禮), 정(政),

헌(憲), 공(工)의 육전을 설치해 각 전의 관할 사무를 규정하고 있다. 육전 중 〈예전〉에서는 바로 나라를 다스리는 질서를 정해놓고 있다.

〈예전〉에서 조정의 질서는 '임금이 높고 신하는 낮은 것이며, 임금은 명령하고 신하는 집행하는 것이다.'라고 하였다. 나라의 제사는 '정성이 중요하기 때문에 사람이 정성을 다하여 위로 신(神)을 감동시켜야 한다.'라고 제향(祭享)의 질서를 말한다. 빈객을 맞는 예는 '빈객이 먼저 술잔을 올리면 임금이 이에 응수하고 임금이 음식을 권하면 빈객은 먹는다.'와 같이 구체적인 접대 방법을 적었다. 악을 제정함에 있어서는, 종묘의 당악과 향악, 지방이나 가정의 악 등을 제정하고 이 악을 연회 때에도 사용하게 하였다. 이러한 예들은 건국과 함께 길례(吉禮), 가례(嘉禮), 빈례(賓禮), 군례(軍禮), 흉례(凶禮)의 다섯 종류의 의례로 만들어져 각 의례에 필요한 예와 악을 적어 두었다.

예는 주례(周禮) 외에 『주자가례』도 기본으로 삼았다. 이는 전한 때의 유학자 동중서가 공맹의 교리에 입각하여 삼강오상(三綱五常)의 설을 논한 데서 유래되어 주자가 삼강오륜으로 제정한 후 중국뿐만 아니라 조선에서도 500년 동안 기본적인 사회 윤리로 존중되어 왔다.

삼강은 임금과 신하, 어버이와 자식, 남편과 아내 사이에 마땅히 지켜야 할 도리를 말한다. 오륜은 부모는 자녀에게 인자하고 자녀는 부모에게 존경과 섬김을 다하며, 임금과 신하의 도리는 의리에 있고, 어른과 어린이 사이에는 차례와 질서가 있어야 하며, 친구 사이에는 신의를 지켜야 한다는 것이다. 이는 사회와 가정의 질서를 분명히 하는 것으로 상하 구조적 사유를 하게 만들었다.

## 4) 조선 성리학의 신분제도와 종법제도

『주자가례』에서 예는 상하, 존비, 귀천, 장유의 등급 관계를 엄격하게 구분하였다. 이는 명분을 중시하게 하고, 신분제와 종법제의 근본 원리가 되었으며, 수직적 질서로서 국가와 사회이념을 세운 것이다. 신분제는 양반과 노비라는 구조를 분명하게 했는데 강상을 해치는 범죄는 사면에서 제외되고 처벌도 가중되었다. 또 종법제는 적자와 서자의 구분과 더불어, 여인네들에게 삼종지도라는 도덕규범을 만들어 냈다. 또 삼종지도는 열녀라는 개념을 만들어 부녀자들의 족쇄 역할을 하였다.

과거(科擧)에 의해서 신분이 바뀌기도 하였다. 조선에서는 정기적으로 과거가 실시되었다. 고려의 제도를 그대로 따라, 문과·무과·잡과로 크게 구분하였지만, 그 중에서도 문(文)을 숭상하여, 과거라고 하면 보통 문과를 지적할 정도로 그 비중이 컸다. 단지 양반이더라도 서얼 출신과 천민은 과거에 응시할 수 없었다. 제도상으로는 일반 양민과 양반만이 응시할 수 있었으나, 양민이 급제한 사례는 적었고 대체로 양반들만이 급제하였다. 그래도 양민에게 과거는 신분을 상승할 수 있는 절호의 기회였다. 주자의 성리학은 계급제도는 아니었다. 신분이 낮은 자도 과거에 응시하여 합격하면 등용의 문이 열려 있었다는 점에서 성리학은 평등사회를 지향하였다고 할 수 있다. 단 조선 왕조에서 시험볼 수 있는 자격에 제한을 두었을 따름이다.

조선시대에는 노비만 천시되었던 것이 아니고 일반 백성들도 충신·효자·열녀라는 이름 아래 자유를 유린당한 경우가 많았다. 그렇지만 우리가 지금의 인권 개념으로 이것을 잘못된 정치로 비판할 수 없다. 아마 어쩌면 열녀가 되는 것이나 기생이 되는 것이나 도덕성 문제에서라면 몰라도 인권 관점에서 어느 것이 옳다 그르다 할 수 없을 것이다. 당시는 사대부 중심의 사회였고, 신분을 가르는 예가 중요하였으며, 대안이 될 만한 다른 사상이 없었기 때문에 우리는 단지 안타깝게 여길 따름이다. 조선의 신분제도는 당시의 세계적 추세로 보면 그다지 문제시할 수 없는 제도였다.

유럽에서 기원전인 소크라테스와 플라톤이 살던 시대에도 노예는 성행하였고, 유럽과 아메리카 대륙에 노예 매매 제도는 1800년대에 와서야 폐지론이 제기되었다. 미국의 링컨이 노예를 해방시킨 것이 1862년이나 노예 매매 제도는 미국 전역에 금지령이 내려졌던 1870년 이후에야 유엔이 전 세계적으로 노예제와 강제 노동 시스템을 폐지하도록 하여 공식적으로 끝을 맺었다.

인도의 카스트 신분제도는 1757년 영국이 인도를 지배한 후 계속 계급적 불평등을 해소하는 데 많은 기여를 했으며, 나라 안에서도 사회개혁가들이 카스트 가운데서도 특히 불가촉천민에 대한 비인격적 처우를 개선하려고 노력했고, 1947년부터 인도를 이끈 간디는 그들을 '신의 아들'을 의미하는 '하리잔'이라고 부르면서 인간애와 이성에 근거한 처우 개선을 주장했다. 이렇듯 많은 사람들의 끈질긴 노력의 결과로 인해 1950년에 불가촉천민에 대한 차별이 완전히 철폐되어 모든 분야에서 일반인과 똑같은 권한을 누리게 되었다. 하지만 법적으로는 그것이 완전히 없어졌다 할지라도 오늘날까지도 여전히 신분제도가 분명하여 신분이 다르면 결혼을 하지 않는 것은 말할 것도 없고 그들과 자리를 같이 하지 않는 차별이 존재한다.

우리나라도 아직까지 조선의 부모로부터 교육을 받아서 상하 구조적 사유를 하는 어르신들이 있으며, 양반을 찾는 어르신들이 있다. 특히 혼인을 할 때에는 상대방의 성씨가 양반 댁의 자제인지 아닌지를 따진다.

21세기에 사는 우리들은 전통의 양반은 사라졌어도 돈과 직위란 매개체가 신진 양반을 만드는 시대에 살고 있다. 지금의 양반은 사적으로 돈을 주고 많은 일꾼을 부리며 경우에 따라 주인이 갑질을 하고 관(官)의 상사가 직위를 이용하여 성폭력과 성희롱을 하여 매스컴에 자주 오르내린다. 옛날 양반 댁은 주인이 양반의 품위는 지켰으나 지금의 양반은 다르다. 이와 노비는 별반 다르지 않다. 달라진 것은 농경사회에서 노비의 할 일과 산업사회에서 노비의 할 일이 달라졌고, 타고나면서 신분이 어머니를 따라 노비가 된다는 것뿐인데, 지금도 거의 부모를 잘 타고 나면 현대판 노비를 면할 수 있으니 '금수저'나 '흙수저'라는 용어가 탄생한 것이다.


## 7. 성군으로서 세종의 내성(內聖)과 외왕(外王)

세종을 성군이라 부르고 있는 이유는, 세종이 내성을 이루기 위해 학문을 꾸준히 하였을 뿐 아니라 많은 지식을 지니기 위해 정치서, 역사서 외에도 산술, 주역, 음악, 천문, 역법 등 다양한 서적을 두루 보았기 때문이고, 또 그가 부모 형제에게 효제를 지극히 하고, 신하에게 모범을 보였기 때문이다. 외왕을 이룸에 있어, 성리학을 근본으로 하여 정치를 하되, 실천적이고 실용적인 면에 중시하였기 때문이고 백성들을 아끼고 구휼하였기 때문이다. 이로써 당시 사람들이 세종을 해동(海東)의 요순(堯舜)이라 불렀던 것이다.

### 1) 세종의 내성과 독서

내성은 마음을 수양하여 성인(聖人)이 되는 것이다. 성리학적 사유에서 성인이 되는 수양의 과정은 학(學)을 충실히 하고 정좌(靜坐)를 하여 마음을 비우고도 어둡지 않게[虛靈不昧] 하는 것을 말한다. 학이라면, 세종은 어려서부터 경전에서 잡서까지 두루 여러 차례 반복해서 읽었다. 그의 독서량은 아버지인 태종이 충녕대군의 독서에 대해 감탄을 했을 정도였다. 『세종실록』의 내용을 보면, 세종이 많은 글을 읽기도 했지만, 그는 공자가 분류한 인간 중 생이지지자(生而知之者)에 속한 인물로 타고날 때부터 남달리 영특했던 것 같다.

세종 5년(1423)에 주위의 신하들에게 "내가 서적을 본 뒤에는 잊어버린 것이 없었다."라고 말했고, 신하들은 세종의 총명함과 학문을 좋아하는 것은 천성이 그러했다고 여겼다. 또 세종은 수많은 신하들의 성명·내력·가족력 등의 미세한 것까지 한번 들으면 잊지 않았고, 그 얼굴을 한번만 보면 오래 보지 못했어도 다시 볼 때 반드시 '아무개' 하고 이름을 불렀다 하니, 분명 천성적으로 총명함을 지녔다고 할 수 있다.

게다가 사물을 볼 때도 정밀하고 소략하고 아름답고 추한 것에 이르러서도 한번 눈에 접하고 나면 털끝만큼의 차이도 정밀히 분변해냈고, 성음의 청탁과 고하 역시 한번 들으면 다 알아냈다고 하였다. 세종은 이렇듯 본성에서 총명과 예지(叡智)를 지녔는데, 게다가 학문하기도 좋아하였다 하니 성인이 될 자질을 본래적으로 타고난 '생이지지자'였던 것이다.

그는 언제나 효제(孝悌)를 몸소 실천하였다. 그가 부모에게 효를 다하고, 형제에게 공경을 했던 것은 많이 알려져 있으나, 평상시 거주할 때도 부인을 공경으로 대했으며 부인이 들어오고 물러날 때에는 반드시 일어서서 보내고 맞이했다고 한다. 또 '태종이 창덕궁에 머무를 때, 다른 대소 신하들은 경복궁을 지나며 말에서 내리는 자가 거의 없었으나 유독 대군은 밤이든 비나 눈이 오든지 간에 반드시 말에서 내렸다.'고 『세종실록』에 전한다.

또 『세종실록』은 그의 공경과 신중함이 그의 천성에서 비롯된 것이었다고 전한다. 그는 타고난 어진 천성에다 학문과 수양으로 어진 성품을 더했으니 성인의 자질을 두루 갖추게 되었던 것이다. 그의 인품은 중국에서도 이미 익히 알고 있었다. 원민생이 세자를 봉하도록 청하는 표문을 가지고 연경에 이르러, 환관인 황엄에게 '우리 조선국은 세자를 바꾸기를 청합니다.'고 하니 황엄이 '필시 충녕을 봉하도록 청하는 것이리라.'[태종 18년(1418) 6월 3일]라고 말했을 정도이다.

세종이 즉위하고 그해 10월에 『대학연의』를 강(講)하는 것으로 경연을 시작하여 세종 1년 7월까지 두 차례에 걸쳐 읽었다. 『대학연의』는 남송의 성리학자 진덕수(眞德秀)가 『대학』의 8조목, 즉 격물·치지·성의·정심·수신·제가·치국·평천하의 의미를 부연설명하면서, 유교 경전 및 여러 역사서에서 제왕학에 관련된 내용들을 뽑아서 자신의 견해를 덧붙여 저술한 책이다. 『대학』은 첫 구절이 밝은 덕을 밝히는 것[明明德]인데, 밝은 덕은 자신이 수양하여 지니는 덕이고 밝히는 것은 세상에 자신의 덕을 펴는 것으로 전자는 자기를 수양하는 수기(修己)를 말하고 후자는 백성을 편안하게 하는 치인(治人)을 말한다.

세종은 다음으로 『춘추호씨전』을 강하였다. 『춘추호씨전』은 송나라의 호안국(胡安國)이 『춘추』의 문장에 의탁하여 한족을 숭상하고 이민족을 배타하는 존왕양이(尊王攘夷) 사상을 논한 책으로, 당시 금(金)나라의 침입에 대해 적개심 가득찬 시국론을 펼쳤다. 『춘추호씨전』은 주자(朱子)가 '호안국의 주장에는 실천 도덕과 인격 함양의 정신이 담겨 있다.'라고 평가한 뒤부터 성리학자들이 더욱 중시하였고, 과거(科擧)에도 활용하였던 책이다.

세종은 사서와 오경을 돌아가며 두루 읽었고 『상서』와 『통감강목』은 경연장에서 또 같이 읽었다. 그는 경전을 중시하여 여러 번 읽고 그다음에 역사서를 읽었다. 세종은 이미 성리대전을 여러 차례 읽어 이학에 정통했으며, 장자를 비롯한 제자백가의 서적도 읽었다. 또 송(宋)의 채원정(蔡元定)이 지은 『율려신서』와 같은 악서, 『육전』과 같은 법률서, 의학서, 풍수학, 언행록, 음운학 등 다양한 책을 읽었다. 세종은 많은 책을 두루 읽음으로 인해 스스로를 밝고 분명하게 한 다음 백성을 어루만지고 아끼는 정치로 나아갔다. 때문에 여러 분야에서 우매한 백성들을 위하여 쉽게 알 수 있는 우리만의 것을 제정하고 또 새로이 창제했던 것이다. 세종은 많은 독서를 통해 내성을 다졌던 군주였다.

## 2) 타인이 본 세종의 내성

세종은 학을 중시하고 생각의 폭을 넓혀서 부모에게 효도하고 형제를 공경하였으며 신하들을 믿고 정치를 맡겼으며, 아내를 아끼고 백성을 사랑했다. 그가 학문으로 수양한 행적은 『태종실록』에서 찾아볼 수 있다. 일찍이 태종이 충녕대군에게 말하기를, "너는 할 일이 없으니 평안하게 즐기기나 할 뿐이다."라고 했는데, 이때 그는 이미 서화(書畫)·화석(花石)·금슬(琴瑟) 등 모든 유희 애완(愛玩)의 격물(格物)을 두루 갖추지 않음이 없었다. 또 충녕대군은 기예(技藝)에도 정밀하지 않는 바가 없었다."고 하였다.[태종 13년(1413) 12월 30일]

충녕은 어려서부터 학문하기를 즐겼고 다방면에 관심을 가지고 만물의 이치를 알고자 하였다. 태종과 대화를 할 시기에는 이미 많은 것을 꿰뚫고 있어서 좌우 사람들을 놀라게 하기도 했다. 한 예를 보면, 태종이 "집에 있는 사람이 비를 만나면 반드시 길 떠난 사람의 노고를 생각할 것이다[居者遇雨 必思行者之勞苦]."라고 하니, 20세 된 충녕대군이 말하기를, "『시경』에 이르기를, '황새가 언덕에서 우니, 부인이 집에서 탄식하네.' 하였습니다."라고 화답하였다고 한다. 그는 『시경』을 통해 백성의 어려움과 대의의 중요함을 파악하고 있었던 것이기에, 태종이 충녕대군의 대의를 결단하는 능력을 높이 평가하여 '충녕은 대의를 결단하는 데에는 당세에 더불어 견줄 사람이 없다.'고 극찬하였다.[태종 16년(1416) 2월 9일] 태종은 세종의 학문함이 남달라서 세자를 폐하여 광주로 추방하고 충녕대군을 왕세자로 삼으며 다음과 같이 말했다.

충녕대군은 천성이 총명하고 민첩하고 자못 학문을 좋아하여, 비록 몹시 추운 때나 몹시 더운 때를 당하더라도 밤이 새도록 글을 읽으므로, 나는 그가 병이 날까 봐 두려워해 항상 밤에 글 읽는 것을 금했다. 그러나 나의 큰 책은 모두 청해 가져갔다. 또 다스림의 근본을 알아 매양 큰일에 헌의하는 것이 진실로 합당하고, 또 생각 밖에서 나왔다. 만약 상국 사신을 접대할 때면 몸가짐과 언어 동작이 두루 예에 부합했고, 술을 마시는 것이 비록 무익하나, 그러나, 상국 사신을 대해 주인으로서 한 모금도 능히 마실 수 없다면 어찌 손님을 권해 그 마음을 즐겁게 할 수 있겠느냐. 충녕은 비록 술을 잘 마시지 못하나 적당히 마시고 그친다. 또 그 아들 가운데 장대한 놈이 있다. 효령대군은 한 모금도 마시지 못하니, 이것도 또한 불가하다. 충녕대군이 그 자리를 맡을 만하니, 나는 충녕을 세자로 정하겠다.[태종 18년(1418) 6월 3일]

태종이 바라보는 아들 충녕대군은 학문의 깊이가 나라 안에서도 밖에서도 중임을 맡겨도 잘해 낼 수 있다고 판단했으며, 몸가짐이나 언어 동작에도 두루 예를 갖추고 있음을 인정했다. "중국 사신 황엄(黃儼)이 대군을 보고 매양 똑똑하고 밝은 것을 칭찬해 말하기를, '영명하기가 뛰어나 부왕을 닮았다. 동쪽 나라 왕의 자리는 장차 이 사람에게 돌아갈 것이다.' 하였다."[태종 18년(1418) 6월 3일] 했고, 왕비와 후궁들도 모두 충녕을 총애하였다. 그는 누가 보아도 천성적으로 덕을 지닌 것이다. 아버지와는 달리 어머니로서는 이미 세자가 된 장자를 폐위한다는 것은 쉬운 일이 아니었다. 하지만 신하들은 충녕대군이 워낙 덕을 지녀 예를 갖추니, 모두 그를 세자의 자리에 올리도록 찬성하였다. 그들은 충녕대군의 덕을 경모(景慕)하여 모두 마음을 충녕대군에게로 돌렸던 것이다. 충녕이 부친에 의해 세자였던 형의 자리에 오를 수 있게 된 것은 그의 내면에 덕을 지녔기 때문이었다. 즉, 맹자가 성인으로 받든 내성을 지닌 인물로서 미래 군주가 될 자격을 갖춘 것이다.

세종은 신하들에게도 존경받는 군주였다. 『세종실록』에서 신하들은 세종을 다음과 같이 평가하고 있다.

> 지금 주상전하께서 신성(神聖)하신 자질로 임금과 스승의 도리를 다하시니, 공은 이루어지고 정치는 안정되었으며 일만 가지 조목들이 다 갖추어졌습니다. 그리하여 강상(綱常)을 붙잡아 심어 세상의 도리를 유지하는 것을 근본으로 삼았습니다. 강구하고 논의하지 않은 것이 없었고 떳떳한 법으로 드러내셨다.[세종 14년(1432) 6월 9일]

신하들이 세종을 신성한 자질을 가졌다고 하였으니, 세종이 성인의 자질을 가지고 타고난 것으로 보았던 것이고, 신하들이 임금을 스승의 도리를 갖추었다고 하였으니, 그의 학식의 깊이를 인정한 것이다. 그가 얼마나 학문에 힘썼는지 아래 기사에 자세히 나타나 있다.

> "임금이 잠저에 있을 때부터 학문을 좋아하고 게을리하지 않아, 일찍이 경미한 병환이 있을 때도 오히려 독서를 그치지 않으므로, 태종께서 작은 환관을 시켜 그 서책을 다 가져다 감추게 하고 다만 구양수와 소식이 주고받은 편지글인 『구소수간』만을 곁에 두었는데, 드디어

이 책을 다 보았다. 즉위한 이후에도 손에서 책을 놓지 않아, 비록 수
라를 들 때도 반드시 책을 펼쳐 좌우에 놓았으며, 혹은 밤중이 되도록
힘써 보시고 싫어하지 않았다. 일찍이 근신에게 말하기를, '내가 궁중
에 있으면서 손을 거두고 한가롭게 앉아 있을 때는 없다."고 하였다.
이와 같이 공부에 힘써서 경전에 널리 통하였고, 심지어는 본국 역대
의 사대문적에 이르기까지 보시지 않은 것이 없었다. 또 근신들에게
말하기를, '내가 서적을 본 뒤에는 잊어버리는 것은 없었다.' 하였으니,
그 총명하심과 학문을 좋아하시는 것은 천성이 그러하셨던 것이다."
[세종 5년(1423) 12월 23일]

세종의 독서량은 이루 말로 다할 수 없다. 세종은 타고난 본성이
학문하기를 좋아하였고 송대 성리학에서 주장하는 위기지학(爲己之學)
의 학문을 성실히 이행하였다. 성실함[誠]과 공경[敬]을 습관처럼 실천
하였으며, 가정에 효제를 적용하고, 정치에 자신이 밝힌 덕을 펼쳐 백
성들을 편안하게 하는 데 힘썼다. 이는 그의 부친이 증명해 주었다.
또한 세종의 내성은 그가 외왕의 역할을 하는 데 고스란히 드러나 성
군으로서 분명한 자질과 능력뿐 아니라, 애민정신을 정치에 실천했음
을 신하들과 사관이 세종을 얘기하는 대목에서 상세하고 분명하게 표
현해주었다. 세종의 성군됨은 국경을 넘나들며 내외 모든 이들에게
있는 그대로 드러나 보였던 것이다. 세종은 자신의 내성이 정치를 하
면서 고스란히 백성에 대한 애민정신으로 드러났다.

이영훈(2018)은 세종이 양반만을 위한 정치를 했다고 비난하였다. 세
종의 정치는 성리학에 기원하여 사대부들을 존중하였다. 그래서 거의
정치 책임자들의 의견을 물어보고 그들의 의견을 경청하였다. 『세종실
록』에서 세종이 신하들과 나눈 말은 '그렇게 하라' 혹은 '상의해서 아뢰
어라.' 하는 말이 대부분이다. 그가 늘 정치 주체인 역할 담당자들의

의견을 중시하고 경청하였다는 증거다. 당시는 군신의 아래 위가 분명한 것이 예인데, 하물며 군주와 백성의 신분 차이는 말할 것도 없다. 하지만 세종은 백성들에 대하여 늘 관용의 자세를 취했고 백성들이 왕을 비판하는 것을 자신의 책임이라 하며 늘 일을 행한 후 백성의 심판을 기다렸다. 이러한 군주를 양반만을 위한 정치를 했다고 할 수 있겠는가? 양반들이 세종을 해동의 요순이라고 칭찬함은 군주가 자신들에게만 특혜를 주었다고 그렇게 했겠는가? 분명 양반들이 본 군주가 요순과 같은 성군처럼 보였기 때문이었으리라. 세종은 백성의 아픔을 공유하였기에 지금까지도 성군으로 불리고 있는 것이다. 그는 또 검소함을 실천하여 사관은 『세종실록』에 아래와 같이 적고 있다.

> "임금이 경회루 동쪽에 버려 둔 재목으로 별실 두 칸을 짓게 하였는데, 주초(柱礎)도 쓰지 않고 띠[茅草]로 덮게 하였으며, 장식을 모두 친히 명령하여 힘써 검소하게 하였더니, 이때에 와서 정전(正殿)에 들지 아니하고 이 별실에 기거하였다." [세종 3년(1421) 5월 7일]

세종은 나라를 위하고 백성들을 위한 삶을 살았던 것이다. 그의 내성은 백성을 아끼고 백성들의 무지를 안타까워하는 마음에 드러나며 생활에서 검소함으로 나타난다. 세종은 훈민정음을 창제한 이유도 『훈민정음해례본』에 "나라 말씀이 중국과 달라 서로 통하지 않으니"라고 적었다. 그는 한문을 읽지 못하는 백성을 불쌍하게 여겨 우리 문자를 창제한다는 뜻을 명확하게 밝혔다. 세종은 백성들이 법을 몰라서 억울한 죄를 짓는 안타까움 때문에 스스로 음운학을 연구하고 훈민정음을 창제하는 데에 이른 것이다. 이는 그가 지닌 내성이 안백성(安百姓)의 경지로 드러난 것이다.

## 8. 세종의 정치력과 업적

세종의 치세 기간 31년 6개월에 이룬 업적은 너무도 많고 세종과 함께 한 인재 중 역사에 이름을 남길만한 분이 많다. 그 이유는 세종의 인간성과 정치능력 때문이었다. 우리나라 국민이라면 모두 알고 있을 그의 치적을 크게 열가지로 정리하면 아래와 같다.

첫째, 세종은 훌륭한 인재들을 등용하고 육성하였다. 인재 등용과 육성은 성왕이라면 반드시 해야 할 중대한 일이다. 세종의 인재등용의 특징은 태종시기 육조 중심의 정치체계에서 의정부를 거쳐 왕에게 올라오게 하는 의정부 서사제(署事制)로 바꿈으로써 3정승의 합의에 의해 국가의 중대사를 처리하도록 했으며, 인재를 등용하면 끝까지 신임했다는 점이다. 그 예로 의정부 총책인 영의정을 맡은 황희는 18년간 재임하며 가족과 주변 인물로 인해 많은 어려운 일을 겪었으나 세종은 그를 끝까지 신임하였고 그도 세종을 지성으로 도왔다. 명재상으로 알려진 맹사성 역시 북송(北宋)의 범중엄과 같이 검소하게 살면서 자신의 기쁨을 뒤로 하고 나라의 기쁨을 먼저 생각하였던 인물이라 세종의 신임을 확실하게 얻었다. 세종은 조선에 성리학을 굳건히 하는 데 힘쓰기 위해 즉위 2년에 집현전을 설치하였고 즉위 4년에 강력한 왕권을 유지하기 위해 신진 인재를 등용하여 세종의 정치와 학문에 있어 자문역할을 하게 했다. 대표적인 집현전 출신 관료들로는 정인지, 신숙주, 성삼문, 최항, 이개, 하위지를 들 수 있다. 세종은 이들과 함께 문물과 제도를 정비하고, 국가를 경영하는 데 필요한 여러 서적들을 간행했으며 후학들을 양성하는 데에도 힘을 쏟았다. 특히 정인지는 세종 치세 기간에 세종이 이룬 업적 중 많은 부분에 참여하였고 세종은 끝까지 그를 믿고 독려했다.

둘째, 세종은 올바른 정치를 하고자 노력했다. 세종은 중국의 역사서에서 옛 군주의 선정과 폭정의 예들을 보고 거울삼고자 했다. 그가 경연장에서 신하들과 함께 본 역사서는 주로 사마천의 『사기』와 『통감강목』 등으로, 4년 동안 책에 따라 20번 혹은 30여 번을 읽은 것도 있다고 하였으니 역사에 드러난 사건과 정치인들에 대해 관심을 표명한 것이다. 역사란 과거에 있었던 일이나 사람에 대한 평가로 새로운 정치의 거울이 되는지라 세종은 역사서를 수차례 반복해 읽으면서 조선의 미래를 계획했던 것이다. 또 세종은 정인지에게 정치서인 『치평요람』을 편찬하게 하였고, 이선 등에게 『명황계감』을 편찬하게 하여 경계해야 할 것들과 거울로 삼아야 할 일에 대해 관심을 표명하였다. 세종의 이런 노력은 창건한 지 얼마 되지 않은 조선을 제대로 지켜내고자 했던 것이다.

셋째, 세종은 국가와 백성을 부유하게 하고자 농업 진흥에 힘썼다. 세종은 국가를 운영할 자금을 조달하기 위해 수세(收稅)를 해야 했는데, 백성들이 잘살면서도 세금을 낼 수 있게 하려면 농업 생산성을 높여야 할 필요가 있음에 주시하였다. 농업생산성의 증대는 국가의 부[富國]와 백성의 부[富民]를 동시에 가져다주는 것이다. 이 때문에 백성들에게 농사짓는 법을 가르쳐야 했고, 책력을 만들어 백성들에게 씨 뿌리고 추수하는 적절한 시기를 알려주어야 했다. 세종은 백성들에게 농사를 잘 짓는 법을 가르치기 위해 정초에게 명하여 『농사직설』을 찬술하게 하였다. 농사는 천하의 근본이라 예로부터 성왕이라면 이를 힘쓰지 아니한 사람이 없었다. 세종도 "농사에 힘쓰고 곡식을 소중히 여기는 것은 왕정의 근본이므로, 내가 매양 농사에 정성을 쏟는 것이다."라고 하며 전라도 감사 등에게 나이든 농부들을 방문하여 농사법을 시험해보고 또 낱낱이 살피고 참고하여 중복된 것을 버리고 그 중요한 요점만 뽑아 농사에 대한 책을 찬집하게 하도록 하였고, 또 그 책을 주자소에 내려 인쇄하여 여러 도의 감사와 주·군·부·현과 서울 안의 시직(時職)·산직(散職) 2품 이상의 관원에게 나눠주게 하였다.

넷째, 세종은 우리에게 맞는 예악을 제정했다. 주(周)나라 주공은 나라의 기틀을 잡기 위해 가장 먼저 예악 전장제도를 설치하고 예(禮)로써 사회질서를 절제하게 하고 악(樂)으로 조화를 이루는 작업을 시도했다. 당시 공자에 의해 성인으로 추대된 주공의 예악이 후대에도 유교정치의 제도로 자리 잡게 되었고, 송대 주자가 정한 오례(五禮)는 성리학적 예치의 기본 이념이 되었다. 세종은 악(樂)이 백성을 교화하기도 하고 자신을 수양하기도 하며 예와 조화를 이루는 것이라는 것을 마음에 새겼다. 그래서 스스로 남송의 채원정이 지은『율려신서』를 공부하면서, 그 법도가 매우 정밀하며 높고 낮은 것이 질서가 있음에 감탄하여 음률을 제정할 생각까지 가졌다. 세종은 이전에 중국에서 들여온 당악(唐樂)을 그대로 사용하다 보니 박자와 음률이 예법의 동작과 어울리지 않는 경우가 많았기 때문에 박연에게 주자의 오례를 바탕으로 아악을 중국과 다른 우리 것으로 제정하라고 하였다.

박연은 세종의 뜻에 따라 꾸준히 노력하여 율관의 조율을 다듬고, 중국의 소리와는 다른 조선 아악에 어울리는 편경을 제작했다. 또 세종 12년(1430)에는『아악보』를 만들게 하여 완성되었다. 세종의 예악(禮樂)에 대한 업적에서 예 부분에서는, 주자의 오례를 조선의 정신에 맞도록 고치어 새로 정하였고 악 부분에서는, 새로이 국악의 기초를 마련하였고, 악기를 제조하고 재정비했으며 아악을 정리하였던 것이다.

다섯째, 산술과 역법을 공부하여 과학적 농사법을 도입하였다. 세종은 산수를 공부하고자 하여 송나라의『양휘산법』을 공부하였으며,

산법을 공부한 것을 바탕으로 하여 천문과 역법의 연구에도 열중히여 동부승지 이순지에게 『제가역상집』을 완성하게 하였다. 산법과 역법은 모두 농사와 관계가 있었기 때문에 나라를 안정시키기 위해 공부하지 않을 수 없는 부분이나 능력 있는 인재를 등용하는 것으로 만족하지 않고 제왕이면서 몸소 공부했다는 점에서 세종은 당시에도 또 지금도 존경을 받고 있는 것이다.

여섯째, 세종은 농업 발전과 직결되는 많은 과학기기들을 발명하였다. 세종 14년(1432)에 천문관측기구와 시계 제작, 그리고 역법 정리사업을 시작했다. 세종은 학자와 기술자를 중국에 파견하고, 중국과 한국에 소장된 천문학 서적과 역서들을 조사한 뒤 교정하여 간행하게 했다. 이는 농사의 때를 알고자 한 것이며, 그로 인해 당시에 농기구 제작과 천문기기 제작에 큰 진전이 있었으니 백성들을 잘살게 하려는 뜻이었다. 세종은 천문대를 건설하기 위해 장영실을 궁중 과학자로 발탁하여 종3품의 지위에까지 올려주었다. 세종 3년(1421) 장영실은 윤사웅과 함께 북경에 가서 명나라 관성대(觀星臺)를 살펴보고 돌아왔다. 세종 14년(1432)에 세종은 농업 생산성을 높이고자 천문 관측기구를 제작하는 의표창제(儀表創製) 사업을 시작하면서, 예문관 제학 정인지에게 총지휘를 맡기고 이천과 장영실에게 천문기상기기의 제작을 맡겼다. 우선 경복궁 안에 대형 천문대인 대간의대(大簡儀臺)를 짓고, 궁 밖에 소형 천문대인 소간의대(小簡儀臺)를 지었다. 그리고 장영실은 중국에서 배워온 정보들을 바탕으로 농업 발전과 직결되는 많은 천문기기들을 제작하였다. 폭우가 오면 흉년이 들었기 때문에 비의 양을 재는 측우기, 해를 이용해 시간을 재는 앙부일구(仰釜日晷), 시간을 알려주는 물시계인 자격루(自擊漏), 천체를 관측하는 기기인 혼천의(渾天儀)를 만들었다. 또 천문 관측기구인 대간의(大簡儀)와 소간의

(小簡儀)를 만들어냈다.

일곱째, 세종은 금속활자를 정비하여 많은 서적을 출간하였다. 세종은 장영실과 이천에게 새로운 금속활자 제작에 힘쓰게 했다. 태종 시에는 밀랍 방식인 계미자(癸未字)를 만들어 책을 찍어냈는데 활자모양이나 크기가 일정하지 않았고 인쇄속도도 늦어 세종이 새로이 고칠 것을 명했다. 세종 3년(1420)에 임금이 직접 지휘하고 계획하여 구리판을 다시 주조해 글자의 모양과 맞게 만들게 했다. 그때 경자자(庚子字)가 만들어졌으며, 계속 연구를 거듭하여 세종 16년(1434)에 이천, 장영실, 정척, 이순지 등에 의해 다시 인쇄 속도가 빨라진 갑인자(甲寅字)가 완성되었다.

그 후로『동국세년가』,『자치통감』,〈월인천강지곡〉,〈석보상절〉등 150여 종을 인쇄하였다. 활자의 기술 개량에 따라 인쇄 속도가 빨라졌고 짧은 시간에 많은 책을 편찬하여 두루 나누어 볼 수 있도록 하였다. 또 인쇄한 책들은 농사에 직접 활용되어 백성들이 농사를 과학적으로 지을 수 있도록 도와주었으니, 금속활자는 과학기기 못지않게 중요한 것이었다. 이러한 일들은 세종이 실천·실용의 정치를 펼쳐 백성들을 잘살게 하고자 하는 애민과 애국의 마음에서 시작되어 완성에 이른 것이다.

여덟째, 세종은 의료에 대한 저서들을 인쇄하였다. 그 중『직지방』,『상한류서』,『의방집성』,『보주동인경』등의 의학서를 인쇄하여 본감 및 혜민국·제생원 등에 나눠주게 하였는데, 백성들이 병들지 않게 하고 병들면 어떤 처방이 필요한지에 대한 기본 지식을 지니게 하기 위해서이다. 정치는 백성들이 먹고 살게 해주는 일이 급선무라면 그다음은 병든 자들을 고쳐 주는 일 또한 중요했다. 때문에 세종은 우리의 풍토에 맞고 쉽게 구할 수 있는 약초를 중심으로『향약집방성』을 만들도록 했다. 이 책은 처방법이 일만여 가지 적혀 있고, 침구법과 향약본초 및 제조법 등을 적고 있다.

아홉째, 4군 6진을 개척하여 영토를 확장하고, 대마도를 정벌하여 강한 국방력을 보여주었다. 세종이 즉위할 무렵에는 북방의 여진족들과 왜구들의 노략질이 큰 골칫거리였다. 세종은 즉위 1년에 이종무를 총사령관으로 대마도 정벌을 하여 왜구와 평화협정을 맺었고, 만주의 여진족들이 국경이 없이 넘나들어 백성들을 괴롭히는 것을 막기 위해 세종 15년(1433)에 최윤덕으로 하여금 서북면 파저지역에 출몰하는 여진족을 정벌하도록 했다. 여진족을 몰아낸 지역에 여연, 자성, 무창, 우예 등 4군을 설치했다. 세종 17년(1435)에 다시 김종서로 하여금 동북면의 경원, 경흥, 온성, 종성, 회령, 부령에 6진을 개척하게 했다. 이로써 북쪽에 온전한 국경선이 마련되었고 국경을 지키기 위해 세종 27년(1445)에는 막강한 화력을 자랑하는 화포 부대인 총통위(銃筒衛)를 설치하였다. 총통위는 2천여 명의 포병으로 구성되었고, 김종서가 6진을 개척되는 데 큰 역할을 해냈다. 이는 조선 오백 년 어느 왕도 이루지 못한 엄청난 치적이다.

열째, 세종의 가장 큰 업적은 훈민정음을 창제한 것이다. 세종 25년(1443)에 세종은 친히 언문 28자를 지어 『훈민정음』이라 반포하였다. 이 훈민정음을 창제하는 기간의 일은 실록에 전혀 기록이 없다. 다만 반포하며 '세종이 28자를 직접 만드셨다.'라고 적었다. 세종은 1443년 극비리에 훈민정음의 원안을 완성했지만 반포하지 않았다. 정인지, 최항, 박팽년, 성삼문, 신숙주, 강희안, 이개, 이선로 등은 세종의 뜻에 따라 훈민정음을 해설하고, 이를 반포, 시행하는 작업을 적극 돕는다. 하지만 최만리를 비롯해 직제학 신석조, 직전 김문, 응교 정창손, 부교리 하위지, 부수찬 송처검, 저작랑 조근은 반대 상소에서 훈민정음 창제의 부당함을 고하며, "언문을 만든다면 이는 풍속을 바꾸는 큰일로, 마땅히 재상과 의논하고 백성들에게 충분히 인식시킨 다음에 선포해야 한다며 세종의 훈민정음 창제 및 반포가 독단적인 처사다."라고 했다. 세종은 창제과정을 알리면 한문으로 공부한 사대부들이 반대할 것에 대한 예상을 했던 것 같고, 또 중국에서 알게 되면 어떤 어려움을 당할지 염려되어 비밀리에 창제 작업이 진행되었던 것 같다. 세종은 훈민정음을 반포하며 백성들이 말하고자 하는 것을 누구나 쉽게 쓰게 하기 위해서 만들었다고 하였다. 세종의 애민정신은 더 이상 설명할 필요가 없다.

이상의 열 가지로 세종의 업적을 크게 요약하였고, 소소한 것은 열거하지 않은 것이 많다. 세종은 백성의 임금과 스승의 역할을 함께하였던 성군이었다. 다음의 글은 집현전에서 『삼강행실』을 편찬해 올리면서 그 서문에 적었던 내용으로, 세종이 성군이었음을 분명하게 뒷받침해준다.

지금 우리 주상전하께서는 신성하신 자질로 임금과 스승의 도리를 다하시니, 공은 이루어지고 정치는 안정되었으며 일만 가지 일들이 다 갖추어졌습니다. 그리하여 강상을 뿌리박아 심어 세상의 올바른 도리를 유지하는 것을 근본으로 하고 있습니다. 모든 명교에 관계있는 것은 강구하고 헤아려 정하시어 떳떳한 법으로 나타내지 않으신 것이 없습니다. 백성을 몸소 실행하고, 마음으로 얻게 한 결과로써 감화되게 하는 것은 이미 그 지극함을 다하셨건만, 오히려 흥기시키는 방법에 다하지 못한 것이 있을까 염려하시어, 드디어 이 책을 만들게 하셨습니다. 널리 민간에 펴서 어진이거나 어리석은 자이거나 귀한 사람·천한 사람·어린이·부녀자의 구별 없이 다 즐겨 보고 익히 들으며, 그 그림을 구경해 그 형용을 상상하고, 그 시를 읊어 인정과 성품을 본받게 한다면, 흠선하고 감탄하고 사모하여 권면과 격려로 그들의 다 같은 본연의 좋은 마음이 감발되어, 자기들의 직분의 마땅히 해야 할 것을 다하지 않는 자가 없을 것입니다.[『세종실록』 15년(1432) 6월]

이 글은 사관과 세종의 신하들이 세종의 성품과 정치업적을 평가하고 있다. 세종은 여러 가지 사업과 정책을 추진함에 있어 집현전 학사들을 중심으로 한 많은 인재들의 도움을 받았다. 세종의 치적은 우선 태종이 강력한 왕권을 휘둘러서 세종의 치세에 걸림돌이 될 부분에 대해 과감한 결단을 해주었고, 세종은 자신이 두루 넓고 깊게 공부한 지식이 바탕이 되었고, 다양한 분야에 적임인 인재를 등용하였으며, 그들을 잘 부릴 수 있는 덕과 능력이 결합되었기에 조선 문화의 황금기를 건설할 수 있었다. 그러나 안타깝게도 세종은 즉위 다음해부터 5년간 국장을 치뤘다. 백부 정종, 모친 소헌왕후, 부친 태종이 연이어 훙사했다. 게다가 흉년마저 겹쳐 건강을 돌볼 수가 없었다. 또 밤낮으로 공부와 국정에 몰두하느라 건강을 돌볼 겨를이 없었다. 세종은 재위 내내 크고 작은 병에 시달렸고, 통치에 대한 부담이 가중될수록 점점 더 쇠약해졌다. 때문에 말년에는 당시 세자였던 문종에게 정무를 맡기고 자신은 훈민정음 창제와 보급에만 몰두했다.

세종의 한글 창제는 새로운 국학운동의 태동이었다. 우리의 사상체계를 전혀 마련하지 못하고 중국의 것을 가져다 그대로 혹은 약간의 변화를 주어 우리 것으로 사용하던 상황에서 세종이 친히 우리 고유의 글을 만들었으니 우리만의 국학을 세운 업적으로 이 한 가지만으로도 높이 칭송할 만하다. 이것만으로도 세종의 애민·애국의 경지를 환히 들여다볼 수 있다. 이영훈(2018)이 세종의 내적 수양과 정치적 역량과 그 많은 치적을 인정하면서도 단지 노비문제, 기생문제, 사대문제 등을 들어 세종이 성군이 아니라고 한 것은 저자가 성군에 대한 선이해의 부족이며, 역사를 바라보는 데 있어 대롱으로 하늘을 본 것과 같다. 그는 성군의 의미에 대한 이해 부족 외에도 역사적 인물을 비판하는 관점에 있어 많은 오류를 남겼다.


## 9. 맺음말

세종은 조선이 창업된 지 얼마 되지 않아 왕의 자리를 물려받았다. 그에게는 주위에 산재된 많은 어려운 세(勢)들을 극복하고 나라를 안정시키는 기본 틀을 마련하기 위해 해야 할 일이 너무 많았다. 그런데도 그는 끊임없이 학문을 익히는 데 힘쓰고 실천하여 성인의 덕을 지니게 되었다. 또 백성을 사랑하며 민본의 정치를 실행하였기에 정치·사회·과학 분야 등에 놀랄만한 업적을 남겼다.

역사적 사실은 과거에 일어난 사건이나 행적 그 자체를 의미하는 것이다. 『맹자·만장하』에 '옛사람을 논하려면 그의 시를 외우고 그의 글을 읽음으로써 그 당시에 그가 한 일과 행동을 논하는 것이다[尚論 古之人, 頌其時, 讀其書, 不知其人可乎, 是以論其世也].'라고 하였다. 역사적으로 소통을 자유롭게 하려면, 당시의 사회 정치상, 문화, 고전, 전통에 대한 선이해를 갖는 것이 중요하다. 선이해는 사료에 대한 고증과 확인의 절차를 통해 당세(當世)의 세(勢)를 먼저 인식하는 것이다. 혹, 현대에 비추어 과거를 보더라도 자신의 목적을 위해 역사를 왜곡해서는 안 된다. 이영훈(2018)은 역사를 융합으로 보기는커녕 역으로 말살을 시도하고 있다.

이영훈(2018)에는 성군의 의미에 대한 문제, 사대문제, 노비문제, 훈민정음 창제 문제 외에도 기생문제와 유학생에 대한 문제를 다루며

선 이해 부족으로 인한 오류를 드러내고 있다. 실질적으로 노비문제 못지않게 심각한 문제는 열녀에 관한 문제였다. 당시 종법제도 아래에서 여성은 남편을 따라 죽지 못한 죄인으로 만들어졌으며, 굶어 죽을지언정 재가하지 못하는 엄격함으로 평생을 독수공방해야 하는 어려움을 겪게 했다. 이는 노비나 기생보다 더 나은 삶이라 할 수 없다.

그러나 그는 남자의 입장에서만 보아 이런 문제는 문제시하지 않았으며 어이없게도 이영훈(2018)은 노비문제를 논하면서 "노비도 여성인 이상 정조는 그 본성이다."(89p) 라고 썼다. 이는 본성의 의미를 모르는 것이며, '여성의 본성이 정조를 지키는 것'이라는 말을 한 그의 생각 역시 조선 시대 사대부 남자들의 사유와 다를 바 없다. 결국 남성은 자유로운 성관계가 문제가 되지 않는다는 얘기이니 남성 중심 사회에서 생겨난 노비들의 인권 문제와 기생문제를 논한 그의 글은 모두 모순이 된다.

또 유학생의 문제도 "조선 왕조 500년간 중국이나 일본으로 유학을 떠난 단 한명의 학자도 없었다."(4쪽)고 조선의 정치를 비판하였으나, 당시 일본은 조선보다 못한 나라였고 중국의 경우는, 세종이 명나라에 선비들을 유학을 보내려고 부단히 노력을 하였으나 명의 정책으로 유학생을 받지 않았던 것이다.

이영훈(2018)이 세종을 성군이 아니라고 한 것은 저자가 성군에 대한 선이해의 부족이고 고증과 확인의 부족에서 온 결과이다. 결국 역사를 바라보는 데 있어 대롱으로 하늘을 본 것과 같은 것이다. 우리의 할 일은 역사의 선이해로 지평·융합하여 훌륭한 인물들의 도덕성과 업적을 있는 그대로 후손에게 전하여 오래도록 이어가게 하는 것이다.

| 권오향 |

# 이영훈 이승만학당 교장은,
# 세종을 폄하하여 무엇을 얻고자 하는가

이영훈은 이영훈(2018)의 머리말에서, "닫힌 문명은 열린 문명에서 볼 수 없는 갖가지 환상을 만들어 낸다. 그 환상이 1876년 나라의 문호가 열린 뒤에도 사라지지 않았다. 오히려 강화되거나 새로운 환상이 만들어졌다. 개방에 따른 고난의 역사가 그 배경이었다. 사람들은 전통사회를 모욕하고 지배하는 외래문명에 분노하고 저항하였다. 전통은 의도적으로 미화되었으며 갖가지 환상의 온실이 되었다. 그렇지만 사람들은 새로운 문명에 적응하고 그것을 향유하였다. 외래문명은 전통사회가 몰랐던 새로운 삶의 원리였다. 그리하여 환상은 더욱 깊어졌으며 현실과의 괴리도 더욱 커졌다."(이영훈(2018), 5쪽)라고 하였다.

'1876년 나라의 문호가 열린 뒤'라는 것은 무엇을 뜻하는가. 이는 고종 13년(1876) 2월 조선과 일본 사이에 일명 강화도조약이라 하는 조일수호조규(朝日修好條規)가 체결된 것을 말하는 것으로 보인다. 강화도 연무당(鍊武堂)에서 체결된 그 조약은 1875년 9월 발생한 운양호(雲揚號) 사건의 결과이다. 그런데 그 조약은 "나라의 문호를 열기 위한 것"이 아니라 대포(大砲)를 앞세운 일본에 의한 일본만을 위한 강제 개항인 것이다. 사가(史家)들은 이 조약을, '일본이 조선을 식민지화하기 위한 침략의 시발점'으로 인식한다. 이를 어찌 나라의 문호가 열린 것이라 말할 수 있는가. 그렇게 말하는 것은 개인의 자유에 해당하는 것인가. 이영훈의 이러한 주장은, "나는 한국의 근대문명은 일제가 이 땅을 지배한 기간에 제도화되었다."(이영훈(2018), 7쪽)라는 그의 주장 연장선에 놓인 것이고, 원나라가 고려를 지배한 것에 대해, "고려 왕조는 원의 부마국으로서 제국 내에서 비교적 높은 지위를 차지하였다. 고려를 둘러싼 국제 무역의 번성은 이전의 한국사가 알지 못한 수준이었다."(이영훈(2018), 141쪽)라고 주장하는 것과 같은 맥락이라 하지 않을 수 없다.

이영훈은 또 주장하기를, "세종은 양반의 나라 조선 왕조의 성군이었다. 그 성군이 현대 한국인에게도 여전히 성군인 것은 개인의 자유에 저항하는 민족, 계급, 민중이랄까 집단주의의 힘이 드세기 때문이다. [중략] 세종을 성군으로 받드는 환상은 본질적으로 반개인적인, 반과학적, 반근대적이다."(이영훈(2018), 211쪽)라고 하였다.

한국학중앙연구원은 2013년 10월 『현대 한국의 시민정신 실태조사』의 최종보고서[연구책임자 : 박균열 경상대학교 부교수. 윤리학전공 전문가 79명과 일반인 1,200명 응답]를 발표했다. 이 보고서 제2장 「전통적 가치의 현대 한국의 시민의식」[박병기 한국교원대학교 교수 외 2인 조사] Ⅲ. 주요 조사결과 분석 '3. 정신문화를 발전시켜나가기 위해 가장 도움이 되는 생활문화자산 조사'에서 제시된 21가지 전통생활문화자산 중 세종이 창제한 한글은 34.7%[일반국민 34.1%, 전문가 44.3%]로 가장 높은 응답을 보였다. 또, '4. 정신문화를 발전시켜 나가기 위해 가장 도움이 되는 인물 조사'에서 세종대왕은 제시된 54명 중 21.2%[일반국민 21.2%, 전문가 20.7%]로 가장 높은 응답을 보였다. 그 다음으로 많은 응답을 받은 충무공 이순신 장군[11.8%(일반국민 12.0%, 전문가 8.9%)]의 약 2배에 달하는 응답이다.

현대에서 세종을 성군(聖君)이라 하고 충무공 이순신 장군을 성웅

(聖雄)이라 하는 것은 받드는 것이 아니고 존경을 표현하는 하나의 호칭이다. 그리고 그러한 호칭을 사용하는 것은 개인 각각이 자유의사에 바탕을 둔 판단에 의한 것이다. 21세기에 전문가들에 의해 이루어진 위와 같은 조사 결과는 반과학적이고, 반근대적인 것인가.

그는 또 주장하기를, '이승만 대통령을 위시한 건국의 주체세력은 4·19를 맞아 역사의 무대에서 퇴장하였다. 그들은 장기집권과 부정부패의 오명을 뒤집어썼다. 그와 함께 자유인의 공화국이 세워진 건국 사건에 대한 기억도 점차 희미해졌다. 그 같은 정치적 변화는 건국의 주체들이 이식하고자 했던 가치와 이념이 그에 저항하는 힘에 비해 얼마나 취약했던가를 반증하고 있다.' 하였다.

4·19로 인해 역사의 무대에서 퇴장한 건국의 주체세력은 누구를 말하는가. 건국의 주체들이 이식하고자 했던 가치와 이념은 무엇인가. 4·19는 그 '가치와 이념'에 저항한 결과인가. 국립 4·19민주묘지에 영면하신 영령들께서는 이를 어떻게 보실까. 혹 그 영령들을 모욕하는 것은 아닐까. 4·19는 자유인들이 자유 의지로써, 자유의 가치를 배반하고 능멸한 자들을 응징한 것이고, 토벌한 것이다.

취모구자(吹毛求疵), 또는 취모멱자(吹毛覓疵)라는 말이 있다. [‘구(求)’와 ‘멱(覓)’은 ‘찾는다.’는 같은 뜻이다.] 이는 상처를 찾으려고 털을 불어 헤친다는 뜻으로, 억지로 남의 작은 허물을 들추어냄을 비유적으로 이르는 말이다.

『한비자(韓非子)』 권8 제29편 〈대체(大體)〉에 말하기를, "옛날에 치국의 큰 요체를 터득한 사람은 하늘과 땅을 바라보며 끊임없이 변하는 변역(變易)의 이치를 익히고, 강과 바다를 바라보며 쉼 없이 흐르는 동정(動靜)의 이치를 배웠다. 또 산과 계곡의 높낮이, 해와 달의 빛, 사계절의 운행, 구름과 바람의 배치와 변동을 바라보며 천지자연과 더불어 사는 순응(順應)의 이치를 터득했다. 인위적인 지혜로 마음을 괴롭히지 않아야 하고, 사사로운 이익으로 몸을 괴롭히지 말아야 한다. 나라가 어지러울 때는 법술에 따라 다스리고, 시비의 구별은 상벌로, 사물의 경중은 저울의 기준에 따른다. 또 천지자연의 도리를 거스르지 않고, 사람의 본성을 상하게 하지 않는다. 터럭을 입으로 불어 다른 사람의 작은 흠을 찾아내려 하지도 않고, 겉에 끼인 때를 씻어내 속에 감춰진 상처를 알아내려 하지도 않는다. [후략]"[1]라고 하였다.

다른 이를 뒷모습만으로 평가할 수는 없다. 다른 이를 평가하여 그 결과를 세상에 알리려면 그의 잘한 일과 잘못한 일 등을 꼼꼼하게 확인하고, 누구나 수긍할 수 있는 근거를 제시해야 한다. 이영훈은 영조(英祖)[제21대 국왕]가 노비종량법(奴婢從良法) 등 노비와 관련된 몇 가지 제도를 시행했다는 이유로 "조선 왕조 역대 27명의 왕 가운데 성군을 꼽으라면 나는 주저하지 않고 영조이다."(이영훈(2018), 74쪽)라고 하였다. 영조의 노비종량법 시행 등을 높이 평가한 결과이다. 그런데 그는 세종이, 노비종량법과 같은 뜻인 노비종모법(奴婢從母法)을 시행한 것에 대해서는, "사실상 양천교혼(良賤交婚)을 방임하는 결과를 낳았다."(이영훈(2018), 63쪽)라고 비판했다.

이영훈의 이러한 혼란스러운 주장 등을 살펴 볼 때, 그가 이영훈(2018)을 저술한 목적을 '세종을 폄하하고 이승만(李承晚)을 높이기 위한 것'으로 생각하지 않을 수 없게 한다. 그 목적을 달성하기 위해 그는 그가 생각하는 세종의 잘못을 취모구자(吹毛求疵)한 것이 아닌가. 그는 이영훈(2018) '5. 대한민국은 자유인의 공화국이다.'의 '문명사의 대전환'이라는 소제목에서 1948년 8월 15일에 있은 이승만의 연설문을 인용했는데,

---

1) 한비(韓非) 지음, 신동준 역, 『한비자(韓非子)』, 사단법인 올재, 2017에서 전재.

그 연설문에서 이승만은 말하기를, '민주정체(民主政體)의 요소는 개인의 근본적 자유를 보호하는 것입니다. 국민이나 정부는 항상 주의해서 개인의 언론과 집회와 종교와 사상 등 자유를 극력 보호해야 될 것입니다.' 하였다. 이승만은 대통령에 취임한 후에 과연 그렇게 했는가.

이영훈은 이승만학당의 교장이며, 이승만학당주식회사의 대표이사이다. 이승만학당주식회사는 학술연구 및 연구지원, 개발업 등을 목적으로 설립된 영리법인이다. 따라서 그는 설립목적에 따라 충실하게 사업을 수행해야 할 책임이 크다고 하지 않을 수 없다. 이승만학당 누리집에 올린 교장 인사말씀에서 그는 "이승만 대통령이 없었으면 대한민국은 생기지 않거나 다른 나라가 되었을 것이다."라고 하였다. 과연 검증된 주장일까. 이승만은 비록 자유인들에 의해 축출되었지만 국가 지도자로서의 업적도 있었을 것이다. 온 국민이 받아들일 수 있는 이승만 숭모사업을 펼치려면 먼저 객관적인 그의 공과(功過)를 자세히 밝혀야 한다. 또한, '21세기 대한민국에서 세종은 성군이 아니다.'라고 주장하려면 21세기 대한민국에서 성군이란 무엇이고, 세종의 잘잘못을 가려 성군이 아니라는 근거를 밝혀야 한다.

이 글에서 필자는, '이영훈(2018)이 세종의 잘못을 취모구자한 것이 아닌가.' 했으나, 한편으로는 필자가, '이영훈(2018)을 취모구자한 것이 아닌가.' 하는 염려를 감추지 못했다. 그러나 필자가 보고, 듣고, 확인한 사실과 이영훈(2018)의 주장이 너무 달라 감히 취모구자했다는 비난을 사양하지 못하고 마음이 가고자 하는 길을 따랐다. 누구나 달게 따를 수 있는 길로 이끄는, 서슴없는 비판을 기다린다.

| 임종화 |

# 참고문헌

## 세종의 사대는 위민보국 전략이다 |임종화|

『고려사』·『조선왕조실록』, 국사편찬위원회 누리집.
『맹자(孟子)』.
김슬옹(2019), 『세종학과 융합인문학』, 보고사.
김상기(1985), 『신편 고려시대사』, 서울대학교 출판부.
김한규(2004), 『요동사(遼東史)』, 문학과 지성사.

## 세종은 과연 노비 양산과 억압 원인을 제공했는가 |김기섭|

▸ 영인본
『고려사(高麗史)』, 국사편찬위원회 누리집(http://www.history.go.kr/).
『태조실록(太祖實錄)』·『태종실록(太宗實錄)』·『세종실록(世宗實錄)』, 국사편찬위원회
　　　　누리집(http://www.history.go.kr/).
『경국대전(經國大典)』, 한국정신문화연구원, 1985.

▸ 일반 문헌
박진훈(2005), 『여말선초(麗末鮮初) 노비정책연구(奴婢政策研究)』, 연세대학교 대학원
　　　　박사학위 논문.
박철주 역주(2014), 『역주 대명률직해(大明律直解)』, 민속원.
박현모(2018), 「세종은 정말 노비 폭증의 원흉인가?」, 『주간조선』 2510호.
박현모(2018), 「이영훈 교수 세종 비판에 대한 두 번째 반박: 세종은 사대주의자가 아니다.
　　　　그는 사대전략가다」, 『주간조선』 2516호.
이영훈(2018), 「박현모 교수의 비판에 답한다: 노비 죽인 양반을 세종이 벌한 적이 과연
　　　　있었나」, 『주간조선』 2512호.
이영훈(2018), 『세종은 과연 성군인가』, 백년동안.
조병인(2016), 『세종식 경청』, 문우사.
지재희·이준령 해역(2002), 『주례(周禮)』, 자유문고.
홍승기(1981), 『고려시대(高麗時代) 노비연구(奴婢研究)』, 재단법인 한국연구원.

▸인터넷

이영훈 교수의 환상의 나라 1. 세종은 과연 성군인가(유튜브: 2016.5.23)

황현필 한국사: 세종대왕마저 위대함을 잃어야 되겠습니까?(유튜브: 2019.11.1.)


## 훈민정음 한자음 발음기호 창제설은 허구다 | 김슬옹 |

강만길(1977), 「한글 창제의 사적 의미」, 『창작과 비평』 44, 창작과비평사.(재수록1: 강
　　만길(1978), 『分斷時代의 歷史 認識』, 창작과비평사(세부 항목 제목 새로 붙임).;
　　재수록2: 김동언 편(1993), 『國語를 위한 言語學』, 태학사.(1977년 판 재수록))

강만길(1996), 「역사란 무엇인가」, 『강만길 역사에세이: 역사를 위하여』, 한길사.

강신항(1987/2003), 『훈민정음연구』, 성균관대학교출판부.

김슬옹(2007), 「훈민정음 창제 동기와 목적에 대한 중층 담론」, 『사회언어학』 15-1, 한
　　국사회언어학회.

김슬옹(2011), 『세종대왕과 훈민정음학』, 지식산업사.

김슬옹(2017), 『한글혁명』, 살림터.

김슬옹(2019), 『세종학과 융합인문학』, 보고사.

김슬옹(2019: 증보3쇄), 『훈민정음 해례본 입체강독본(개정증보판)』, 박이정.

이숭녕(1976), 『혁신국어학사』, 박영사.

이영훈(2018), 『세종은 과연 성군인가』, 백년동안.

이우성(1976), 「朝鮮王朝의 訓民政策과 正音의 機能」, 『진단학보』 42, 진단학회.(재수록:
　　이우성(1982), 『韓國의 歷史像 : 李佑成歷史論集』, 창작과비평사.)

정광(2005), 「成三問의 학문과 조선전기의 譯學」, 『논문집』 5호, 국제고려학회 서울지회,
　　3-40쪽.

정광(2006), 『훈민정음의 사람들』, (주)제이앤씨.

정광(2012), 『훈민정음과 파스파 문자』, 역락.

정광(2015), 『한글의 발명』, 김영사.

정광(2019), 『훈민정음의 사람들』(增訂), 박문사.

정다함(2009), 「麗末鮮初의 동아시아 질서와 朝鮮에서의 漢語·漢吏文·訓民正音」, 『韓
　　國史學報』 36, 고려사학회.

정다함(2013), 「"中國(듕귁)"과 "國之語音(나랏말쏨)"의 사이」, 『比較文學』 60, 韓國比
　　較文學會.

정우영(2014), 「《訓民正音》 해례본의 '例義篇' 구조와 '解例篇'과의 상관관계」, 『국어학』
　　72, 국어학회.

정우영(2018), 「『훈민정음』 해례본과 언해본의 판본서지, 복원연구의회고와 전망」, 이

현희 외(2018), 『훈민정음 연구의 성과와 전망』 I (국내), 국립한글박물관.

## 진정한 성군은 어떤 의미인가  |권오향|

『세종실록』.
『순자』.
『조선 전기 여악연구』, 국악원 논문집 제5권.
朱子, 『大學集註』.
朱子, 『四書集註』.
『태종실록』.
『漢書・董仲舒傳』.


고지마 쓰요시・신현승 역(2007), 『사대부의 시대』, 동아시아.
구스모토 마사쓰구 저・김병화, 이혜경 역(2009), 『송명유학 사상사』, 예문서원.
김부식 저・박진영 외 역(2012), 『삼국사기』, 한국인문고전연구소.
김종수(2001), 『조선시대 궁중연향과 여악연구』, 민속원.
미조구찌 유조 저・김용천 역(2007), 『중국 전 근대 사상의 굴절과 전개』, 동과서.
이기동 외(2013), 『한국철학사전』, 동방의 빛.
이영훈(2018), 『세종은 과연 성군인가』, 백년동안.
전호근(2015), 『한국의 철학사』, 메멘토.
조병인(2018), 『세종의 고』, 정진라이프.
朱子 저・윤용남 외 역(2018), 『성리대전』, 학고방.
陳來 저・이종란 역(2008), 『주희의 철학』, 예문서원.
최영진(2009), 『한국 철학사』, 새문사.
최영진(2017), 『한국 성리학의 발전과 심학적・실학적 수용』, 문사철.
Peter K. Bol 저・김영민 역(2011), 『역사속의 성리학』, 예문서원.

**▌저자약력** (가나다 순)

**권오향**

철학박사(중국 철학 전공). (사)인문예술연구소 선임연구원, 성균관대학교 겸임교수.

**김기섭**

세종리더십개발센터 대표, 서울불교대학원대학교 심신통합치유 박사 수료, 용인송담대 외래교수.

**김슬옹**

세종국어문화원 원장, 세종대왕기념사업회 전문위원, 세종대왕나신곳성역화국민위원회 사무총장.

**임종화**

원정재 대표, 세종실록연구가.

**세종은 과연 성군인가, 우문에 대한 현답**

2020년 1월 10일 초판 1쇄 펴냄

**지은이**    권오향·김기섭·김슬옹·임종화
**펴낸이**    김흥국
**펴낸곳**    보고사
**등록**      1990년 12월 13일 제6-0429호
**주소**      경기도 파주시 회동길 337-15 보고사 2층
**전화**      031-955-9797(대표)
            02-922-5120~1(편집), 02-922-2246(영업)
**팩스**      02-922-6990
**메일**      kanapub3@naver.com / bogosabooks@naver.com
http://www.bogosabooks.co.kr

ISBN 979-11-5516-930-8  03910
ⓒ 권오향·김기섭·김슬옹·임종화, 2020

정가 15,000원
사전 동의 없는 무단 전재 및 복제를 금합니다.
잘못 만들어진 책은 바꾸어 드립니다.